500强企业成本核算实务

范晓东 著

机械工业出版社
China Machine Press

图书在版编目（CIP）数据

500强企业成本核算实务/范晓东著. —北京：机械工业出版社，2020.3（2024.10重印）

ISBN 978-7-111-64686-0

I. 5… II. 范… III. 企业管理–成本计算 IV. F275.3

中国版本图书馆 CIP 数据核字（2020）第 030144 号

本书基于作者在炼钢、造船、房地产等企业任职近 20 年跨行业、跨职业的"多元化"经验，充分、深入地介绍不同行业的成本核算，带你窥视先进 500 强企业的成本核算做法，了解不同企业之间的成本共性和不同之处。

第 1 章介绍成本核算与企业战略层面的成本竞争力是怎么关联的。第 2 章~第 4 章为基础内容，介绍成本核算原理。第 5 章~第 7 章为 500 强企业成本核算解密，通过实例分析和纵贯比较，对 500 强企业成本核算的来龙去脉进行实操解密。第 8 章针对 500 强企业的专项成本核算进行实操过程、实操分录解密。第 9 章重点分析 500 强企业信息化的成本核算。

本书以前人未有之创新风格诠释此类题材，故非一般财务书籍，而是定位于财务创新产品，追求成为恒久财务文化财产之初衷，推荐各级管理者阅读以启发思路。书中列举了 100 多个根据真账实操改编的例子（案例）、220 多张可套用图表，模拟实务工作中的各种场景，手把手演示，带你轻松掌握成本核算的关键节点，让你学会并做好成本核算工作。

500 强企业成本核算实务

出版发行：机械工业出版社（北京市西城区百万庄大街 22 号　邮政编码：100037）	
责任编辑：李晓敏	责任校对：殷　虹
印　　刷：固安县铭成印刷有限公司	版　次：2024 年 10 月第 1 版第 5 次印刷
开　　本：170mm×230mm　1/16	印　张：24.75
书　　号：ISBN 978-7-111-64686-0	定　价：69.00 元

客服电话：（010）88361066　68326294

版权所有·侵权必究
封底无防伪标均为盗版

这是一本企业成本核算的**操作说明书**。

本书列举了超过100个根据真账实操改编的例子（案例），以此说明多家不同行业500强企业的成本核算实操内容。

"成本既是保密的，也是神秘的"，没有哪一家企业愿意公开自己的成本秘密。

本书将打破神秘。

为规避涉密事项，本书对涉及企业成本内幕的内容均做了技术转化处理，但不会影响解密和对主旨的理解。

本书结合世界500强制造型企业的一线成本核算经验，提取共性的东西，揭开成本核算的神秘面纱，通过抽丝剥茧，还原事物的本来面目，并用极简的图解、简化的例子说明复杂的原理，讲述制造型企业成本核算的来龙去脉。本书通过100多个例子（案例）的讲解，配以220多张图表，力求达到通俗易懂、一目了然的效果。

当然，这些简化的例子不是无的放矢，而是综合考虑多家企业不易理解的成本核算的实际复杂情况，经过咀嚼消化、还原本质、剖析解密、化繁为简后的结果，既保留了原汁原味，也规避了涉密事项。

书中的核心观点及图解多为作者原创。

本书提出的独创概念主要体现在以下三个方面：

1. 成本核算的"十字形定位"概念；
2. 成本核算的"工序间成本还原"和"成本动因还原"概念；
3. 成本核算的"双动因分摊覆盖末梢成本触发点"概念。

本书将针对上述 3 个概念，逐一解密企业成本核算的真相。

全书共有 9 章。

第 1 章介绍成本核算与企业战略层面的成本竞争力是怎么关联的。

第 2 章～第 4 章为成本核算基础，介绍成本核算原理。大型企业乃至 500 强企业烦琐的成本核算，就是这些基础原理的堆砌。本书虽然讲 500 强企业一线成本核算实操，但第 2 章～第 4 章同时兼顾中小型产品制造企业成本核算的适用性。

第 5 章～第 7 章为 500 强企业成本核算解密，通过实例分析和纵贯比较，对 500 强企业典型目标成本法、标准成本法与作业成本法等的特点、缘起和核算过程及其来龙去脉进行实操解密。

第 8 章针对 500 强企业的安全生产费用、质量成本、研发成本、环境成本等专项成本核算进行实操过程、实操分录解密，对根据国家政策完善企业健全的成本核算具有一定的指导作用。

第 9 章为解密 500 强企业信息化的成本核算，对所使用的先进信息化系统实现成本核算无人化、自动化的窍门和过程进行揭示。

在成本核算的实操方面，本书应该已够用。

学习成本核算的捷径，就是看一看先进 500 强企业的成本核算做法，看一看它们的 ERP 等系统针对成本核算的底层架构设计思路。经过对这些大型企业复杂内容的消化，再转化为用简单明了、通俗易懂的案例来解释看似复杂的成本核算问题，这正是本书所要揭示并说明白的，也是本书的特色。

对于需要优化成本核算的企业，本书具有一定的借鉴意义。

正因为本书并不"就核算说核算"，同时还涉及成本管理，故本书也适合企业各级管理者随时翻阅，相信他们每次阅读都会有新的启发。

本书可以作为财经类院校成本教学的案例教材。

我曾经在两家世界500强制造企业做过一线成本核算工作,也有一线销售、职业经理人、财务总监、500强国企高级财管经历。我工作过的两家企业,一家是炼钢企业,另一家是造船企业,都是体量巨大、工艺复杂的巨型制造业航母。

这段近20年跨行业的一线成本工作经历,让我可以充分、深入地了解不同行业的成本核算。

书中将揭示**不跨行业就体会不出的成本奥秘**。

比较多元的工作经历,也让我试图追求内容讲述上的**"情欲信而辞欲巧"**,力求区别于相对单调枯燥的财务成本类图书。

不知道各位财务工作者有没有这样的感觉,企业规模越大,成本越容易说不清楚;成本说不清楚,利润也就说不清楚。年报失真,审计风险就出来了。这时候,准确的成本核算,毫无疑问成为企业需要关心的问题。这也是为什么学习成本核算的捷径,就是看一看先进500强企业的成本核算做法。

500强企业成本核算具有一定的复杂性,比较烦琐,但是并不难;烦琐的成本核算,都是简单原理的堆砌。

纵贯两家世界 500 强企业的成本核算大比拼，让我讲述工业企业一线成本核算更能够聚焦实战实操，聚焦接地气，目的是让读者"上手就能用"。

成本是保密的，也是神秘的，因此才要"情欲信而辞欲巧"。

有了多家不同行业 500 强企业成本核算一线实操的经历，我更喜欢专注于结合实操，将一线实操内容经过消化"蜕变"为浅显易懂的案例，利用**图形解说手把手推演**，力求通过巧说趣谈的讲解风格，让听者、读者弄明白。

经历、观点、风格的与众不同，使本书大概有三个"不一样"。

理解不一样：我的理解源于多家不同行业 500 强企业基层成本实操经历，以及财务、销售不同部门的一线工作经历；做过一线销售与多家企业成本核算工作的财务人员，理解的角度自然与众不同，有着"跨行业、跨职业"的个人理解。

风格不一样：500 强企业的成本专家因身份、位置关系而无法将"企业成本内幕"写得如此大众化。本书创新性地诠释此类题材，故非一般财务类书籍，而是定位于财务创新产品，追求成为恒久财务文化财产之初衷。本书采用更直观的图解手把手推演成本核算，化繁为简解密成本核算的来龙去脉。

对象不一样：本书并不是就核算说核算，全面成本核算涉及企业各部门的协调与同步，本书除了适合财务人员，也适合企业各级管理者随时翻阅以启发思路。

本书讲述了传统实际成本法（吸收成本法[⊖]）、标准成本法、目标成本法、作业成本法的成本核算制度及方法。所有这些成本方法的基本原理、

[⊖] 吸收成本法是将所有各类生产成本、制造费用（其中包括直接成本、间接成本、分配给存货的成本）都归纳到产品成本和存货成本中去。它是一种对存货进行估价并计算全部生产成本的传统成本核算方法。

底层结构设计、结转方式方法存在共性，都有着共同点。

共同点1：成本核算对象是工序成本中心时，直接成本如直接材料、直接人工等都是直接计入各成本中心；而共用性费用⊖（间接费用）如水电费等，要分摊计入各成本中心。

成本核算对象是明细产品时，直接成本直接计入产品，共用性费用（间接费用）也要分摊给产品；或之前先通过主工序成本中心归集的各成本，要再分摊一次给各明细产品。

上述分摊的依据叫作成本动因，即影响成本高低变化的最直接触发因素。共用性费用（间接费用）会涉及分摊。

如图I-1所示（作者独创），成本动因又分为资源动因和工序动因。

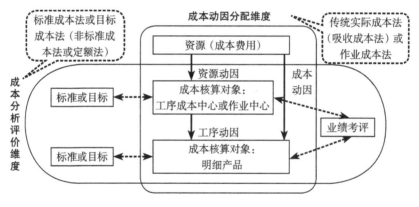

图I-1　一张图一勺烩解密成本核算

从费用（又叫资源消耗）分摊至主工序成本中心的分配依据叫作资源动因。

从主工序成本中心再分摊至明细产品的分配依据叫作工序动因。

工序动因在作业成本法下就改为从作业中心分摊至明细产品，改名叫作业动因。

⊖ 属间接费用，亦称"共同性成本""共用性费用"等，本书统称"共用性费用"。

因此不难看出，资源分配既是全面预算管理要做的事情，也是成本核算要做的事情。

——但是很多企业没有那么多讲究，也没有那么多"动因"，直接简单地用"工时"作为依据分摊掉间接费用，或简单地用"产量"作为依据把成本分摊给明细产品就结束了。这是纵向维度，对应了传统成本法、作业成本法。

如图 I-1 所示，从横向维度看，比较好理解：成本核算的事后实际结果，匹配上事先制定好的目标或标准（预算），就可以作为绩效考评的数据基础。这个维度对应了标准成本法、目标成本法。

共同点 2：内部工序流转时，前道工序的产品是后道工序的原材料；前道工序产品的实际单位成本，结转⊖成为后道工序原材料的实际单价。前道工序的全部成本，会结转给后道工序。最终产品发货要确认收入，同时确认营业成本；所确认的营业成本就源于产成品工序的生产成本。

——但是很多企业没有针对这个前道工序进行各工序的独立核算，而是只看整体成本。如果没有划小核算单元（成本中心），就无法配套细化的考核激励，无法跟利益挂钩，从而无法提高积极性。

共同点 3：要满足对外披露需求，成本核算只须分摊一次到工序成本中心，生成工序成本中心成本报表就够用了。

要满足内部管理需求（明细产品定价、成本差异分析、盈利能力分析、考核等），则还需要继续从主工序成本中心再分摊一次核算到明细产品，生成明细产品成本报表。成本管理相对先进的企业，核算与管理虽然分开，但核算兼顾管理，甚至核算分录覆盖至管理，互有关联且不脱节。

——但是很多企业成本核算只做到能满足对外披露需求就结束了，核算与管理不兼顾，两张皮，造成脱节。

⊖ 成本的承接者。作者对"结转"的定义基本就是"谁买单，最终算在谁头上"的意思。

本书主要针对上面的三个"但是"看一看管理相对超前的大企业,例如先进 500 强企业是如何进行成本核算的,希望可以起到借鉴作用,或许能够完善大、中、小型企业的成本管理工作。

本书的讲解风格为"图形解说推演经营",力求独辟蹊径、独树一帜,拨开迷雾见本质,情欲信而辞欲巧。由于作者水平有限,本书难免出现错误疏漏之处,欢迎读者指正。

特别感谢陈国庆、姜宝铃、朱丽娟、马丽、李佩颖、孙振芳、朱松伟在本书编写过程中给予的帮助。

为帮助读者更好地理解成本核算,作者为读者准备了一些辅助学习材料,并建立了答疑微信群。获取方式:购书且在微信朋友圈晒书后,加微信好友 huh88huh(昵称:胡小乐)。

祝大家学习快乐,工作顺利!

范晓东

2020 年 4 月

目 录
CONTENTS

内容简介

前言

序　幕　500强企业成本核算与电影《盗梦空间》　/1

第1章　成本核算与企业成本竞争力　/8

   1.1　了解成本核算　/10

      1.1.1　从沉没成本核算谈起　/10

      1.1.2　快速理解生活中的成本核算　/11

      1.1.3　成本核算和会计核算　/13

      1.1.4　核算结果比一比竟可支持决策　/15

      1.1.5　成本核算与财务情报　/16

   1.2　纵贯两个行业500强企业成本核算的对比　/18

      1.2.1　成本核算各行其道　/20

      1.2.2　凭什么钢铁企业能用标准成本而造船企业不能　/29

      1.2.3　打回原形　/30

1.3 价值导向的成本核算和成本竞争力 / 32

　　1.3.1 兼顾内外，弄两套账 / 34

　　1.3.2 粗与细的内外有别 / 35

　　1.3.3 延伸两端，瞻前顾后 / 38

　　1.3.4 "琴弦上"的成本核算 / 42

1.4 通过成本核算提高企业成本管理水平的对策 / 44

　　1.4.1 领导不重视，工作开展难 / 45

　　1.4.2 根基不牢，地动山摇 / 45

　　1.4.3 分粥喝的成本核算对象 / 47

　　1.4.4 成本不是烂在锅里的肉，但如何说清楚 / 49

　　1.4.5 《企业产品成本核算制度》范本教你写 / 52

　　1.4.6 成本核算的"想方设法，达到目的" / 53

第 2 章　从一道工序的成本核算说起 / 55

2.1 一道工序单种产品的成本核算 / 56

　　2.1.1 分解动作、分录及分析 / 59

　　2.1.2 原形毕露 / 65

2.2 一道工序多种产品的成本核算 / 66

　　2.2.1 分解动作、分录及分析 / 66

　　2.2.2 别以为"换了马甲"就不认识你了 / 75

　　2.2.3 多产品的发货结转 / 76

2.3 成本分配明细表的微调 / 79

2.4 生产成本和制造费用的"剪不断，理还乱" / 81

　　2.4.1 成本核算的"摆渡人" / 81

　　2.4.2 转化 / 83

　　2.4.3 直观易懂的账？错了！ / 83

　　2.4.4 500 强企业制造费用的不同叫法 / 85

2.5 成本动因影响产品定价 / 85
    2.5.1 多产品核算单位成本 / 86
    2.5.2 产品定价可人为调节 / 87
    2.5.3 没有绝对合理，只有相对合理 / 88
    2.5.4 找理由把费用分摊掉 / 89

第3章 多道工序的成本核算 / 91

3.1 多道工序单种产品的成本核算 / 92
    3.1.1 图解存货"分久必核、核久必分的折腾"过程 / 92
    3.1.2 "雪球越滚越大"的成本分录 / 98
    3.1.3 成本动因还原和工序成本还原 / 107
    3.1.4 各主工序的成本明细从哪里来 / 110

3.2 多道工序多种产品的成本核算 / 115
    3.2.1 分解动作、分录及分析 / 116
    3.2.2 产品成本还原 / 125
    3.2.3 费用的归集与过渡路径 / 125

3.3 约当产量法 / 128
    3.3.1 快速理解约当产量的算法 / 129
    3.3.2 典型适用的企业举例 / 136
    3.3.3 凭什么钢铁企业不适用而造船企业适用 / 137
    3.3.4 分解动作、分录及分析 / 139
    3.3.5 打回原形 / 150

第4章 从无到有新建成本核算账 / 152

4.1 模拟情景：已知条件 / 153
    4.1.1 案例基础资料（模拟推演简化版） / 153

4.1.2 原材料采购、领用情况、存货情况 / 155

4.1.3 分摊比例及完工率情况 / 155

4.2 手把手一步步推演教你完成建账 / 156

4.2.1 核算直接成本 / 156

4.2.2 核算间接费用 / 160

4.2.3 工时占比作为工序动因分摊制造费用至产品 / 162

4.2.4 发货结转生产成本 / 164

第 5 章 500 强企业的标准成本法核算 / 168

5.1 趣谈：以"太太买包"为例 / 170

5.1.1 年初先按标准（预算）布局入账 / 171

5.1.2 计算差异 / 171

5.1.3 快速理解分摊差异至成本核算对象 / 172

5.2 分解动作、分录及分析 / 175

5.2.1 模拟情景：已知条件 / 175

5.2.2 年初先按标准（预算）布局入账 / 177

5.2.3 计算差异 / 178

5.2.4 分摊差异至成本核算对象 / 179

5.3 结论：标准成本法实现成本事前、事中、事后控制 / 180

5.3.1 与事前控制挂钩 / 181

5.3.2 与事中控制挂钩 / 181

5.3.3 与事后控制挂钩 / 182

第 6 章 500 强企业的作业成本法核算 / 183

6.1 讲清楚作业成本法的概念 / 184

6.1.1 陪太太逛街，戏说作业成本法 / 184

6.1.2　从作业链到价值链　/ 188
6.1.3　作业成本法的特点、弊端及成本计算程序　/ 193
6.1.4　作业成本法的成本核算步骤　/ 195

6.2　作业成本计算的"靶向定位"　/ 197
6.2.1　作业成本计算与传统成本计算的区别　/ 199
6.2.2　核算延伸：结合目标成本法靶向定位　/ 203
6.2.3　倒逼生产模式契合倒逼成本管控的发挥　/ 205
6.2.4　蛋糕店的"倒逼成本"与准时生产系统　/ 208

6.3　模拟情景：作业成本法核算　/ 209
6.3.1　分摊结转路径及成本核算举例　/ 209
6.3.2　两种核算方法分录的差异性比较　/ 213

6.4　500强电信企业的作业成本法核算案例　/ 218
6.4.1　电信企业为什么能用作业成本法核算　/ 219
6.4.2　电信企业划小成本核算单元　/ 220
6.4.3　电信企业的"成本池"解密　/ 221
6.4.4　电信企业作业成本法核算举例　/ 224

6.5　500强家电企业的作业成本法核算应用案例　/ 231
6.5.1　家电企业为什么能用作业成本法核算　/ 231
6.5.2　家电企业作业成本法核算举例　/ 232
6.5.3　与原传统成本法核算的比较　/ 242

第7章　500强企业的成本核算实操解密　/ 244

7.1　500强企业成本核算概况　/ 244
7.1.1　钢铁企业概述　/ 244
7.1.2　造船企业概述　/ 246

7.2　主工序和辅助工序成本核算　/ 247
7.2.1　揭示长流程的主工序成本核算　/ 247

7.2.2 揭示辅助工序成本核算 / 250

7.2.3 非工序单元外来数据的结转 / 253

7.3 逐渐"逼"出来的成本核算 / 254

7.3.1 被磨合出来的新成本制度 / 254

7.3.2 快速理解"标准成本＋差异分摊"的标准成本管理制度 / 255

7.3.3 都不敢玩作业成本法 / 257

7.3.4 被逼降成本，叫"倒逼成本" / 260

7.4 解密：钢铁企业成本核算过程 / 262

7.4.1 工序中心层面的简化和明细产品层面的强化 / 264

7.4.2 成本动因揭示成本变化的根本原因 / 265

7.4.3 实际成本核算基础数据的采集 / 266

7.4.4 核算过程的先差异后实际 / 268

7.4.5 钢铁企业成本核算推演实例 / 272

7.5 "兼顾内外、延伸两端"的标准成本核算及评价 / 277

7.5.1 500强企业成本核算的定位 / 277

7.5.2 成本核算为考核服务的缘起 / 279

7.5.3 末梢成本触发点 / 280

7.5.4 核算标准修订案例 / 281

7.6 成本核算结果促成500强企业分析案例 / 287

7.6.1 "比了才有用"中比的是什么 / 289

7.6.2 不跨行业就体会不出的成本奥秘 / 291

7.6.3 成本核算数据的同比因素分析 / 292

7.6.4 快速理解成本因素分析法 / 294

7.6.5 两因素、三因素和四因素比较分析法 / 295

7.6.6 趣谈：结构因素影响 / 301

7.6.7　五因素比较　/ 304

7.7　成本的波动释放修正信号　/ 306

第8章　解密500强企业的专项成本核算　/ 311

8.1　安全生产费用成本核算　/ 311

  8.1.1　计提　/ 312

  8.1.2　使用　/ 312

  8.1.3　调整　/ 313

  8.1.4　还原　/ 314

  8.1.5　某500强企业安全生产费用核算实操　/ 314

8.2　研发加计扣除费用核算　/ 315

  8.2.1　费用化的研发费专项核算　/ 317

  8.2.2　资本化的研发费专项核算　/ 319

  8.2.3　研发费专项核算举例　/ 321

  8.2.4　研发费专项核算的还原　/ 322

  8.2.5　某500强企业研发费加计扣除费用核算实操　/ 324

8.3　环境成本核算　/ 325

  8.3.1　环境成本管理是被倒逼的结果　/ 327

  8.3.2　费用化的环境成本专项核算　/ 329

  8.3.3　资本化的环境成本专项核算　/ 332

  8.3.4　环境成本专项核算的还原　/ 333

8.4　质量成本核算　/ 334

  8.4.1　纠结的质量成本　/ 334

  8.4.2　某500强企业质量成本核算实操　/ 337

  8.4.3　质量成本专项核算　/ 341

第 9 章　解密 500 强企业信息化的成本核算　/ 347

9.1　成本核算信息化的"减人效应"　/ 347
9.1.1　不用见面的费用报销案例　/ 347
9.1.2　从成本池到数据仓库　/ 351
9.1.3　成本数据仓库　/ 352
9.1.4　在数据仓库导入预算标准　/ 355

9.2　企业自动核算"天网"雏形　/ 356
9.2.1　"基因序列附带遗传信息"的成本核算　/ 356
9.2.2　"附带信息附加识别字段 + 对照表"实现自动做账　/ 357
9.2.3　二级账向一级账无人化自动做账　/ 360

附录　企业产品成本核算制度 如何制定参考指导　/ 364

参考文献　/ 376

> 序 幕

500强企业成本核算与电影《盗梦空间》

我发现电影《盗梦空间》里的层层梦境与财务成本里的层层结转很相似。成本核算的分摊和结转就好比电影《盗梦空间》里深入层层梦境；成本的还原就好像梦醒还原，需要多次梦醒还原，才能回到现实中，回到原来的样子。

电影《盗梦空间》中，莱昂纳多·迪卡普里奥饰演一个经验老到的窃贼。在人们精神最脆弱的时候，他植入思想，潜入别人的层层梦境中，再从层层梦境还原到现实，去窃取潜意识中有价值的信息和秘密。这一罕见技能让他成为危险的商业间谍，也让他成为一名国际逃犯……

我原来在世界500强钢铁企业旗下的"铁钢制造本部"工作，岗位职责是计算各种钢铁产品的成本。

作为财务人员，想真正理解成本核算，有必要了解业务知识。我从业第一天问自己的问题是：钢铁是怎样炼成的？图0-1是我的思考笔记的一部分。

炼铁厂就是把氧化态的铁（如铁矿石）变成纯铁，所以炼铁反应是还原反应。

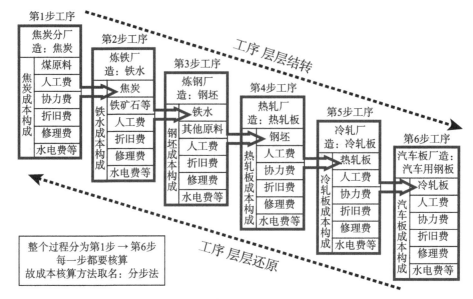

图 0-1 "钢铁是怎样炼成的"简图

根据图 0-1，可以一步步提问如下。

问：还原剂是什么？

答：焦炭。

心得：所以先要生产焦炭。

问：焦炭从哪里来？

答：煤。

问：需要多少吨矿石、多少吨煤，才能变成 1 吨铁水？

答：需要大约 1.6 吨（60% 左右品位）的矿石，加上 0.4 吨的煤，才能变成 1 吨铁水，即 2 吨原材料变成 1 吨铁水产品。

问：炼成铁水后，铁跟钢有什么不同？

答：碳含量不同。所以炼钢是什么反应？——就是把多余的碳去掉。怎么去掉？——用氧，让碳氧化。因此炼钢是氧化反应。同时，炼钢时要添加合金以决定产品的成分，获得不同的性能（变形能力、耐腐蚀、易焊接等）。

心得：炼钢时需要添加一些合金。至此，主体产品存货质量不会有太大变化了，开始后续的成材历程。

问：炼钢完成后，钢坯为什么要热轧？

答：因为只有加热到900℃以上的温度，才能使铁的变形抗力大幅度降低，要把20～35厘米厚度的钢坯变成3～5毫米厚度，这么大幅度的变形量在冷轧厂是无法实现的，必须把它加热后才能完成。热轧厂热轧就是加热之后轧制。

问：最赚钱的最终产品是如何生产出来的？

答：热轧板还要经过冷轧和退火处理才能将最终产品生产出来。热轧完成后接下来是冷轧，冷轧就是在常温下轧制。冷轧后的材料是不具备可加工性的，只能进行简单的折弯，还要经过退火处理，退火的目的是获得相应的变形能力和强度。

心得：冷轧的时候还要经过退火处理。

上述步骤完成后才能生产出冷轧板和500强钢铁企业最赚钱的汽车用钢板。

以通用、福特、大众等汽车厂家采购钢铁企业所生产的"汽车用钢板"产品为例，钢铁企业为了生产汽车用钢板产品，所需工序及需要核算的成本项目简图如图0-1所示。

第1步工序：炼铁厂下属的焦炭分厂生产焦炭，之后供应给炼铁厂自用。

第2步工序：炼铁厂需要焦炭厂的焦炭来生产铁水，之后供应给炼钢厂自用。

第3步工序：炼钢厂需要炼铁厂的铁水来生产钢坯，之后供应给热轧厂自用。

第4步工序：热轧厂需要炼钢厂的钢坯来生产热轧板，之后供应给冷轧厂自用。

第 5 步工序：冷轧厂需要热轧厂的热轧板来生产冷轧板，之后供应给汽车板厂自用。

第 6 步工序：汽车板厂需要冷轧厂的冷轧板，最终轧制成汽车用钢板。

以上是工艺，接下来看成本核算和存货结转。

炼铁厂有一个专门生产焦炭的分厂，叫焦炭分厂。焦炭的成本是如何层层结转、传递并体现到最终产品汽车用钢板的产品成本上呢？

焦炭分厂生产焦炭的所有生产成本，会结转到炼铁厂的原料里，也就是结转成为生产铁水所需要的焦炭原料成本。除了这个成本以外，还会发生另外的一串成本，如人工费、折旧费、修理费、水电费等，才能生产出铁水。

炼铁厂生产铁水的所有成本，会结转到炼钢厂的原料里，也就是结转成为生产钢坯所需要的铁水原料成本。除了这个成本以外，还会发生另外的一串成本，才能生产出钢坯。

炼钢厂生产钢坯产品的所有成本，会结转到热轧厂的原料里，也就是结转成为生产热轧板所需要的钢坯原料成本。除了这个成本以外，还会发生另外的一串成本，才能生产出热轧板。

热轧厂生产热轧板产品的所有成本，会结转到冷轧厂的原料里，作为生产冷轧板的原料成本。除了这个成本以外，还会发生另外的一串成本，才能生产出冷轧板。

冷轧厂生产冷轧板产品的所有成本，会结转到汽车板厂的原料里，作为生产汽车用钢板的原料成本。除了这个成本以外，还会发生另外的一串成本，最终生产出了汽车用钢板。

经过各个工序的一系列结转后，就把焦炭的成本层层结转（转移或者流转）传递到了最终产品汽车用钢板的生产成本上。

那么问题来了，如果股东问：生产 1 吨汽车用钢板的单位成本里，铁矿石成本的占比是多少？应该怎么算出来呢？

也就是说，假设1吨汽车用钢板的单位成本是5 000元/吨，那么源头工序中铁水里的铁矿石成本，在这个最终产品——5 000元/吨的汽车用钢板的单位成本里，占了多少钱？

这时，就需要成本的层层还原。我以前经常做还原成本报表，用于定价成本分析，就是这个道理：锁定路径，防止层层分摊和结转后的成本迷失。

——先查清楚公司各类钢铁产品里，通过分摊和结转，最终1吨汽车用钢板产品的生产成本（单位成本）是多少。

查到以后，再看这1吨汽车用钢板的单位成本里，领用冷轧板的单位成本是多少。

接下来，查1吨冷轧板的单位成本里，领用热轧板的单位成本是多少；再查1吨热轧板的单位成本里，领用钢坯的单位成本是多少；然后查1吨钢坯的单位成本里，领用铁水的单位成本是多少；最后，查到炼铁厂1吨铁水里，用了多少吨铁矿石，乘以铁矿石的单价，就算出了铁矿石的单位成本，也就知道了铁矿石在铁水里的成本占比。

追溯到了1吨铁水的生产成本里铁矿石的占比是多少后，再以此类推，进行层层工序的占比计算，并通过各工序损耗数据折算，最后就得到了1吨汽车用钢板的单位成本里铁矿石的成本占比。

这就是产品的成本还原，而且是多层前后工序间的层层成本还原。像《盗梦空间》里的层层梦境一样，多次还原才能回到原来的样子。

还原问题说清楚了以后，任何成本都能够说得清清楚楚。

后来，我受聘到另一家世界500强企业旗下的造船子公司做成本核算工作，发现新的成本核算工作与原来的工作有所关联和呼应，感受到上下游供应链成本结转的顺延性。钢铁产品成本核算可谓得到了"继承和发展"。

如图0-2所示，上游的钢铁企业生产出造船用钢产品，把这个造船用钢产品卖给了下游的造船企业作为造船原料，造船企业成本核算又像是继续"接力"一样,上游的产品是下游的原料,上游的价格就是下游的原料成本。

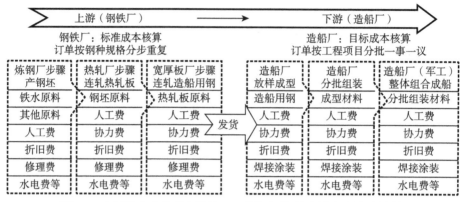

图 0-2 上下游企业的成本结转——最终产品(如军舰)的成本核算

于是,开始了新一轮的成本层层结转,最终让这个钢铁企业的造船用钢产品变成了其他造船企业的产品——一艘船,乃至一艘军舰。

大致来说,造船企业生产一艘船分为三个主要工序:放样成型工序、分批组装工序、整体组合成船工序。

造船的成本核算与钢铁产品的成本核算有相类似的地方,钢铁企业存在成本的层层分步结转,造船企业也存在成本的层层分批结转。

放样成型工序发生的一串成本,会结转成为后工序——分批组装工序的原料成本。另外还会发生一串成本,才能完成分批组装。

分批组装工序所有的成本,会结转成为后工序——整体组合成船工序的原料成本。另外还会发生一串成本,才能完成整体组合成船工序,如图 0-3 所示。

同样,要分析造船成本升降的差异原因,就需要成本还原,才能说清楚导致成本波动的真正原因。

如图 0-2 所示,你会发现上下游钢铁厂和造船厂之间,成本出现了"断层",因为上游的成本对下游来说是"保密"的,正所谓"内部计划性,外部市场性",所以成本还原只有在本企业内部才能完成。

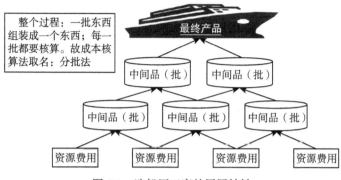

图 0-3 造船厂工序的层层结转

上游源头企业的成本,对于下游终端企业来说,好比《盗梦空间》里迷失在梦境里的主人公一样,无法还原了。

这也是有的上下游企业要整合、重组、兼并的原因之一,就是要消除成本的"信息孤岛壁垒"和"断层",让成本变透明,让信息变对称。

第 1 章

成本核算与企业成本竞争力

成本是生产产品或提供服务过程中，所有投入的价值化（货币化）反映，是企业经济活动的综合反映。正所谓：业务触发成本，有什么样的业务活动，就有什么样的成本，通常包含投入的材料、人工等费用。

所以500强企业在年度成本例会中会提出这样一个观点：如果业务活动没有了，什么成本都是可以削减的。

成本核算就是把研发、采购、生产等环节各项业务活动发生的成本算出来，反映为存货结转、成本账编制，并体现在工序成本中心成本或最终明细产品成本上，如图1-1所示。

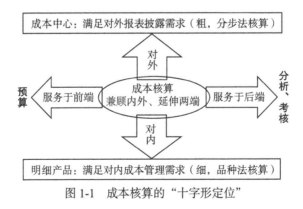

图1-1 成本核算的"十字形定位"

十字形定位

从图 1-1 可以看到，成本核算对外兼顾满足报表披露的定位需求，一般核算至工序成本中心层面即可满足。

成本核算对内兼顾满足内部细分化成本管理的定位需求，一般需要划小核算至明细产品等层面。内部细分化的成本核算要求更高，某种程度上可以自由发挥，不一定非要按照一成不变的核算方法，只要能够契合企业自身特色，说清楚产品明细成本情况即可。

成本核算向前端延伸是成本计划的执行结果，是对成本控制结果的反映。成本核算对企业预算的执行水平起着动态实时监督、反馈和控制作用。核算结果可以揭示生产、技术和经营中取得的成绩和存在的问题，同时为生产经营决策、预测成本和利润提供客观依据。核算结果也同诸多重要的成本控制工作有着直接的关系。

成本核算向后端延伸与分析、考核连接，与个人薪酬挂钩。成本核算对绩效考核起着至关重要的作用。如果企业成本绩效考核与个人利益、个人绩效挂钩，效果会尤佳。只有这样，成本管理才会受到足够的重视，从而"被倒逼"想方设法去优化改善。

成本管理是指企业生产经营过程中各项成本核算、成本分析、成本决策（成本战略）和成本控制等一系列管理行为的总称，包括成本预测、成本决策、成本计划、成本核算、成本控制、成本分析、成本考核等职能，是企业的战略管理工具。

成本核算是成本管理的职能之一，是成本管理的重要组成部分。传统的实际成本核算制度只对成本进行事后反馈和控制。标准成本制度能实现对成本的事前、事中和事后控制。

成本核算直接影响企业的成本控制，也对成本决策和经营决策有重大影响。成本核算与管理过程是对企业生产经营过程中各种耗费的如实反映。

1.1 了解成本核算

到底什么是成本核算？

成本核算，基本就是"把成本核算对象花了什么钱、花了多少钱给说清楚"的意思，隐约有一种"秋后算账"的意味。在这里，你可以先粗略地将成本核算理解为成本类的会计核算。

【例1-1】老王的太太去香港购物。如果老王的太太被作为"成本核算对象"，那么机票、住宿、餐饮、购物就是成本项目，成本核算就是说清楚各项目各花了多少钱。

老王抚养孩子这件事如果作为"成本核算对象"，那么孩子一年的学费、生活费、旅游娱乐等就是成本项目。

给员工发放薪酬这件事如果作为"成本核算对象"，那么员工一年的工资、奖金、社会保险、公积金等就是成本项目。

同理，企业里一条流水线、一个工序、一个产品作为成本核算对象时，管理者如果想知道这些对象到底花了什么钱、花了多少钱，就需要成本核算。

1.1.1 从沉没成本核算谈起

在成本中，有一个重要的概念，叫作"沉没成本"。到底什么叫沉没成本？这里就说说这个概念。

人们在决定是否去做一件事情的时候，不仅看这件事对自己有没有好处，而且也看过去是不是已经在这件事情上有过投入。我们把这些已经发生且不可收回的支出，如时间、金钱、精力等称为沉没成本。

【例1-2】美国的奥兰治县曾是美国最富裕的县之一，奥兰治县用80亿美元（直接投资成本）投资于金融市场，结果投资失败，亏了20亿美元，这个昔日富裕的县被迫宣布破产。

我个人的理解是，这 20 亿美元就叫作沉没成本。

一个温州老板 2007 年在山西投资 16 亿元（直接成本＋间接费用）建了一个焦化厂，还盘了一个煤矿。2008 年受金融危机的冲击，该焦化厂没法再经营下去了，无奈之下，不得不废弃。后来这位老板花了六七年时间才把焦化厂处理掉，一核算才发现总共只收回 1 亿元，15 亿元没有了。

我认为这 15 亿元就叫作沉没成本。

企业越大，成本越容易说不清楚，沉没成本也就越高。小型企业没有什么沉没成本，也就没有什么说不清楚的成本。小型企业的经营把企业先做起来再说。

因此，企业越大越要进行成本核算，以说清楚成本。

有的企业领导者会认为成本就像烂在锅里的肉，说不清楚。

这里，企业的一把手是否重视成本管理、是否想要弄清楚成本就成为关键，因为会直接影响到企业的成本竞争力。

一个企业的领导者如果重视成本管理，则有利于企业成本竞争力的塑造；如果不重视成本，成本管理就发挥不了作用。而成本核算恰恰是成本管理和塑造企业成本竞争力必不可少的重要基础和组成要件。

1.1.2　快速理解生活中的成本核算

【例 1-3】老王是一位体贴用心的丈夫和父亲。

为太太的投入，老王认为不是"洗尽铅华，归于平淡"，而是要像呵护眼睛一样呵护情感。每逢节日或长假，老王要么给太太送花，要么安排自驾游，要么做顿饭或去餐馆聚餐……

为孩子的投入，老王认为即使花费巨大，也不能不做。所以，两个孩子上初中时，老王就让他们上私立学校，双休日给孩子报各种培训班，节假日带孩子去博物馆……

这里，对于家庭成员的花费来说，以丈夫为中心、太太为中心和两个孩子为中心，就可以理解为三个成本中心（用传统成本法时），或者三个作业中心（用作业成本法时）。

从某种意义上讲，每个孩子都可以看作父母的"产品"；而两个孩子整体是主工序成本中心（主生产线）或作业中心，父母可以看作辅助工序。

什么叫成本中心呢？就是以工序为成本对象归集核算各种成本的中心。

什么叫作业中心呢？就是以作业为成本对象归集核算各种成本的中心。

两个孩子整体作为"成本中心"或者"作业中心"时，直接成本好比学费、报班培训费等成本活动或作业活动的费用（只给孩子）；间接费用好比一家人自驾游（四人共用）等发生的费用。

太太作为"成本中心"或者"作业中心"时，直接成本好比送花、买首饰等成本活动或作业活动的费用（只送给太太）；间接费用好比一家人的聚餐支出（四人共用）等。

老王自己作为"成本中心"或者"作业中心"时，直接成本可能是老王自己或太太给老王买的衣服等成本（只自用）；间接费用同上述自驾游和聚餐等共用性成本活动或作业活动的费用。

所谓成本动因，就是把共用性费用分摊给成本对象的依据。成本动因分为以下两种。

（1）成本核算对象为工序成本中心或作业中心时：成本要分摊给主工序成本中心或作业中心的依据，叫资源动因。

（2）成本核算对象为明细产品或工程项目时：成本从主工序成本中心或作业中心再分摊给成本核算对象，叫工序动因（传统成本法）或作业动因（作业成本法）。

成本动因只是针对共用性费用时才会涉及。

一家人聚餐或者一家人自驾游都属于共用性的成本活动。

这时如果有人闲着没事干问一个无聊的问题：聚餐费用或自驾游费用分摊给一家四口，那各自成员的费用分别是多少？怎么算？这时就要用到成本动因，即共用性费用按照什么合理依据分摊到各个成本中心。

成本动因，没有绝对的合理，只有相对的合理，即使不合理，也要有一个成本动因。例如，一家人聚餐的成本动因，这里最接近合理的依据，可能是各成员的体重占比。

依据成本动因分摊完了间接费用后，再结合已知的每个人发生的直接成本，这样，每个家庭成员的实际花销成本（直接成本＋间接费用）报表就出来了。

1.1.3 成本核算和会计核算

成本核算，其实开始是会计核算，但为了说清楚成本的来龙去脉，就把成本单独从会计核算这个"大面团"中拉出来，捏来揉去，即本质就是把涉及成本相关的科目单独剥离出来进行成本类的核算。

成本核算大致可以理解为成本类的会计核算。

1.1.3.1 开始没有，后被捏出来的研发加计扣除费用核算

研发加计扣除费用原来没有被剥离之前，可能存在于生产成本、管理费用或销售费用中。

我在做研发加计扣除备案和高新技术企业资质的复审工作时，感到研发加计扣除费用核算的本质就是把它从原有的生产成本、制造费用、管理费用或销售费用这些"面团"中拉出来，捏来揉去，即为了说清楚研发加计扣费用的来龙去脉，把涉及研发业务的投入成本单独剥离出来，进行专项成本核算。

企业的研发费用可享受加计扣除政策。做过研发费用加计扣除所得税优惠事项备案工作的人就会知道，企业里每一个研发项目的本质就是一个成本核算对象。把涉及研发内容的所有成本，以每一个研发项目号为成本

对象单独归集。

1.1.3.2 开始没有，后被捏出来的安全生产费用核算

安全生产费用是指企业按照规定标准提取的在成本中列支，专门用于完善和改进企业或项目安全生产条件的资金。安全生产费用的成本核算内容包括安全生产费用的计提和使用。

我曾主持制定 500 强企业《安全生产费用提取和使用管理办法》，感到安全生产费用核算的本质就是把它从原有的生产成本、制造费用、管理费用科目这些"面团"中拉出来，捏来揉去，即为了说清楚安全生产费用的来龙去脉，把涉及安全生产的投入成本单独剥离出来，进行专项成本核算。

1.1.3.3 开始没有，后被捏出来的环境成本核算

工业企业在生产经营过程中，总会面临环保监管问题。如果环境成本压力倒逼企业需要完整、准确地提供环境成本明细投入，就需要企业进行相应的环境成本核算。

在企业里干了多年环境成本统计工作后，我体会到环境成本核算的本质与"安全生产费用""研发加计扣除费用"相类似，其本质就是把它从原有的生产成本、制造费用、管理费用科目这些"面团"中拉出来，捏来揉去，即为了说清楚环境成本的来龙去脉，把涉及环境活动的投入成本单独剥离出来，进行专项成本核算。

1.1.3.4 开始没有，后被捏出来的质量成本核算

管理相对超前的企业在做好传统产品成本核算的同时，还开展质量成本核算，目的是通过产品质量成本管理来提高产品质量，降低产品成本。质量成本包括事前的质量控制与管理发生的成本和事后的补偿发生的成本。

从本质上来说，质量成本就是把它从原有的生产成本、制造费用、管

理费用乃至营业外支出科目这些"面团"中拉出来，捏来揉去，即为了说清楚质量成本的来龙去脉，把事前、事后涉及质量活动发生的成本投入、补救及赔偿单独剥离出来，进行专项成本核算。

1.1.4 核算结果比一比竟可支持决策

企业的成本核算本身只是就成本核算对成本进行核算，如果不延伸、不对比，就是空对空，是没有意义的。

你会发现只有将成本核算的结果"比一比"之后才会有意义，有时可以支持决策。

以上面的家庭为例，靠"成本核算"得到的成本报表出来以后，是没有任何意义的，直到"成本核算"的结果被延伸了以后，才会有意义⋯⋯

怎么延伸？——就是靠"比较"。

因为跟其他家庭比，可以了解花销是高还是低了；跟去年实际比，花销是高了还是低了；跟年初的打算比，花销是高了还是低了。接下来分析高低的原因。这些原因可能是：

- 节日的数量变化了；
- 旅游的规格不一样；
- 饭局规格、饭量不一样；
- 学校的档次或培训班的档次不一样；
- 家庭收入不一样；

⋯⋯ ⋯⋯

这样一分析，成本高低变化的原因就清清楚楚、明明白白了。

当然，需要说明的是，没有家庭会闲着没事去比较这些，这里只是为便于理解举个例子而已，不用较真。

因为"没有比较，就没有伤害"，一旦成本核算有了对标、有了比较，效果就出来了。

一家企业尤是如此，只有成本对标的分析结果，才可以作为决策的依据。

比如一家企业有了和成本预算，或者和去年成本实际，抑或是与竞争对手的成本比较和分析，企业间"羡慕、忌妒、恨"就会产生。

企业管理者尤其喜欢看和竞争对手的成本对标数据。

【例1-4】我原来在500强A企业工作，曾跟着公司到美国同行那里学习考察。我们参观交流完了以后，回来向集团领导汇报总结，用了很多成本对标数据。其中有一项很醒目：管理费用的收入占比。

原来，国外同行企业和A企业是同产量规模级别，但国外同行企业的管理人员只有28个人，它的业务，如财务、研发、人力资源、设备等全部外包了。所以国外同行企业的管理费用很少，收入占比很低。相比之下，A企业当时管理人员有上千人，组织机构多，管理成本高。因此A企业管理费用收入占比很高：国外同行企业百分之零点几，A企业占了10%以上。

受了这个成本对标数据的"刺激"后，A企业集团领导马上决定：成立集团"管理费用清理与改善项目组"，清理整顿公司旗下上百家子公司的管理费用。

上述案例告诉我们：对标让企业间产生了"羡慕、忌妒、恨"。

——这就叫核算结果的对标支持决策。

1.1.5　成本核算与财务情报

这里顺便说一说对标数据的收集问题。

【例1-5】2016年至2018年，富士康郭台铭、福耀玻璃曹德旺等都去美国调研开工厂。他们根据自己收集来的当地及同行成本情报信息，与本企业成本核算结果进行对标。他们发现：美国市场除了人工费比国内高，其他原材料成本、税负成本、运输物流成本、土地成本、银行借款成本、电力/天然气成本、配件成本等多种成本都比国内低。综合下来，美国具有一定或相当的成本优势，因此国内企业管理者纷纷做出决策在美国开工厂。这是制造业企业到发达地区建厂的案例。

美国耐克公司到越南开工厂，中国很多大型服装纺织企业到柬埔寨开工厂，都是多次派人考察收集东南亚当地和同行成本情报信息，并与本企业成本核算结果进行对标。他们发现：东南亚国家人工费、关税等均比本土低，综合下来具有一定的成本优势，因此纷纷决策去东南亚开厂。这是劳动密集型企业到相对落后地区建厂的案例。⊖

在国外的跨国公司里，财务干的活，其中有一项就是去收集市场情报信息、竞争对手情报信息、用户的情报信息。例如：代理商、供应商的评审，客户的评审，兼并收购等情报获取也多为财务干的事情。这在西方国家是普遍、平常的商业行为。

相对来说，财务人员收集数据是强项，因为他们对数字比较敏感，数字概念的专业性强些，容易辨别哪些是需要的数据，也容易把对手或用户的关键数据筛选出来弄到手。

财务人员做对标是强项。很多企业会在分析报告中干一件事情——对标。那么对标一定是需要大量数据说话的，尤其是和竞争对手的对标，是最容易博管理者眼球的内容。除了与国内竞争对手之间的对标外，与国外竞争对手的对标也有决策价值。

以前我所在的国企，组团出国到海外同行业公司参观考察，经常会带一名财务人员随同，因为这名财务人员是带着收集"对标"情报的任务去的，回来就会被要求写一个对标调查报告。

对标信息是打破"壁垒"做决策的最后一根稻草。管理层想要获取的信息涉及面很多，这样才更有利于决策。如果信息资源比较全面，往往决

⊖ 资料来源于《中国企业报》及金十数据等。

策的命中率就会提高，有时某些信息情报甚至会决定成败。

获取供应商、用户的信息和情报，就可以让公司在招投标、价格谈判（议价）等过程中占有一定的优势。也就是说，可以打破信息的不对称，打破信息壁垒，争取商业机会；可以做到采购销售不花冤枉钱，不盲目无谓地让利，以及能抓住兼并收购时机等。

成本核算的结果，如果不去用于比较、不去用于对标、不去用于分析，就无法作为决策的依据。

1.2 纵贯两个行业 500 强企业成本核算的对比

成本既是保密的，也是神秘的，很少有企业愿意公开自己的成本秘密。

【例 1-6】某 500 强钢铁企业（以下简称"钢铁企业"）和某 500 强造船企业（以下简称"造船企业"），一家炼钢，一家造船。

钢铁企业主要用标准成本法，我称其成本核算为"分步法＋标准成本法＝分步法的 PLUS 版（我称之为滚雪球式的成本核算）"。

造船企业主要用非标准成本法，即目标成本法⊖，我称其成本核算为"分批法＋目标成本法＝分批法的 PLUS 版（我称之为乐高玩具式的成本核算，制造航母即用此法）"。

两家企业的产品虽然同样都是用户定制化的、具有个性化特色的产品，但区别在于：钢铁企业的用户定制化钢铁产品十有八九是产品历史生产成本的重复，个性化只是在主体工艺不变的基础上对产品特性的微调。造船企业的用户定制化造船产品十有八九没有产品历史生产成本的重复参照，主体个性化更足。

传统理解的标准成本属于目标成本的范畴，而标准成本法和目标成本法在成本核算上有所区别：钢铁企业的标准成本核算采用"布局标准＋分

⊖ 关于目标成本法，一种理解是包含了标准成本法和非标准成本法（定额法）。为便于区分和理解，本书的目标成本法倾向于作为更细化管理的非标准成本法。

摊差异＝实际"的核算步骤；造船企业的目标成本核算采用大订单倒逼的"价格－利润＝成本"思路来控制成本。

钢铁企业也曾创新性地将标准成本法和目标成本法结合，采用"标准成本管理体系下的倒逼目标成本核算"。

两家500强企业现用的两种成本核算方法，到底谁的更好一些？

钢铁企业的工艺特点：长流程、生产周期短，涉及大量工序间的分摊和结转，之后再分摊到最终产品上。长流程成本核算流到最终产品上，核算路径会更长、更交叉、更容易失真。因此，标准成本法更适合处理长流程的烦琐复杂重复工艺，匹配契合度更好。

造船企业的工艺特点：接单生产，一单一价；流程短、生产周期长，按"分批分装中间产品＋整装最终产品"的步骤生产，因此成本分摊和结转次数相对钢铁企业要少，到最终产品成本核算的路径更近，使用目标成本法核算契合度更好，结果更接近成本实际发生情况。

就两家500强企业的适用度来说，两种成本核算方式没有好与坏，只有契合度的问题。

钢铁企业更适合用标准成本法，因为这样才能说清楚长流程的复杂成本。钢铁企业满足对外披露需求，成本核算只是到成本中心（工序）层面，并未进一步细化到由成本中心分摊至明细产品、作业或机组，只有满足对内管理需求的成本核算，才细化到明细产品。

造船企业更适合用目标成本法，因为这样才能说清楚作为最终订单目标产品（一艘船）的成本发生。造船企业目标产品（项目）核算之前的成本归集，没有划小核算单元至作业或机组，只是到工序成本中心，再由成本中心分摊到各目标产品（项目）。

为什么两家500强企业暂时不能做得更细？为什么不能从成本中心归集成本全面细化到作业（机组）归集成本呢？请参见第7章"500强企业的成本核算实操解密"。

综上可以看出，两类企业虽然同属制造业，但在成本核算上有着各自不同的特点，以下进行具体解密。

1.2.1 成本核算各行其道

1.2.1.1 500强钢铁企业的成本核算特点

从实际操作层面看，钢铁企业成本核算的特点主要有以下几点。

1. 不一样的成本核算步骤

标准成本法的成本核算与传统实际成本法的成本核算的不同之处有哪些呢？

标准成本法的核算步骤为"标准成本＋差异分摊＝实际成本"，而不是"实际成本－标准成本＝差异"，即不是分摊实际，而是先根据历史经验数据制定并在预算编制时布局标准；实际发生时，先计算统计出差异；最终分摊结转的是"差异"，才得出实际核算结果。

【例1-7】如图1-2所示，就以修理费为例说明区别。假设前、后工序成本中心实际发生修理费共计100元；以修理次数占比40%：60%作为分摊依据（成本动因）分摊给前、后工序成本中心。已知前工序修理费预算标准为30元，后工序修理费预算标准为50元。

传统实际成本法：直接把实际发生的100元修理费按40%：60%分摊给前、后工序，即分摊给前工序实际修理费40元，分摊给后工序实际修理费60元。

前工序实际与预算的差异＝实际－标准＝40-30=10（元）；
后工序实际与预算的差异＝实际－标准＝60-50=10（元）。

标准成本法：前工序标准为30元，后工序标准为50元，总标准为80元。实际为100元，则总差异为100-80=20（元）。下面要分摊总差异至前后两个工序：

前工序分摊差异 =20×40%=8（元）；前工序修理费实际 = 标准 + 差异 =30+8=38（元）；

后工序分摊差异 =20×60%=12（元）；后工序修理费实际 = 标准 + 差异 =50+12=62（元）。

□ 假设已知：修理费前、后工序共计发生100元；以修理次数占比40%：60%作为分摊依据（成本动因）分摊给前、后工序，并已知前工序修理费预算标准为30元，后工序修理费预算标准为50元。

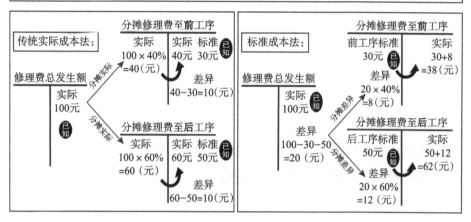

图1-2 标准成本法与传统实际成本法的区别——T形账简例

2. 引入作业成本法的成本动因，做标准成本法的事情

引入作业成本法的成本动因，做标准成本法的事情，这样就可以在各项成本标准的制定上突破传统成本变动只跟产量挂钩的观念，找到影响成本变动最直接和最根本的原因。

3. 以财务部门为中心统一进行成本核算

成本核算是成本管理的职能之一，而成本管理的目的是力求以最少生产耗费，以"有舍才有得的成本最佳投入产出比"思想取得最大的生产成果——提升企业成本竞争力。

4. 实行一级成本核算

把生产费用核算和产品成本计算集中在厂部一线驻厂财务（成本组）

进行的成本核算制度叫"一级成本核算"。各生产车间对其所发生的经济业务一般只填制有关原始凭证和原始凭证汇总表，定期送交财务部驻厂成本组。生产成本核算的全部工作都集中在财务部驻厂成本组来完成。

5. 成本核算与成本管理（控制）"分离但不分家，脱离而不脱节"

对外核算相对粗：500强企业成本核算在一体化财务信息系统实现满足对外报表披露的要求，核算对象单元仅核算至工序成本中心层面。

对内核算相对细：如果要核算至明细产品，则成本核算要进一步与成本管理挂钩，即另外通过500强企业独立的数据仓库（SAS系统）实现明细产品成本核算、预算分析、盈利能力分析等管理功能，以满足内部成本管理等需求。

这就是所谓的成本核算与成本管理（控制）分开，做到内外有别。对外核算较粗以满足披露需求，对内核算较细以满足管理需求，我称之为"分离但不分家，脱离而不脱节"。

6. 自动化成本核算功能覆盖产线

成本核算实现了自动做账而非人工做账，靠软件公司设计的一体化财务信息系统实现规则化的自动做账，并通过数据仓库（SAS系统）实现从工序成本中心到明细产品核算。

除了上述实际操作层面的成本核算特点以外，长流程重复生产的钢铁企业成本核算还有两个重要特点。

第一个特点：有可参照的历史数据作为成本标准。

钢铁企业每个工序、每个成本核算内容都有对应的标准成本，以备比较。这些标准成本是怎么来的，又是怎么制定的呢？

不同于短流程的制造企业，长流程重复生产的企业工艺变化不大，生产的产品规格、性能、化学参数都比较稳定。

正是因为周而复始重复生产同样的产品，所以数据才具有可得性，才能积累大量可参照的历史数据；也正是因为重复生产，所以历史数据才能用得上。

通过数据分析，将历史数据当中正常或稳定生产状态下的数据筛选出来，作为参照。换句话说，把正常或稳定生产状态下的历史成本数据，做大数据分析后，选择常态下正常或稳定生产所发生的成本参数（例如：炼1吨铁水需要多少吨矿石）作为成本触发点标准，将它们总结出来并价值化，就形成了标准成本。

标准成本就是你要看齐的目标，实际成本就跟它比。标准成本是正常的、稳定的状态下应该发生的成本。所以标准成本是一种"应该成本"，它不受实际成本波动的影响，用于决策也更科学合理。

利用明细产品标准成本算出来哪个产品最赚钱，就可以事先模拟安排生产哪种产品的优先度，也可以支持营销决策。比如：是先产先卖还是后产后卖？利用产品标准成本来评估新投产的产品成本和到底能赚多少钱？这样，就可以支持投资决策，到底是投还是不投。

实际成本如果与标准成本差异大，很大可能就是实际不正常了，即实际发生的成本出现了异常，企业通过分析往往就能知道问题出在了哪里。

钢铁企业的标准成本核算制度，我总结如下。

事先：按照"标准成本＋末梢成本触发点标准"将成本标准在编制预算时全盘布局完毕。

事中：用实际核算出来的成本与标准成本两者相减并根据差异预警动态实时调整以实现事中控制。

事后：月末将最终差异根据成本动因分摊至工序成本中心。这一步完成之后，就可以运用因素分析法来计算差异，找出产生差异的原因，从而分析并加以改善。

标准成本和目标成本都有倒逼性。从这一点上看，标准成本类似于造船企业工程项目的非标准成本，即目标成本。

基于这样一个"标准成本"建立起来的预算、核算、分析评价、绩效考核的体系，就被冠以了"标准成本制度"的叫法。

第二个特点：主工序成本中心成本核算"守土有责，谁生产谁核算"。长流程生产大规模工业基础材料，工序繁多，各工序只核算本工序的成本。

图1-3为某钢铁企业最赚钱的汽车板产品制造主工序成本核算流程简图。

长流程大规模重复生产：谁生产，谁核算，谁分析，历史成本为标准				
炼铁厂 连续产铁水	炼钢厂 连续产钢坯	热轧厂 连轧热轧板	冷轧厂 连轧冷轧板	汽车板厂连轧 汽车用钢板
矿石原料 由采购部分析	铁水原料 由炼铁厂分析	钢坯原料 由炼钢厂分析	热轧板原料 由热轧厂分析	冷轧板原料 由冷轧厂分析
其他原料	其他原料	人工费	人工费	人工费
人工费	人工费	协力费	协力费	协力费
折旧费	折旧费	折旧费	折旧费	折旧费
修理费	修理费	修理费	修理费	修理费
水电费等	水电费等	水电费等	水电费等	水电费等

图1-3 某500强钢铁企业产品制造主工序成本核算流程简图

炼铁厂需要原料，也就是生产铁水需要矿石原料，另外还会发生如其他原料、人工费、折旧费、修理费、水电费等一串成本，才能生产出铁水。

炼铁厂生产铁水的所有成本会打包后总体结转到炼钢厂的原料成本里，也就是生产钢坯所需要的铁水原料成本，另外还会发生其他原料等一串成本，才能生产出钢坯。

炼钢厂生产钢坯的所有成本，会打包后总体结转到热轧厂的原料成本里，也就是生产热轧板所需要的钢坯原料成本，另外还会发生人工费等一串成本，才能生产出热轧板。

以此类推，最终，层层结转后，就把矿石原料的成本结转（移转或者流转）到了最终产品——汽车用钢板的生产成本上。

在这个过程中，成本核算是如何进行的呢？

钢铁企业的每个主工序（成本中心）都要设置一层成本核算，用于核算本工序成本中心发生的成本内容。以其中的炼钢厂工序设置成本核算为例，如图1-4所示。

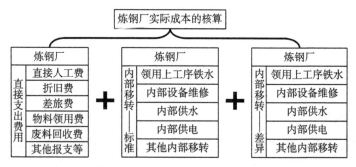

图1-4　某500强钢铁企业主工序成本中心（炼钢厂）成本核算范例

这些成本核算内容分为三个部分。

直接支出费用，指此主工序成本中心独立发生的费用。如：直接人工费、折旧费、差旅费、物料领用费等，一般为直接成本。

内部移转——标准，指此主工序成本中心领用前工序产品或辅助工序分摊结转过来的标准成本。如：辅助工序设备部维修、自备电厂电费、自备水厂水费等，一般为间接费用。

内部移转——差异，指此主工序成本中心领用前工序产品或辅助工序分摊结转过来的成本差异。

本工序的产品成本打包后，结转到后工序，作为后工序的原料。后工序不用核算价格因素，但要核算消耗因素，因为消耗是本工序发生的，而价格是前工序结转过来的。换句话说：原料除了本工序消耗指标以外，其他都由前工序来核算，正所谓"守土有责，谁生产谁核算"。

如图 1-3 所示，炼铁厂生产铁水，需要矿石。对于矿石价格，炼铁厂控制不了，所以由采购部门来分析；而矿石消耗，是由炼铁厂控制的，就由炼铁厂来分析。

同样，炼钢厂生产钢水，需要铁水，铁水的价格高低，由炼铁厂分析；而铁水消耗，是由炼钢厂控制的，则由炼钢厂分析。以此类推。

不难看出，钢铁企业成本核算的设计特点大致如下：

- 前工序产品是后工序的原料，前工序的单位成本是本工序的单价；
- 守土有责，谁生产谁核算；
- 事前先根据历史经验数据制定并在预算环节全盘布局标准，事中计算统计出差异并动态实时控制，事后分摊结转最终差异得出实际核算结果；
- "末梢成本触发点"标准⊖需要与标准成本相对应、匹配并看齐。

1.2.1.2　500 强造船企业成本核算特点

长流程重复生产、生产周期短的规模制造企业适合用标准成本来核算、分析。

还有很多企业，流程短、生产周期较长。比如：加工型的企业，建筑业、造船业、钢结构生产的企业等。一般像这类企业靠招投标等方式承接工程项目订单。其成本发生特点是：需要根据用户的个性化需求定制工程项目或产品，这类工程项目或产品的成本一般是一事一议的。成本发生具有独立性，没有之前的成本经验数据作为参照。

这些行业的企业大多用目标成本法进行成本核算。

【例 1-8】造船企业就主要使用"分批法的 PLUS 版"的目标成本法进行成本核算。但由于造船工业的多工艺特点，对于某些局部零件（中间产品）的加工可能由多个生产工序连续加工制成，如铸造车叶就可能经过

⊖　作者独创直观概念"末梢成本触发点"标准，详见第 7 章第 7.5.3 节。

木模、造型、浇注、车工、钳工等工序。为了考核各工序成本，对类似铸造车叶这部分内部分批分装的中间产品成本核算就局部采用了"分步法"。

目标成本法是企业对有独立制造过程的产品进行利润计划与成本管理的方法，它是以市场价格为参考，以顾客需求为导向，在产品企划与设计阶段运用价值工程、产品功能分析、成本分析等方法以达成目标利润而制定目标成本的一种管理方法。

这里以造船企业的成本核算为例。

造船业的特点是短流程、生产周期长，订单一事一议，个性定制化强、历史成本标准无法参照。造船企业的目标成本对象为所造船只（见表1-1）。

表 1-1　工程项目成本计算单汇总简表——SH18001 龙之丸号船　（单位：万元）

成本口径		决算比率	主材、辅材等材料费	人工费	制造成本	劳务外包费	船舶设备费	项目返修、不可预见费	船舶生产专用费	合计
目标成本	前工序转入				需还原					
	中间产品				需还原					
	完工产品									
完成实际	前工序转入									
	中间产品									
	完工产品									
	差异									

船舶的材质主要为钢材，小型船舶也有以水泥、木材、铝合金、玻璃钢为主要材料的。船舶吨位有几百千克至几十万吨不等。大型船舶结构比较复杂，造价可达几亿美元，建造周期长达好几年。

与钢铁企业的长流程工艺和建造周期短的特点形成反差，造船企业成本核算所对应的行业特点是短流程工艺和建造周期长，一般涉及以下几个过程的成本内容。

（1）生产设计、相关材料和设备的采购。生产设计的好坏直接关系到船舶生产的进度及质量。另外，船厂的采购部门需要向其他设备商订购主机及其他配件。成本核算涉及设计费、采购成本以及相关差旅费成本等。

（2）板材和型材的加工放样。板材和型材的预处理板到了船厂以后，要进行校平，表面除锈后上底漆，然后需要下料及成型加工。成本核算涉及材料费、人工费、折旧费、协力费、能源费、切割耗材成本、涂装成本等。

（3）分批组装过程的工作量很大，主要是在生产车间内把型材和板材焊接成分批中间品，再用平板车将这些分批中间品运输到现场。成本核算涉及材料费、人工费、折旧费、协力费、能源费、焊接涂装等成本。

（4）船体合龙就是在船台上和船坞内把分批中间品组合成船。这个过程难度比较大，劳动强度也很高；同时，该过程涉及大量的起重和焊接作业，因为对设备要求较高，该过程成为船舶生产中的瓶颈。成本核算涉及人工费、折旧费、协力费、能源费、焊接涂装成本等。

（5）下水是船舶建造中最危险的过程，一旦发生事故整个船就报废了，可能涉及不可预测费用。

（6）码头舾装把管子、阀门和其他大型设备及装潢材料装上船。这个过程涉及的专业最多，是船舶建造中最混乱也最容易发生事故的过程。成本核算涉及设备采购费、人工费、折旧费、协力费、装修费及安装费、焊接涂装成本等。

（7）试验交船包括系泊试验和航行试验，主要是测试实际建造完成后船舶各方面的性能数据。成本核算涉及试验检验费。

目标成本管理的特点是在产品的设计、生产到交付使用等产品整个生命周期内都进行成本管理的一种事前控制成本水平的方法。

根据造船企业的管理和生产特点分析，目标成本管理是一种很适合造船企业使用的成本管理方法，可以有效地降低造船企业在船舶设计、材料采购、分批组装及船体合龙作业、下水及设备安装、装潢、试验交船中的全过程成本。

目标成本管理，一般由企业的企划部门以工程项目号为归集费用的预算对象，编制工程项目的目标预算。这些预算在招投标竞价阶段，就已经编制出了工程项目整体成本发生的预算概况。企划部门工程项目的目标预算是根据工程进度和项目变化动态调整的。

造船企业根据采购钢材的市场价格变化等情况调整目标预算，在分期分批发货确认收入时，按调整后的生产成本进行营业成本的确认和结转，并对上批发货已确认的成本进行该工程项目的整体调整，结合目标成本分析，以期达到优化和改善造船短流程的全过程成本，因此造船企业用的成本核算方法的设计是需要契合或者匹配目标成本分析的。

我个人的理解是，目标成本法在某种意义上和作业成本法、标准成本法是相类似的，即目标成本法也是一种倒逼成本的方法。

结合钢铁企业成本核算特点以及造船企业成本核算特点对比，可以看出："成本预算→成本核算→成本分析→绩效考核"是一个基本的成本管理路径，如图1-5所示。

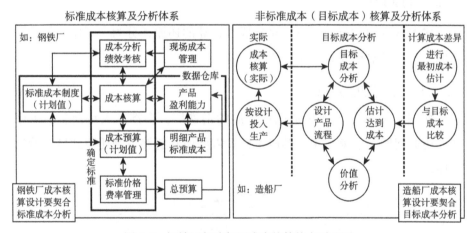

图 1-5 钢铁厂与造船厂成本核算特点对比图

成本核算的核心目的是：向前端为成本预算服务，向后端为成本分析服务。

然而行业的不同、先天成本属性的不同，决定了成本核算的不同。

1.2.2 凭什么钢铁企业能用标准成本而造船企业不能

为什么钢铁企业能用标准成本，而造船企业不能？这是因为生产工艺等特点决定了成本核算特点。

钢铁企业能形成标准,造船企业形成不了标准。

钢铁企业是长流程、短周期、大规模重复的分步骤生产工艺,从炼铁工序到炼钢工序、热轧工序、冷轧工序,再到汽车板工序,常年周而复始地重复着生产类似或同样的东西,容易收集数据,形成标准成本并作为"应该成本",因此采用"分步法的 PLUS 版"核算。

造船企业是短流程、长周期,不重复生产相同产品,按照用户的个性化定制需求,一事一议,根据订单"中间品分批分装后再总装"生产;没有一贯重复发生的常规成本标准,只有企划部门订立的目标成本,属于非标准成本生产,因此采用"分批法的 PLUS 版"核算。

1.2.3 打回原形

成本核算的"打回原形"是指成本核算的还原,分为"工序间的成本还原"和"成本动因的还原"两种。

1.2.3.1 工序间的成本还原

如图 1-6a 所示,作为造船厂上游的钢铁厂,会涉及大量前、后工序间的还原问题。也就是说,其成本核算需要做到能够追溯还原到最初始的工序。

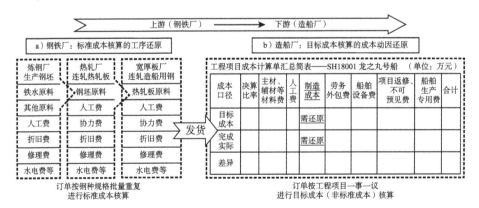

图 1-6 上游钢铁厂和下游造船厂的工序成本还原与成本动因还原

原因很简单,因为钢铁产品是长流程的工业基础材料,是经过一道道不同的工序作为单独工序成本中心,单独进行成本核算的。需要把独立成本核算的全部成本中心(工序)都结合起来,才能说清楚最终某个钢铁产品的成本发生实际情况和影响成本的关键发生环节。

【例1-9】如图1-6a所示,假设钢铁厂的最终产品是造船用钢,如果它的成本大幅增加,很有可能是因为前工序热轧厂的生产故障;或者是前工序的前工序,即炼钢厂成本异常波动影响所致。

最终产品造船用钢的成本高低,不光要核算宽厚板厂这个"本工序"的成本,还需要还原至"前工序"热轧厂、炼钢厂的成本,并分析前工序的成本变化因素,因此导致宽厚板厂成本波动的因素可能在本工序宽厚板厂无法控制,需要在前工序热轧厂或炼钢厂控制。

什么叫工序成本间的还原?举个例子:生产的1吨造船用钢产品的单位成本里,炼钢厂的折旧费占了多少钱?假设1吨造船用钢产品的单位成本是4 000元/吨,那么,炼钢厂工序中钢坯里的折旧费,在这个最终产品——4 000元/吨的造船用钢产品的单位成本里,占了多少钱?这时候,就需要还原再还原,需要成本核算的匹配以达到还原目的。

1.2.3.2 成本动因的还原

除了工序间成本还原外,还有成本动因的还原。由于间接费用分摊后的成本结果无法显示费用的内容、来源和明细金额,因此需要对制造费用进行成本动因的还原才能说清楚。

【例1-10】造船的材料成本就是采购钢铁厂造船用钢的成本,是从上游企业采购的。造船企业不需要成本核算去揭示上游造船用钢成本的波动原因,只需关注整个造船过程中的成本核算。造船企业涉及工序还原问题相对较少,更多会涉及成本动因的还原问题,如各明细工程项目的间接费用还原问题,如图1-6b所示。

造船企业主工序少、辅助工序多,需要分摊的共用性费用就多;分摊就需要分摊依据,即成本动因的还原。这就是造船企业涉及工序还原问题相对较少,更多会涉及成本动因还原问题的原因。造船企业分段、分批、分装中间品和总装最终产品的分摊成本动因还原情况,如图1-7所示。

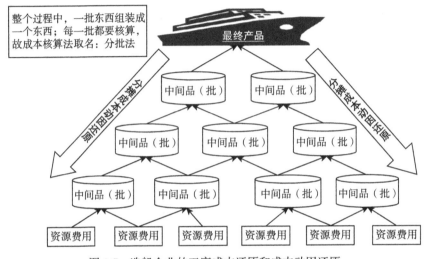

图1-7 造船企业的工序成本还原和成本动因还原

1.3 价值导向的成本核算和成本竞争力

来看看500强钢铁企业是如何将价值导向、成本竞争力这些"高大上"的词和成本核算扯上关系的。

传统的"实际成本核算制度"只能对成本进行事后反馈和控制。而标准成本法却能进行成本的事前、事中和事后控制。

钢铁企业成本核算除了满足对外的报表披露需求和对内成本精细化管理的要求外,实行标准成本核算制度,即成本核算是对"标准成本+差异分摊"的核算,实现了成本核算向两端的延伸——前端跟预算挂钩,后端跟利益挂钩,并实现事前、事中和事后的成本控制。

有的企业会存在这种情况:老总喜欢"先干再算",财务习惯"先算再干",两个角色不是站在同一个平台考虑问题。而标准成本核算制度就标志着"先干再算"的成本核算模式被"先算再干"的成本核算模式所代替,形成制度,使成本的控制从事后发展到了事前。

如图 1-8 所示,某 500 强钢铁企业的成本核算是基于价值导向设计的。

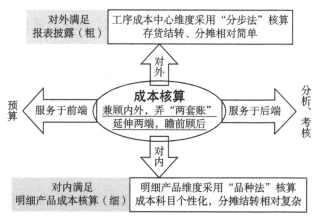

图 1-8 某 500 强钢铁企业兼顾内外、延伸两端的"十字形定位"概念

横向看:先有和利益挂钩的成本考核评价指标,再有成本预算标准;先有成本预算标准,再有成本核算的适度匹配;有了成本核算的适度匹配,分析评价和绩效考核就有了依据。

纵向看:成本核算对外满足了报表披露需求,对内满足了明细产品成本核算需求。

向前端延伸:跟预算挂钩,服务于预算,适度匹配预算指标,并为后端最终评价考核预留了进一步细化的接口。

向后端延伸:服务于分析评价和绩效考核,跟利益挂钩。

所以该 500 强钢铁企业的成本核算兼顾了对外和对内,实现了向两端的服务延伸。

成本核算能与价值导向挂钩,能与成本竞争力扯上关系,就主要体现在了如图 1-8 所示的纵向和横向,形状类似十字形,因此我称之为 500 强企业成本核算的"十字形定位"。

兼顾内外，弄"两套账"：满足了对外报表披露（粗）和对内精细化成本管理（细）。

延伸两端，瞻前顾后：向前端延伸跟预算挂钩，向后端延伸跟利益挂钩。

1.3.1 兼顾内外，弄两套账

500强企业为了对外满足报表披露的需求，成本核算只到工序成本中心层面，并通过一体化财务信息系统实现。这一级对应使用工序成本中心层级的"分步法的PLUS版"，即标准成本法核算。

对内满足明细产品成本精细化管理，成本核算从工序成本中心进一步细化到明细产品层面，并通过数据仓库（SAS系统）实现细化。这一级对应使用"末梢成本触发点"指标（如单耗指标等）以及明细产品的"品种法"核算。

500强企业的成本核算做到了内外有别。对外粗、对内细，目的不一样。从这个角度来看，企业成本核算对内、对外玩的是"两套账"。这里"两套账"不是虚假做账的意思。

如图1-9所示，成本核算层面的标准成本用于指导细化了的"末梢成本触发点"标准和明细产品成本，而"末梢成本触发点"标准和明细产品成本又服务于成本核算层面的标准成本。

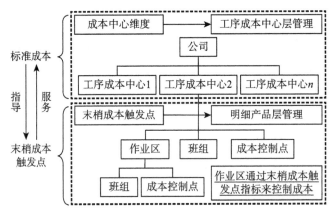

图1-9 末梢成本触发点为标准成本的细化管理提供可能

我所定义的"末梢成本触发点"标准又称"计划值"。为什么叫"计划值"呢？这是因为计划告诉我们干什么活，预算告诉我们花什么钱。正因为"业务触发了成本"，业务必须先量化，财务才能价值化，所以这个"计划值"就是业务的量化指标标准，我称为业务活动的"末梢成本触发点标准"，如单耗、产能、收得率、效率、能源类、设备维修类等指标的标准。

1.3.2 粗与细的内外有别

对外满足报表披露需求，成本核算的内容相对可以较粗。

对内满足成本控制管理的需求，成本核算的内容可以相对较细。

如何界定粗与细呢？为什么要弄"两套账"呢？到底要细到什么程度呢？

根据成本核算"十字形定位"（见图1-8）中的兼顾内外，弄"两套账"概念：

如果要满足对外披露需求，成本核算只到工序成本中心（分摊一次），可以生成其成本报表就够用了。这时，就需要成本核算的凭证分录明细账，这个明细账在年报审计时会要求提供给会计师事务所。

如果要满足内部管理需求，还需要继续从主工序成本中心核算到明细产品（再分摊一次），生成其成本报表。这时的成本核算，不一定需要凭证分录明细账。使用成本核算的凭证作为"联合凭证"覆盖至明细产品核算，之后系统后台将内部成本核算过程、细化依据留底备查。

在实践中，很多企业是将管理与核算分开的，成本核算只做到能满足对外披露需求就结束了。管理先进的企业会通过信息化等手段，继续在后台对明细产品进行成本核算。

实际上你会发现，企业设计了很多成本核算科目，如3级科目、4级科目甚至5级科目。为什么要设置那么多级成本核算科目呢？就是想着要一并解决成本管理问题。

比如：在利润表中，营业成本就是营业成本，总额可不再细分，对外报表披露只要到营业成本层面就够了。

但是内部管理需求就不一样了，还要知道多个维度的成本信息，如每个产品的营业成本、每个区域的营业成本、每个生产单元的营业成本等，目的是评价考核。设计那么多级成本核算科目，就是想要用科目来反映多个维度的成本管理信息。

我们原本的思路就是想用成本核算来解决管理问题，没有分开。所以成本核算的科目要不断被进一步细分，才不得不设置3级科目、4级科目。山东的一家中国500强企业曾经把科目加到8级，最后直接把系统搞崩溃了。

好比一个人拿杯子喝水，就这样一个简单的事情，你非要搞个机械手操作，用计算机来控制机械手去拿杯子喝水，就搞复杂了。实际上没有必要设计那么多的科目。

成本核算基本上设置到4级科目就差不多了，剩下的这些科目放在预算体系中完成。也就是说，不要用成本核算来解决成本管理问题，而是把两者分开来弄"两套账"：

一套对外，满足报表披露需求，给股东、税务局看；
一套对内，满足管理需求，给董事长、总经理看。

在某500强国企工作期间，我曾被指派对30多家子公司进行成本底细摸查，就曾看到一家三级子公司甚至不用辅助核算来反映车间发生的成本，其成本科目相对简单。

这家子公司的具体做法是：只在核算账的"凭证摘要"中注明"某车间"就结束了，之后下载"核算系统序时账"，并用Excel表的筛选功能，就算实现了车间的成本核算。

所以，一家企业成本核算的细化程度够用即可。

500强企业的成本核算秉承"没有粗与细之分，只有适合与否"的思想。

【例 1-11】以某 500 强企业的成本核算繁简分级为例，如图 1-10 所示。

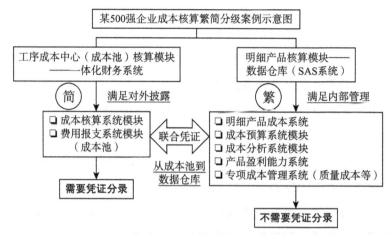

图 1-10　某 500 强企业成本核算的"内外有别"

工序成本中心层面的成本核算，要满足对外披露的需求，生成工序成本中心成本报表，无须细化至明细产品层面。从核算要求来看，由于核算路径较简单、分摊次数相对少，因此工序成本中心核算要求相比明细产品核算要求低。

明细产品成本核算需要继续从主工序成本中心核算到明细产品（再分摊一次），生成明细产品成本报表。这些明细产品成本核算都是在数据仓库（SAS 系统）后台完成的，为满足管理决策需要，一般不需要成本核算的凭证分录明细账。

明细产品核算是为了满足内部管理的需求，如用于明细产品定价、成本差异分析、盈利能力分析、专项成本核算及管理模块（如质量成本、环境成本、安全成本）、考核等。

正所谓成本核算与成本管理（控制）"分离但不分家，脱离而不脱节"，从这个角度看，这个"两套账"是一种折中的成本核算手段。

1.3.3 延伸两端，瞻前顾后

1.3.3.1 瞻前：向前延伸为成本预算服务

成本核算向前端延伸对企业预算的执行水平起着动态实时监督、反馈和控制作用。核算结果可以揭示生产、技术和经营中取得的成绩和存在的问题，同时为生产经营决策、预测成本和利润提供客观依据；核算结果也同诸多重要的成本控制工作有着直接的关系。

成本核算是事后的反馈，成本预算是事前的预测。

成本核算是算账维度，成本预算是管理维度，两者时点、维度均不相同。两者相似毫不相关，但在标准成本核算制度下就可以实现两者的动态结合以达到成本事中控制的效果。

有的企业成本核算归成本核算，成本预算归成本预算，两者没有连接起来形成对应关系。管理相对超前的企业，在制定预算时会考虑成本核算的细化程度以便匹配兼顾，使得核算口径与预算口径的适度匹配。成本核算信息的对外披露口径无法满足对内方方面面的管理需求，但是成本核算口径是可以被设计成满足特定预算管理维度的。

【例1-12】某企业设定了产品盈利能力指标，如边际贡献等，边际贡献需要计算固定成本和变动成本，那么成本核算就可以设计成区分固定成本和变动成本的核算科目，让核算口径可以满足与企业边际贡献预算口径的同步。所谓同步匹配，就是指边际贡献实际计算的基础数据可以满足分析产品盈利能力预算指标。

很多企业的做法往往是在需要做成本分析的时候就人为将成本核算口径拆分成预算口径，这样必然导致成本核算的数据被调来调去，不免被调得乱七八糟。

按照这种方法，搞出一个成本分析评价的结果，大家就按照这个来考核，但效果不理想，因为大家都不认账。如果连这样一个考核是怎么来的都弄不清楚，那么，结果就是导致成本考核出现一大堆问题。

这时，如果将我提出的某500强企业"十字形定位"概念中的"延伸两端、兼顾内外"横向与纵向的维度打通并结合起来看，就是一个可选的解决方案。

换句话说，横向维度"延伸两端"为分析、考核服务，和纵向维度"兼顾内外"是需要匹配的，即把成本核算和成本控制（管理）分离，成本核算是按照科目大类、会计周期来算成本账，满足对外披露的要求。而成本控制（预算、评价、考核）用另外一套体系，是按照另一套内部的分配方式，即成本控制体系，配套把作业成本法、内部市场化等管理手段组合起来使用，来解决问题；用的是业务数据体系及"末梢成本触发点标准"；用的是诸如数据仓库（SAS系统）等信息化手段把业务数据串起来。

这个成本控制的结果会最终反映在成本核算的数据中。

这种方法是当一些企业针对成本核算无法细化到与预算一致，但是又需要利用对成本适当细化，实现考核评价时的做法。也就是说，不是不匹配，也不是绝对匹配，这个就叫作成本核算与成本预算口径的适度匹配。

1.3.3.2　顾后：向后延伸为成本分析及评价考核服务

因为成本核算的理论性和复杂性远高于其他会计核算，而成本会计作为核心的财务业务，也渐渐为企业所重视。

企业想更有效地降低成本，就需要进行成本分析。

举个例子，有一个成本方法叫ABC（activity-based costing），意思就是基于业务活动的成本，有一个新的名字，叫"作业成本法"。

作业成本法把成本与作业联系在一起，用这个方法进行成本管理的企业，轻而易举就可以说清楚成本的"锅里到底炖的是什么肉"。

原理并不高深，关键看成本核算能力和分析能力。成本分析方法需要与成本核算方法相匹配。

成本核算的目的，除了成本优化和改善，说清楚成本家底，计算产品单位成本以便于定价、分析和绩效考核以外，还有一个重要的目的：成本核算要达到与预算和分析的适度匹配契合。两者结合起来，才谈得上成本管控。

成本核算为成本分析服务，而成本分析为成本优化和改善服务、为评价和绩效考核服务，这样才能把企业的整个成本管理价值链连接起来。

因为成本核算的结果只是说清楚了企业生产一个时点的静态成本实绩。企业是连续经营、连续生产的，人员、市场、政策等环境因素都在不断变化，成本实绩也会跟着不断变化。成本核算结果本期实际与上期实际比，或者实际与预算比，差异的大小及产生的根本原因、针对性改进的措施等都需要用到成本分析。

成本分析的数据源有两个：一个是成本核算（成本实际），另一个是成本目标（成本标准）。两者比较，才能揭示成本动态变化的原因。

成本分析中有一个很重要的分析方法，叫作"因素分析法"。所谓"因素分析法"，是指根据分析指标与其驱动因素的关系，从数量上确定各因素对分析指标的影响方向及程度的分析方法。说白了就是通过计算找出根本原因或根本影响因素，从而有着手点去改善。

【例1-13】某企业某年对企业利润情况与上一年的利润进行了同比（期间跨度一致）分析，并将差异进行了因素分解，从而揭示出差异产生的真正原因。

如图1-11所示，假设：某年产品毛利800亿元，同比增加48亿元。其中销售、采购市场减利40亿元（销售价格增利90亿元，原料价格减利130亿元），生产制造环节增利88亿元。

生产制造环节成本的差异分析分别为：销量影响毛利减少80亿元（销售量减少）、消耗影响毛利减少20亿元（消耗变大）、规模影响毛利减少50亿元（产量减少）、原料结构影响毛利减少10亿元（贵的原料用得多了）、费用影响毛利减少 10 亿元、产品结构影响毛利增加 60 亿元（贵的产品卖得多了）、库存及其他因素影响毛利增加 198 亿元（存货成本减少）。

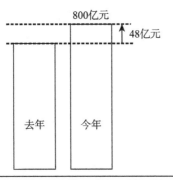

差异因素项目		总金额
购销价格 −40	销售价格	90
	原料价格	−130
生产制造成本 88	销量影响	−80
	消耗影响	−20
	规模影响	−50
	原料结构影响	−10
	费用影响	−10
	产品结构影响	60
	库存及其他因素影响	198
影响差异合计		48

单位：亿元

□今年公司产品毛利800亿元，同比增加48亿元，其中：销售、采购市场减利40亿元（销售价格增利90亿元，原料价格减利130亿元），生产制造环节增利88亿元

图 1-11　某 500 强企业利润差异的因素同比分析（今年 vs 去年）

这些因素连同购销价格因素影响全部揭露出来以后，合计影响了利润 48 亿元。所以，通过因素分析，加上成本核算的对应和配套，就可以把生产制造环节的实际成本和对利润的影响分析得清清楚楚、明明白白。

原料消耗因素影响，要求核算消耗；
原料价格因素影响，要求核算前工序全部成本结转为本工序的价格；
费用因素影响，要求核算费用；
产品结构因素影响，要求成本要分摊结转到明细产品成本，方能知道明细产品的单位成本；
库存及其他因素影响，要求核算存货成本。

企业从揭示利润变化差异的具体明细原因时起，就需要对差异进行因素分析。而因素分析得以实现的前提，就是成本核算要满足对分析基础数据的需求。这就是成本核算设计要与成本分析匹配契合的原因所在。

1.3.4 "琴弦上"的成本核算

2013年在500强钢铁企业一线销售岗位工作时,我的师傅倪富荣首席(教授级高级工程师、高级专家)指导我用SAS软件进行6σ(六西格玛)正态分布偏差分析的技巧。受此启发,我将正态分布偏差分析嫁接到财务的成本分析上进行整合,独创了"末梢成本触发点6σ成本控制"方案,并在师傅的指导下完成了一系列论述。此外,我独创了《产业经济离散性多元态成本链附加理性动因成本趋于总体均衡的研究》并率先提出思想实验,在全球征集数学验证模型以期待价而沽共享经济学奖。

这种安排恰好促成了财务结合业务的跨部门、跨界融合尝试。

某500强钢铁企业在同一条长流程的生产线上,为满足用户对产品提出的个性化要求(假设:航母钢板的抗形变要求、战斗机外壳的轻薄防弹和高强度要求、特斯拉汽车车身外壳的高强度碰撞变形要求等),可能要不断调整这条生产线上的生产参数。

用户对产品的这些个性化要求,我们叫作"用户需求识别"。有的产品好生产,有的产品难生产。相对应地,成本的高低也会因这些个性化要求的不同而不同。

一般来说:难生产的,成本相对高;好生产的,成本相对低。

钢铁生产的特点是长流程、生产周期短,生产相对稳定。一条流水线一年到头,周而复始地重复生产那几样难产或易产的产品,历史数据就有参考价值。因此,多年经验值的积累,形成了应该达到的"末梢成本触发点"标准或成本标准(应该成本)。

生产线的总控室,根据制造部的排产计划,及时调整有关投料量、添加辅料量和结构、控制速度、调节温度等参数。

这些影响成本高低的参数需要通过统一调配的外部指令,靠人力干预或系统设置去设定生产控制系统参数,加以控制。

我为这些影响成本高低的生产线触发因素取了一个新的名字——末梢

成本触发点。

每一个末梢成本触发点指标,都有一个标准。

这些末梢成本触发点实际发生,以及生产出来的产品的性能结果,通过 SAS 软件读取一定周期的基础数据,用以跟标准比较,从而进行 6σ 正态分布落点的靶向偏差分析。以产品性能的正态分布分析为例,如图 1-12 所示。

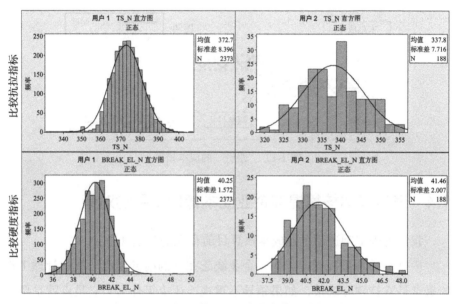

图 1-12　6σ(六西格玛)正态分布偏差分析举例

我们一直说要有生产经营这根弦。"琴弦"就是用户的需求,生产是以用户为导向,用户的需求就是生产的标准。

图 1-12 列示的偏差分析图有点像"琴弦波动"一样。

为什么这么说?因为产品以用户需求为出发点,用户个性化需求变动,导致末梢成本触发点指标跟着波动;末梢成本触发点指标波动,导致成本高低的波动;成本高低波动,导致成本核算结果的波动。

成本核算的结果,就像是一个"跟班",跟着用户个性化产品生产目标的难易、投料的贵贱、技术含量的高低等的变化走。我称之为靶向成本目标"跟着走"的成本核算。

"琴弦波动"好比是随着用户需求变化而变化的生产指标波动。不同的琴弦波动弹出的音调其实就是指标的调整结果,体现在其落点范围的正态分布、偏差及标准范围命中率上。"传音"的效果自然会连锁引起成本的波动,最终的成本核算结果跟着"琴弦波动"变化而变化,如图 1-13 所示。有关"琴弦波动"释放修正信号详见本书第 7 章 7.7 的原创内容。

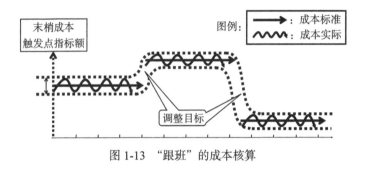

图 1-13 "跟班"的成本核算

1.4 通过成本核算提高企业成本管理水平的对策

我认为很多制造型企业成本核算目前存在的问题如下:

一是领导不重视成本工作,企业缺乏完善的财务制度。成本管理工作的重点是支持领导决策,如果领导不重视,还决策什么?立足点就是要撑开利润的空间,向成本要效益。

二是责任成本控制的主体不明确导致成本核算盲目性大。成本管理包括制定成本预算、日常成本核算和控制、成本分析及成本考核,哪一步都离不开明确的责任主体。如果成本核算主体不明,则引发一连串的问题:成本核算盲目→配套的预算盲目→控制盲目→分析盲目→考核盲目。

三是成本核算方法陈旧、简单,成本核算的目的不明确。企业成本会计的前提与基础就是正确的成本核算方法。企业生产管理方式未根据实际情况调整成本核算方法,忽视了消费者的个性化需求,大大降低了市场竞争力,也造成了成本核算不准确。

1.4.1 领导不重视，工作开展难

领导不重视成本工作，成本管理就难以发挥作用。

有的企业领导不真正重视成本核算，对成本核算作为成本管理基础的及时性、准确性、细致化的必要性认识不足，认为财务不过是干两件事——算账和管钱。

还有一个重要的原因——财务的思想和领导的思想不匹配。领导用战略来配置资源，而财务是站在资金和成本的角度来配置资源，往往扮演的是"刹车"的角色。两者不在一个频道上，不在一个平台上，没办法沟通。

因此，领导重视成本工作是前提，否则成本管理工作就没办法全面展开。

1.4.2 根基不牢，地动山摇

责任中心（成本中心等）如果划分不清楚，成本核算就失去了基础。在成本管理当中，无论是成本预算、成本核算或者是成本考核，首先需要解决一个内部责任中心划分的问题。搞清楚谁是挣钱的，谁是花钱的，对挣钱的怎么约束、怎么激励，对花钱的怎么约束、怎么激励。如果不把内部责任中心划分清楚，成本核算就失去了基础。

所以第一个问题就是要搞清楚责任中心（成本中心等）的划分。划分成本中心要考虑以下三个因素。

专业： 设备部门管设备，生产部门管生产，采购部门管采购，因此需要考虑专业因素。

内控： 很多内控的失效，是领导不重视或带头破坏制度的结果。需要研究内部之间如何建立内控体系、如何实现无缝连接、如何制定制度规范操作的问题。

负荷均衡： 避免个别部门很忙、个别部门很闲这种现象的发生，需要考虑负荷均衡。

这三个因素是"组织行为学"告诉我们的道理，也是解决内部机构问题的三个原则。

个体户的结构就是夫妻老婆店，没有这么多组织。

对一个企业来说，存在股东会、董事会、监事会、经理层、中层、初级管理人员，容易产生诸多管理问题。

第一个问题：管理费用增加；

第二个问题：信息失真；

第三个问题：激励不足。

企业内部成本中心的划分，是基于组织效率和组织成本的比较。对每一个企业的管理者来讲，这是一个至关重要的问题，不只要考虑到专业、内控和负荷均衡，更要考虑到组织效率和组织成本之间的关系。把这个关系处理好，企业的内部组织才是有效率的，否则企业内部组织划分可能就是低效的。

如果责任中心（成本中心等）划分得太细，会暴露出以下几个问题。

第一个问题：费用无法分摊，因为企业费用是要分摊到明细责任中心的，涉及考核和个人利益。划分得太细，成本就会缺乏分摊依据，责任中心（成本中心等）的管理者就会赖账——凭什么摊给我？赖账的结果就是成本无法分摊，无法分摊就说不清楚成本发生情况，那么即使成本核算了也没有意义。

第二个问题：责任中心（成本中心等）都是各自的利益主体，相互之间都会隐瞒信息，都要在博弈当中占有好处。效率可能会非常低。

第三个问题：短期行为严重。

企业内部不能把责任中心（成本中心等）划得太小，但是也不能划得太大，大了以后组织成本会高。企业管理者需要研究这个问题。

1.4.3 分粥喝的成本核算对象

企业应当根据生产经营的实际情况,归集成本费用,确定成本核算对象,计算产品生产成本。制造企业一般按照产品品种、批次订单和生产步骤等确定产品成本核算对象。

(1)大量大批单步骤生产产品,或管理粗犷不要求提供有关生产步骤成本信息的,一般按照产品品种确定成本核算对象。

(2)小批单件生产产品的,一般按照每批或每件产品确定成本核算对象。

(3)多步骤连续生产产品且管理上要求提供生产步骤成本信息的,一般按照每种产品及各生产步骤确定成本核算对象。

以上三种情况分别对应品种法、分批法和分步法三种经典的成本核算方法。

其中,前两种情况的分摊相对简单,通过成本动因进行一次分摊即可满足;第三种情况,需要资源动因、工序动因两次分摊,才能核算到每种产品上。

对应的成本核算流程如图1-14所示。

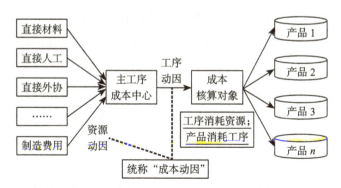

图1-14 传统成本法下"成本双动因分摊覆盖末梢成本触发点"流程简图

【例1-14】分粥喝案例。假设:幼儿园熬粥给小朋友喝,一桶粥好比制造费用（资源费用），先分给每个班级一锅粥。每个班级好比主工序成本中心，人多的这锅粥就分得多，人少的这锅粥就分得少。资源动因就是每个班的人数占比，按人数占比分粥比较合理。

每个小朋友好比"产品"，工序动因好比每个小朋友的饭量，饭量大的这碗粥就分得多，饭量小的这碗粥就分得少。在如图 1-14 所示流程中，制造费用（资源费用）→主工序成本中心→产品就可以简化理解为例子当中的幼儿园一桶粥→班级一锅粥→小朋友一碗粥。

有的企业没那么多动因，也不会考虑那么复杂，一般只选择"工时"和"产量"分别作为"成本动因"直接分摊给产品。这就好比幼儿园将一桶粥直接根据饭量大小分给每个小朋友，不再分班级分锅了。

采用作业成本法核算也属于多步骤连续生产产品且要求提供各生产步骤成本信息，只是这个生产步骤细化到了作业中心（划小后的核算单位），而不是图 1-14 所示的主工序成本中心。

这里插入说明一下成本中心的概念：成本中心是一个企业成本归集和核算的评价单元。比成本中心更细的单元，如作业机组，被称为"划小核算单元"；一般会被冠以作业成本法里"作业中心"的叫法。

如果把更细的作业中心转化为利润中心来考核，并从考核成本变成考核利润，这就开始接触"阿米巴经营"的核心理论了。

成本中心（工序）较粗，成本容易归集；作业中心（工序）较细，成本归集的难度更高。

作业成本法的流程图类似于传统成本法，只是资源动因对应的核算单位细化程度不同。作业成本法对应的不是工序成本中心，而是作业中心，如图 1-15 所示。

还是以上面的分粥喝案例为例，只是这桶粥不是分给班级，而是直接分给每个班小组，即幼儿园一桶粥→班级一锅粥→小朋友一碗粥，变成了幼儿园一桶粥→班小组一小锅粥→小朋友一碗粥。这个班小组，就好比

"作业中心"。资源动因就好比班小组人数。

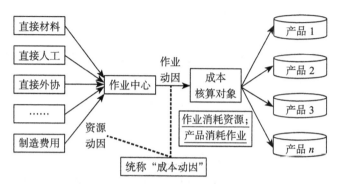

图1-15 作业成本法下"成本双动因分摊覆盖末梢成本触发点"流程简图

在如图1-15所示的流程中,制造费用(资源费用)→作业中心→产品就可以简化理解为例子当中的幼儿园一桶粥→班小组一小锅粥→小朋友一碗粥。

1.4.4 成本不是烂在锅里的肉,但如何说清楚

在企业管理当中,也会有些管理者这样理解成本:成本是烂在锅里的肉,因为业务太多了,根本不知道炖的到底是什么肉。

这其实就是成本核算没有说清楚。很简单,病人连病都没有被诊断出来,如何下药?如果说清楚了成本现状,再配上目标或标准,就可以进行下一步的成本改善。如何才能说清楚成本呢?

1.4.4.1 采用科学的成本核算方法

1. 提高业务部门参与成本核算和成本管理的意识

成本核算是企业加强成本管理的重要方面。业务部门要提供大量的基础数据,作为成本核算的依据。

【例1-15】人力资源部门需要提供人工薪酬个人明细数据并细分到成本中心(工序),否则财务部门无法核算各成本中心(工序)的人工费;生

产部门需要提供每种产品的生产工时，以便于财务部门按照工时将成本中心（工序）的人工费再进一步分配到产品上。

在这个例子当中，如果人力资源部门或生产部门没有及时提供相关基础数据或提供的数据失真，成本核算也会随着业务部门的数据失真而失真，就会直接影响成本核算数据结果的质量。

同理，采购部门需要及时并准确提供原材料的价格；生产部门需要及时并准确提供原材料领用及生产产品的原材料消耗量数据；质控部门需要提供质量成本的基础数据；研发部门需要提供针对研发相关科技产品的研发项目分配参数；设备部门需要提供维修费数据以及设备增减变动的实际发生情况；销售部门需要提供销售发货量等。

有了这些基础数据，财务部门才能将成本核算继续做下去。

这些无疑都需要业务部门的严密配合和无缝连接，否则，成本核算基础数据的质量就会存在问题。

这就从成本核算的需求角度提出了对业务部门提高成本核算参与度的要求。

没有业务部门的支撑，成本核算就无从算起。只有业务部门的成本意识得到增强，才能根据企业战略方案、发展目标的需求，对成本核算进行确定，才能让成本管理参与相关工作的人全面发挥作用，才能使企业日常管理、经营决策对成本信息的需求得到满足。

2. 创新成本核算的方法

企业可以根据自身特点和成本核算工作具备的相关模块知识，设计和构建实际的核算类型，同时根据生产自身产品的特点以及存在的差别，设计成本核算基础数据的传递模式。

形式可以按照"制造费用分配表""工资分配表""原材料分配表""产品工时分配表""产量及发货量报表"等基础表格的形式进行呈现。表格提供给财务部门之前由各相关业务部门领导签字确认，对准确性负责并可追溯。这样的方式能够让成本核算工作有科学合理、清晰明了的环节，确保经营发展工作中的财务数据能够满足充足可信的需求。

财务部门对日常发生的生产相关成本或费用进行零星入账，月末根据收到业务部门提供的成本核算基础数据后，按照财务成本核算口径要求或者直接套用模板进行批量数据转化，生产分摊或者结转产品生产成本的做账底稿；之后按照产品生产成本的做账底稿，手工或者以批量导入的方式制成记账凭证，完成成本核算。

如果有一体化财务成本信息系统的企业，那就方便多了。业务部门的基础数据就可以考虑整合到成本信息系统，如企业的成本数据仓库（SAS系统）里去，即由业务部门按要求及时准确地在系统里录入基础数据，财务成本信息系统则根据抛账规则，可以实现自动读取业务数据，实现自动成本抛账、自动核算等智能成本核算。这样可以节省可观的人力、物力，把财务人员从基础和烦琐的财务工作中解放出来。

1.4.4.2 建立契合的成本核算制度

制定企业产品成本核算制度，可从产品成本范围、成本归集、成本分配、成本结转、成本报告等环节入手，将企业自身产品成本核算的特殊性上升到企业自身成本规律的制度规范。

把分散在各具体会计准则中的成本核算要求，统一规范、系统整合为契合自身企业产品特点的成本核算方法。具体对策如下。

1. 提高管理层对成本核算重要性的认识

有了成本制度，就可以规范管理者的一些成本行为，并会通过成本制度反衬出一个企业领导对成本的重视程度。

2. 提高财会人员的综合素质

我认为成本核算岗位是最接近一线业务前沿的财务岗位。因为要处处与业务打交道，所以管理会计所要求的业财融合在成本核算岗位上体现得最多。人员素质是基础，但制度是保障。

成本核算制度就是指导成本核算工作具体操作的"手顺书"和"操作指南"，促进财务人员的操作规范。

成本核算及分摊需要判断和归集，成本核算制度在规范财会人员操作的同时，也会提高财会人员的业务水平和理解能力，促进对成本核算来龙去脉的全面理解和准确归集能力，提高成本事项归集正确的职业判断能力，从而确保成本信息质量。

3.加强成本核算的监督

企业主要负责人应该重视成本核算的监管和督促，让成本管理的相关责任能够全面落实。负责监督的人员要切实根据公司内部成本考核指标口径，利用各方面信息，对成本核算活动的真实性、合法性、合理性等方面实施监督，促进成本核算的准确和规范，提高成本管理水平。

1.4.5 《企业产品成本核算制度》范本教你写

2013年9月6日，财政部下发的《关于印发〈企业产品成本核算制度（试行）〉的通知》（财会〔2013〕17号）文件。这个文件具有一定的普遍适用性，对大中型企业，包括制造业、农业、批发零售业、建筑业、房地产业、采矿业、交通运输业、信息传输业、软件及信息技术服务业、文化业以及其他行业的企业，制定产品成本核算制度的具体内容、核算方式方法均做了指导、规范和说明。

2014年12月24日，财政部下发《关于印发〈企业产品成本核算制度——石油石化行业〉的通知》（财会〔2014〕32号）对石油石化行业的产品成本核算制度进行了指导和规范说明。

2015年11月12日，财政部下发《关于印发〈企业产品成本核算制度——钢铁行业〉的通知》（财会〔2015〕20号）对钢铁行业的产品成本核算制度进行了指导和规范说明。

2016年9月30日，财政部下发《关于印发〈企业产品成本核算制度——煤炭行业〉的通知》(财会〔2016〕21号)对煤炭行业的产品成本核算制度进行了指导和规范说明。

2018年1月5日，财政部下发《关于印发〈企业产品成本核算制度——电网经营行业〉的通知》(财会〔2018〕2号)对电网经营行业的产品成本核算制度进行了指导和规范说明。

上述《关于印发〈企业产品成本核算制度（试行）〉的通知》作为各企业普遍适用的成本核算制度编制范本，将在本书结尾以附录形式列示，各企业可以此为参考标准，结合自身特点编制成本核算办法、标准、制度。

1.4.6 成本核算的"想方设法，达到目的"

1.4.6.1 成本核算做到适合的细

成本管理要求把成本核算单元进一步细分才能更好地进行成本控制，但是细分到什么程度才合适？应该说：成本没有粗与细，只有适合与不适合。

用标准成本法、作业成本法也好，用非标准成本法、目标成本法也罢，不要求足够细，而要做到适合的细。实际上，只要能揭示出不增值、不经济环节，提供一个管理的有效抓手，有一个基准知道哪个环节有成本潜力即可。

【例1-16】电信企业以前用传统成本法核算也能把成本管理进行下去，但随着竞争加剧和市场倒逼，电信企业只有利用作业成本法才能说得清楚成本发生情况，才能将成本管理进行下去。而对于服务行业的电信企业而言，区县分公司或营业厅就是电信企业合适的作业中心。

家电企业以前用传统成本法核算成本也能把成本管理进行下去，但随着同质化竞争加剧，产品更新换代迅速，迫使家电企业不得不改进成本核算，进一步划小核算单元才能挖掘到成本潜力降成本，提升竞争优势。

但是有些中小企业产品单一,生产工艺流程比较简单,就没必要用较复杂、较细化的成本核算方式。

1.4.6.2 想方设法,达到目的

这里需要说明的是,企业成本核算上需因地制宜,"想方设法,达到目的"即可。

各企业成本核算方法"没有对错与否,只有适合与否",只有因地制宜,没有固化规定。企业成本核算方法,可以针对企业自身特点进行个性化安排。各企业一定要具体情况具体分析,只要能够说清楚最终成本核算对象的成本明细情况,满足成本管理的需要即可。

第 2 章

从一道工序的成本核算说起

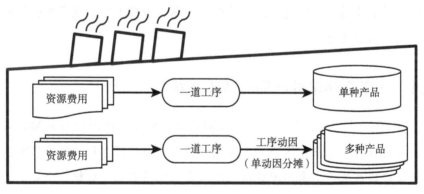

本章导览

企业的成本核算业务实操,大多是多种产品或多个工序或组合的成本核算,看似比较复杂,但如果从原理着手,弄明白以后,将会对后面理解大型企业的成本核算有很大的帮助。

大型企业乃至 500 强企业烦琐的成本核算,就是这些简单原理的堆砌。

所谓"大道至简",本章从基础原理开始,由简入繁,即从一道工序下单种产品或多种产品的成本核算开始,循序渐进地说明成本核算的本质。

大型企业生产工序再多，工艺再复杂，也是由多个"一道工序"构成。每道工序要么生产单种产品，要么生产多种产品。

当"一道工序"作为成本核算对象，即需要说清楚一道工序花了什么钱、花了多少钱时，就要对工序进行成本核算。此时，工序作为成本核算对象，就像成本的"蓄水池"一样，将此道工序发生的所有成本流入这个成本"蓄水池"，这也是为什么很多企业喜欢称工序为"成本池"。工序作为归集成本的"成本池"，有一个新的名字，叫作工序成本中心。

当"产品"作为成本核算对象，即需要说清楚产品花了什么钱、花了多少钱时，就要对产品进行成本核算。

有的企业不核算至工序成本中心，直接核算至产品；有的企业先核算至工序成本中心，再从工序核算至产品。

是否核算工序，取决于企业是否需要披露、是否需要考核评价工序成本中心的成本绩效。因此，需要管控、披露、考核工序，就需要核算；反之，就不需要核算。

2.1 一道工序单种产品的成本核算

【例2-1】经过一道工序生产单种产品，假设生产的产品为 M，并经过"采购材料→材料入库→主工序成本中心领用材料生产→另外发生一串费用将产成品生产出来→产成品入库→发货结转成本"这样一个典型"吸收成本法"（我称之为"滚雪球成本法"）核算流程，如图 2-1 所示。具体步骤如下：

先将材料采购入库（本例均不考虑税金账），以备生产产品 M，如图 2-1 所示的仓库图标，表示存货。

假设采购的是甲材料，买来后先入库是一个标准的财务动作。即使业务实际没有入库就直接拿去生产，财务账上也应该有"先将材料入库"这个动作痕迹。

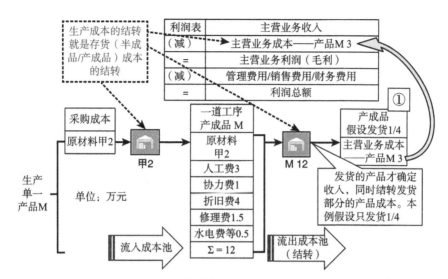

图 2-1　生产成本的结转就是存货（半成品/产成品）成本的结转

先做采购材料入库分录：

借：原材料——甲[⊖]

贷：应付账款——各供应商等（忽略税金账，以下同）

这时候，采购"原材料——甲"所花费的成本藏在仓库里，留下痕迹了，体现在"资产负债表"的"存货"科目中就是"原材料——甲"。

接下来开始生产。

一道工序单种产品，意思是：仅一道工序就把最终产品"产成品——M"生产出来了。

生产"产成品——M"这一道工序，先要从仓库领用"原材料——甲"，一道工序单种产品，无须在工序或产品间分摊成本，成本核算对象即产品M，直接成本和间接费用均直接算给产品 M。分录为：

借：生产成本——直接材料费——产品 M

贷：原材料——甲

难道只发生"原材料——甲"的成本吗？另外还发生了人工费、协力

⊖　为资产负债表里归属于"存货"的科目，实际做账科目应按《企业会计准则》有关科目设置，以下同。

费、折旧费、修理费、水电费等一串费用，才能把"产成品——M"给生产出来，分录为：

  借：生产成本——直接人工费——产品 M

   贷：应付职工薪酬——各二级科目明细

  借：生产成本——协力费——产品 M

   贷：应付账款——各供应商等

  借：制造费用——折旧费（间接费用）——某部门或辅助工序

   贷：累计折旧

  借：制造费用——修理费（间接费用）——某部门或辅助工序

   贷：应付账款——各供应商等

  借：制造费用——水电费等（间接费用）——某部门或辅助工序

   贷：银行存款——各银行名称等

  这里需要说明的是：制造费用的本质就是生产成本，只是属于共用性间接费用，无法直接计入产品，需要先通过部门等"成本池"暂时归集过渡一下。

  如果需要在多道主工序成本中心之间分摊，则归集到部门等"成本池"的费用还需按资源动因（分摊依据）分摊至各主工序成本中心。本章一道工序无须分摊。

  实操中很多企业简化为部门等"成本池"归集的费用直接按工时等成本动因分摊至产品，则跳过了工序成本中心，无须做工序成本中心的成本账。

  部门等"成本池"先归集费用，再按分摊依据（成本动因）分摊至产品的生产成本，这就叫"间接费用通过制造费用过渡后再按合理规则分摊计入生产成本"。我称"制造费用"为成本核算的"摆渡人"。本节为一种产品无须分摊，且假设不必做工序成本中心的成本账。间接费用结转至产品的分录为：

  借：生产成本——制造费用——产品 M

   贷：制造费用——折旧费——某部门或辅助工序

制造费用——修理费——某部门或辅助工序

制造费用——水电费等——某部门或辅助工序

生产完"产成品——M"后，这时 M 在哪里？答案是在仓库里，在"产成品"这个存货科目里。

所以采购甲材料、生产产品 M 这两个阶段，并没有影响利润。这两个阶段就是"生产成本"阶段，只是在存货成本里转来转去，因此没有影响利润。这时的生产成本，就是有过"生产领用"痕迹而未发货销售的存货成本。

那到底什么时候影响利润呢？等待一个动作，叫作"发货"。

一发货，就要确认收入：

借：应收账款

　　贷：主营业务收入

同时结转发货部分的生产成本，就出现了"跳跃"：资产负债表中的"存货——产成品——M"没有了，跳到利润表中的"主营业务成本"里（见图 2-1 ①所示），分录为：

借：主营业务成本——产品 M

　　贷：产成品——M$^{\ominus}$

这样，才会影响利润。如果是全部发货，影响利润的金额则和 M 的成本金额是一样的。这时候，发货的收入有了，发货的成本有了，毛利就出来了。这就是整个工序链成本的流转，或者叫"结转"，生产成本的实质是存货的结转。

2.1.1　分解动作、分录及分析

生产成本在只有一道工序单种产品的情况下，是如何成本核算的？以下做动作分解。

$\ominus$　为资产负债表中归属于"存货"的科目，实际做账科目应按《企业会计准则》有关科目设置，以下同。

2.1.1.1 采购材料环节

为了生产产品 M，先要采购原材料甲，买来以后做账，企业里面都有材料会计，材料会计会怎么做账呢？

为了直观地理解，我们用图 2-2 来表示，见虚线部分。这个虚线的环节就是采购原材料入库；这个仓库的图标就表示仓库的库存，也就是存货成本。

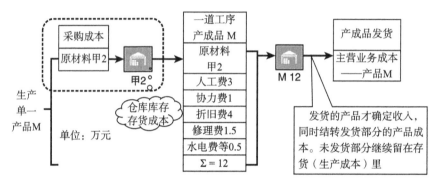

图 2-2　一道工序成本核算——采购材料环节

材料会计在收到业务部门的"领料单、入库单和汇总表"以后，会将"入库"这个动作反映在账上，分录如下：

借：原材料——甲　　　　　　　　　　　　20 000
　　贷：应付账款——各供应商等　　　　　　　　　20 000

这里只是列出简化的分录，举例仅为理解用。实际情况是，业务部门的基础数据有很多记录，借贷方均是很烦琐的、多种类、多供应商的明细，都要一笔一笔手工入账或自动做账。

2.1.1.2 产成品生产环节

原材料甲入库后，接下来，开始生产只有一道工序的产成品 M，见图 2-3 虚线部分。生产"产成品——M"，先要从仓库领用原材料甲。这时就要做"领用账"，分录如下：

借：生产成本——直接材料费——产品 M　　20 000
　　贷：原材料——甲　　　　　　　　　　　　　　　　20 000

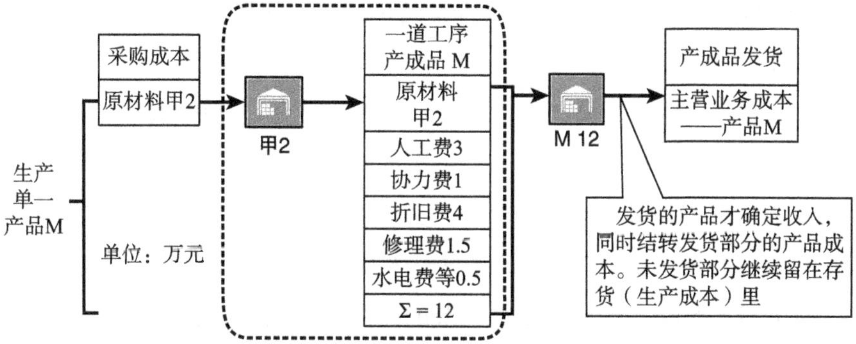

图 2-3　一道工序成本核算——产成品生产环节

在产成品这个单一工序，为生产"产成品——M"，除了消耗"原材料——甲"以外，一定会发生其他一串成本。

"产成品——M"的生产环节发生任何成本都要做账。

（1）直接成本直接入产品成本，分录如下：

借：生产成本——直接人工费——产品 M　　30 000
　　贷：应付职工薪酬——各二级科目明细　　　　　　　30 000

借：生产成本——直接协力费——产品 M　　10 000
　　贷：应付账款——各协力供应商名称等　　　　　　　10 000

（2）间接费用先从部门归集过渡（本例为了简化，暂仅考虑"生产部"一个部门），分录如下：

借：制造费用——折旧费——生产部　　　　40 000
　　贷：累计折旧　　　　　　　　　　　　　　　　　　40 000

借：制造费用——修理费——生产部　　　　15 000
　　贷：应付账款——各修理供应商名称等　　　　　　　15 000

借：制造费用——水电费等——生产部　　　 5 000
　　贷：银行存款——各银行名称等　　　　　　　　　　 5 000

（3）归集好的间接费用按成本动因分摊给产品（本例不考虑按资源动

因分摊至主工序成本中心,简化为直接从部门分摊至产品)。

此外,本例为单种产品,因此也不需要去找成本动因(分摊规则或依据)分摊给产品,将产成品环节所有制造费用(间接费用)全部给此单种产品即可,分录如下:

借:生产成本——制造费用——产品 M　　　　　60 000
　　贷:制造费用——折旧费——生产部　　　　　　40 000
　　　　制造费用——修理费——生产部　　　　　　15 000
　　　　制造费用——水电费等——生产部　　　　　 5 000

(4)截至此时,产成品生产环节的产品成本明细表就出来了。

表 2-1 为产成品生产环节产品 M 总成本构成明细表。如果再配上产品 M 的产量,则产品 M 的单位成本就出来了。

表 2-1　产成品生产环节产品 M 总成本构成明细表　　(单位:元)

产品	直接材料费	直接人工费	直接协力费	制造费用(仅生产部)			∑总成本
				折旧费	修理费	水电费等	
产品 M	20 000	30 000	10 000	40 000	15 000	5 000	120 000

2.1.1.3　产成品入库环节

"产成品——M"这时就是产品 M 了。产品 M 生产出来以后,财务账上要体现一个入库动作。同样,即使业务没有实际入库就直接拿去卖了,财务账上也应该有产成品入库这个动作。

这里的"产成品——M"入库就是把前工序的所有成本再转化为存货,留在仓库里,见图 2-4 虚线部分,"产成品——M"转化为存货,需要做一笔账,分录如下:

借:产成品——M　　　　　　　　　　　　　120 000
　　贷:生产成本——直接材料费——产品 M　　　 20 000
　　　　生产成本——直接人工费——产品 M　　　 30 000
　　　　生产成本——直接协力费——产品 M　　　 10 000
　　　　生产成本——制造费用——产品 M　　　　 60 000

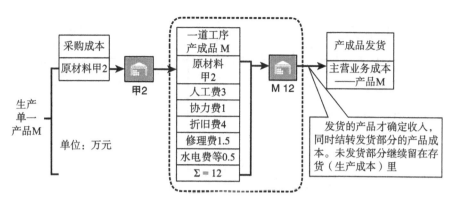

图 2-4　一道工序成本核算——产成品入库环节

这时"产成品——M"的所有成本，即表 2-1 中的总成本 120 000 元，都结转并体现在"存货——产成品"这个资产负债表项目上了。

2.1.1.4　产成品发货并确认收入阶段

在发货之前，财务账上反映的产品 M 目前在仓库里，这时需要卖掉，开始发货销售。销售要确认销售收入，财务确认销售收入的时点一般是以发货为确认收入时点。

具体确认销售收入时点可参阅《企业会计准则第 14 号——收入》（财会〔2017〕22 号）。

发货后需要确认"主营业务收入"。根据配比原则，这时就需要同时把"发货部分的产品 M"上附带的所有生产成本结转到"主营业务成本"。

剩下没有发货的部分，不确认"主营业务收入""主营业务成本"。

"未发货部分的产品 M"上附带的所有生产成本就一直继续留在"存货"科目里，留在仓库里，等待下一次的发货结转。

本例为仅发货了 1/4，剩余 3/4 继续留在存货里，留在资产负债表的账上，如图 2-5 虚线部分所示。

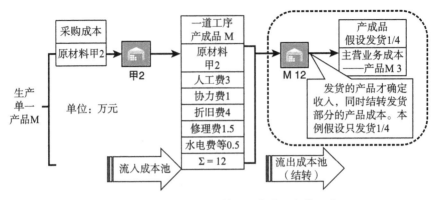

图 2-5 一道工序成本核算——产成品发货环节

产成品发货环节的分录如下：

借：应收账款（忽略税金账）

　　贷：主营业务收入

借：主营业务成本——M 产品　　　　　　　　30 000

　　贷：产成品——M　　　　　　　　　　　　30 000

发货后，剩余的 3/4 未发货存货也可以理解为产品生产成本未结转的部分，就是剩余的产品生产成本，留在资产负债表的"存货"科目中，并等待下一次的发货结转。

发货部分（结转掉）的产品 M 总成本构成明细表，见表 2-2。

表 2-2　发货部分的产品 M 总成本构成明细表　　（单位：元）

产品	直接材料费	直接人工费	直接协力费	制造费用（仅生产部）			∑总成本
				折旧费	修理费	水电费等	
产品 M	5 000	7 500	2 500	10 000	3 750	1 250	30 000

剩余未结转（留在存货里）的产品生产成本明细表就由表 2-1 调整为表 2-3。

表 2-3　剩余未发货部分的产品 M 总成本构成明细表　（单位：元）

产品	直接材料费	直接人工费	直接协力费	制造费用（仅生产部）			∑总成本
				折旧费	修理费	水电费等	
产品 M	15 000	22 500	7 500	30 000	11 250	3 750	90 000

2.1.1.5 成本滞后的处理

如果产品成本无法确认,先将产品发货确认收入了,则成本如何匹配和结转呢?这时就需要暂估入账成本,可根据企划部门的成本预算入账,也可根据合同约定入账,还可根据标准成本入账,另外,也可参照前期经验值入账。无论精确与否,都需要有这个暂估入账的成本。

项目分批发货确认收入并结转成本时,前几批成本如果不准,可以下一批发货确认收入并结转成本时进行成本核算账的调整,并在最后一批发货结束时整体调整,以保证整个项目总成本的准确性。

2.1.2 原形毕露

共用性分摊费用如折旧费、修理费、水电费需要先通过"制造费用"归集再分摊给产品后,才变为产品 M "所认识"的成本,即以"生产成本——制造费用——产品 M"科目,体现在了产品 M 的生产成本里。

但是,光看"生产成本——制造费用——产品 M"这个科目,是看不出具体构成的,如具体是什么费用、属于哪个部门等都不知道,好比是"换了马甲"的制造费用。这个时候就需要"还原"。也就是说,需要找到制造费用分摊结转到生产成本的明细分录,才能看出费用构成、来源部门。即:

借:生产成本——制造费用——产品 M　　　　60 000
　　贷:制造费用——折旧费——生产部　　　　40 000
　　　　制造费用——修理费——生产部　　　　15 000
　　　　制造费用——水电费等——生产部　　　 5 000

因此,需要手工制作或者由系统取数定制报表,出具一张产品生产成本的明细构成还原报表,见表 2-4。

表 2-4　产品 M 成本动因还原明细表(一道工序单种产品)(单位:元)

产品	直接材料费	直接人工费	直接协力费	制造费用(仅生产部)还原			∑总成本
				折旧费	修理费	水电费等	
产品 M	20 000	30 000	10 000	40 000	15 000	5 000	120 000

2.2 一道工序多种产品的成本核算

一道工序大批量生产多种产品的企业，一般会将分品种的产品确定为成本核算对象，每种产品都需要说清楚这个产品的"明细产品单位成本"到底是多少。每种产品的生产成本说清楚了以后，目的是评价考核、对标和作为定价决策依据。

将一道工序里的共用性分摊费用分摊到多种产品的时候，会找分摊依据，这个分摊依据就叫作工序动因——从工序分摊到产品的动因。

有的企业不会将工序动因考虑得比较复杂，传统实际成本法核算的工序动因一般只单一考虑"产品综合工时"或"产量"。也就是说，成本变动只考虑与工时或产量相关，并没有充分考虑影响成本指标变动的各种主要因素。

而成本核算相对完善的企业，成本变动会考虑以最直接的影响因素作为工序动因进行产品间的分摊。

一般企业都会有多种明细产品，其生产成本如何结转？以下做动作分解。

2.2.1 分解动作、分录及分析

2.2.1.1 多产品费用发生时的入账

这里举一个直观的例子，大家就可以更好地理解一道工序多种产品的生产成本是如何结转的。

【例2-2】如表2-5所示，假设企业生产L、M、N三种产品，每种产品的总成本现在还说不清楚。

表2-5 制造企业生产成本结转分摊表　　　　（单位：万元）

产品	直接材料费	直接人工费	直接协力费	制造费用（间接）	∑总成本
产品L	3	8	5	?	?

（续）

产品	直接材料费	直接人工费	直接协力费	制造费用（间接）	∑总成本
产品 M	2	4	3	?	?
产品 N	7	10	8	?	?
∑打包总成本	12	22	16	50	100

因为 L、M、N 三个产品的直接成本已经知道了，在发生成本的时候，直接做账到"生产成本——相应的二级科目"里就可以了。

分录为：

借：生产成本——相应二级科目

    贷：应付账款、应付职工薪酬等

然而，单种产品的制造费用（共用性分摊费用、间接费用）还不知道，只知道制造费用的打包总成本是 500 000 元。

已知这 500 000 元的制造费用是怎么来的——本例为从部门归集来的，见表 2-6。

表 2-6 制造费用（间接费用）构成来源表 （单位：万元）

部门	间接人工费	折旧费	维修费、水电费等	∑总成本
生产部	12	14	8	34
技术部	8	6	2	16
∑打包总成本	20	20	10	50

已知与生产相关的部门（也就是生产部、技术部）发生的人工费、折旧费、维修水电费等费用在发生时只能先计入部门，因为没办法计入产品，只能是间接费用通过制造费用归集并过渡后，再根据成本动因分摊计入产品的生产成本。

生产部发生间接人工费 120 000 元，发生折旧费 140 000 元，发生维修水电费等 80 000 元。技术部发生间接人工费 80 000 元，发生折旧费 60 000 元，发生维修水电费等 20 000 元。生产部和技术部这两个部门，在发生这些间接费用时，先要做账记入"制造费用"这个一级科目里进行部门归集，等待分摊。

先做生产部的分录如下：

借：制造费用——人工费——生产部　　　　120 000
　　贷：应付职工薪酬——各二级科目明细　　　　　　120 000
借：制造费用——折旧费——生产部　　　　140 000
　　贷：累计折旧　　　　　　　　　　　　　　　　　140 000
借：制造费用
　　——维修费、水电费等——生产部　　　　80 000
　　贷：应付账款——各供应商名称　　　　　　　　　80 000

再做技术部的分录如下：

借：制造费用——人工费——技术部　　　　80 000
　　贷：应付职工薪酬——各二级科目明细　　　　　　80 000
借：制造费用——折旧费——技术部　　　　60 000
　　贷：累计折旧　　　　　　　　　　　　　　　　　60 000
借：制造费用
　　——维修费、水电费等——技术部　　　　20 000
　　贷：应付账款——各供应商名称　　　　　　　　　20 000

以上把间接费用计入了部门的制造费用，表2-6所示内容就是做账依据。

截至目前，产品成本情况如图2-6a所示，并且还知道了各间接费用的来源，如图2-6b所示，但这些间接费用与产品成本之间还隔着一层"障碍"，还需要"一座桥梁"把图2-6a、图2-6b连接起来，这座"桥梁"就是表2-7所示的"产品工时分摊表"。

a) 制造企业生产成本结转分摊表　　（单位：万元）

产品	直接材料费	直接人工费	直接协力费	制造费用（间接）	Σ
产品 L	3	8	5	?	?
产品 M	2	4	3	?	?
产品 N	7	10	8	?	?
Σ 打包总成本	12	22	16	50	100

b) 制造费用（间接费用）构成来源表　（单位：万元）

部门	间接人工费	折旧费	维修费、水电费等	Σ
生产部	12	14	8	34
技术部	8	6	2	16
Σ 打包总成本	20	20	10	50

图 2-6　间接费用总额摊至单种产品还缺"动因桥梁"

2.2.1.2　以产品工时作为成本动因，分摊各间接费用至各产品

生产部和技术部两个部门发生的间接费用 500 000 元此时在哪里？在"制造费用——各费用——各部门"这个科目里。

如果需要在多道主工序成本中心之间分摊，则归集到部门的费用还需从归口管理部门或辅助工序按资源动因分摊至各主工序成本中心。

本章为一道工序，产品成本总和就等于工序成本，故不考虑分摊至主工序成本中心。

【例 2-3】很多制造企业为简化操作，将间接费用从部门直接以"产品综合工时、产品产量等"作为成本动因分摊至产品，无须做分摊至主工序成本中心分录。

本例简化为从部门直接分摊至产品（按产品综合工时），而不考虑分摊至工序成本中心。

1. 成本动因为产品工时分摊表

间接费用在部门归集好后，需要开始分摊至产品，计入产品的生产成本。

分摊的依据就是成本动因，表 2-7 所示为业务部门提供给财务部门的"产品工时分摊表"，这是制造费用与产品成本之间的"一座桥梁"。

表 2-7 产品工时分摊表（以产品工时占比作为成本动因分配依据）（金额单位：万元）

产品	工时折算 （小时/吨，或小时/件）	制造费用 （间接）
产品 L	0.2	10
产品 M	0.3	15
产品 N	0.5	25
∑	1	50

表 2-7 是业务部门根据难度系数同口径折算好的各产品综合工时。这里为了便于举例，假设：产品 L 的单件工时是 0.2 小时，产品 M 的单件工时是 0.3 小时，产品 N 的单件工时是 0.5 小时。

有了这个各产品工时占比，就可以把 500 000 元间接费用分摊到各个产品上了：

产品 L 占比 20%，制造费用就是分摊 10 万元；

产品 M 占比 30%，制造费用就是分摊 15 万元；

产品 N 占比 50%，制造费用就是分摊 25 万元。

刚好是各部门制造费用的合计 50 万元。这样，间接费用就分摊到了各明细产品上。

如表 2-8 所示，产品成本表最终结果就出来了，表 2-5 中打问号的间接费用，也就是制造费用，通过工时占比分摊给了三种产品。

表 2-8 分产品生产成本简表 （单位：万元）

产品	直接材料费	直接人工费	直接协力费	制造费用 （间接）	∑最终结果
产品 L	3	8	5	10	26
产品 M	2	4	3	15	24
产品 N	7	10	8	25	50
∑打包总成本	12	22	16	50	100

直接成本直接进，刚才已知；间接费用靠分摊，也分摊完了。这样一来，每种产品的总成本都出来了。其中：

产品 L 的总成本是 26 万元。产品 M 的总成本是 24 万元，产品 N 的总成本是 50 万元，合计 100 万元，清清楚楚。

每种产品的总成本已知,产量也已知,那么单位成本就出来了。此时,每种产品的毛利出来了,就可以进行定价和盈利分析。

2. 做账用表(分配 & 还原表)

在实际分摊、实际入账的时候,就不能用表2-8,这张表只是为了理解方便,做账还需要"逐个部门、逐个科目"一笔一笔地做账。

所以,做账不能依据表2-8。那依据什么呢?因为各产品的制造费用只是汇总起来的结果,需要明细构成才能做账。

制造费用(间接)构成来源表　(单位:万元)

部门	间接人工费	折旧费	维修费、水电费等	Σ
生产部	12	14	8	34
技术部	8	6	2	16
Σ 打包总成本	20	20	10	50

以产品工时比例分配　(金额单位:万元)

产品	工时折算(小时/吨,或小时/件)	制造费用(间接)
产品 L	0.2	10
产品 M	0.3	15
产品 N	0.5	25
Σ	1	50

(理解用表)

图 2-7　将要"合二为一"的两张表

将图2-7中的两张表合二为一,就有了表2-9:是将制造费用还原到明细费用项目、明细部门的"还原表"。表2-9才是具体做账写成本核算分录的依据。

表 2-9　各间接费用分摊至各产品的做账用还原表(合二为一结果)

(金额单位:万元)

产品	工时(小时)	生产部			技术部			制造费用(间接)
		间接人工费	折旧费	维修费、水电费等	间接人工费	折旧费	维修费、水电费等	
产品 L	0.2	2.4	2.8	1.6	1.6	1.2	0.4	10
产品 M	0.3	3.6	4.2	2.4	2.4	1.8	0.6	15
产品 N	0.5	6	7	4	4	3	1	25
Σ	1	12	14	8	8	6	2	50

如表2-9所示,横栏是产品成本,纵栏是各部门的各费用。

可以看到生产部的间接人工费12万元,按照各产品工时占比被分解为对应产品 L、M、N 的 2.4 万元、3.6 万元、6 万元，合计刚好是 12 万元。

生产部的折旧费 14 万元，按照各产品工时占比被分解为对应产品 L、M、N 的 2.8 万元、4.2 万元、7 万元。

生产部的维修费、水电费等 8 万元，按照各产品工时占比被分解为对应产品 L、M、N 的 1.6 万元、2.4 万元、4 万元。

同理，技术部的间接人工费 8 万元，按照各产品工时占比被分解为对应产品 L、M、N 的 1.6 万元、2.4 万元、4 万元，合计刚好是 8 万元。

技术部的折旧费 6 万元，按照各产品工时占比被分解为对应产品 L、M、N 的 1.2 万元、1.8 万元、3 万元。

技术部的维修费、水电费等 2 万元，按照各产品工时占比也同步分配给了对应产品 L、M、N 的 0.4 万元、0.6 万元、1 万元。

根据表 2-9 所示内容，才能编制分录。

3. 按表 2-9 做各部门、各产品间接费用的具体结转分录账

做账对应轨迹，如图 2-8 虚线箭头所示。图中虚线箭头对应数字为分录数据的来源，接下来我们介绍分录怎么做。

（1）先结转生产部的各间接费用科目至"生产成本——制造费用"二级科目。

1）把生产部的 12 万元间接人工费分摊到三种产品的生产成本分录：

借：生产成本——制造费用——产品 L　　　　24 000
　　生产成本——制造费用——产品 M　　　　36 000
　　生产成本——制造费用——产品 N　　　　60 000
　　贷：制造费用——人工费——生产部　　　　　　120 000

2）把生产部的 14 万元折旧费分摊到三种产品的生产成本分录：

借：生产成本——制造费用——产品 L　　　　28 000
　　生产成本——制造费用——产品 M　　　　42 000

　　　　生产成本——制造费用——产品 N　　　　70 000
　　　贷：制造费用——折旧费——生产部　　　　　　　140 000

（金额单位：万元）

<table>
<tr><th rowspan="2">产品</th><th rowspan="2">工时
(小时)</th><th colspan="3">生产部</th><th colspan="3">技术部</th><th rowspan="2">制造费用
（间接）</th></tr>
<tr><th>间接
人工费</th><th>折旧费</th><th>维修费、
水电费等</th><th>间接
人工费</th><th>折旧费</th><th>维修费、
水电费等</th></tr>
<tr><td>产品 L</td><td>0.2</td><td>2.4</td><td>2.8</td><td>1.6</td><td>1.6</td><td>1.2</td><td>0.4</td><td><u>10</u></td></tr>
<tr><td>产品 M</td><td>0.3</td><td>3.6</td><td>4.2</td><td>2.4</td><td>2.4</td><td>1.8</td><td>0.6</td><td><u>15</u></td></tr>
<tr><td>产品 N</td><td>0.5</td><td>6</td><td>7</td><td>4</td><td>4</td><td>3</td><td>1</td><td><u>25</u></td></tr>
<tr><td>Σ</td><td>1</td><td><u>12</u></td><td><u>14</u></td><td><u>8</u></td><td><u>8</u></td><td><u>6</u></td><td><u>2</u></td><td><u>50</u></td></tr>
</table>

"做账用表"（分配&还原表）

做账（结转生产部）：
借：生产成本——制造费用——产品L　　2.4
　　生产成本——制造费用——产品M　　3.6
　　生产成本——制造费用——产品N　　6
　贷：制造费用——人工费——生产部　　　　12
借：生产成本——制造费用——产品L　　2.8
　　生产成本——制造费用——产品M　　4.2
　　生产成本——制造费用——产品N　　7
　贷：制造费用——折旧费——生产部　　　　14
借：生产成本——制造费用——产品L　　1.6
　　生产成本——制造费用——产品M　　2.4
　　生产成本——制造费用——产品N　　4
　贷：制造费用——维修费、水电费等——生产部　　8

做账（结转技术部）：
借：生产成本——制造费用——产品L　　1.6
　　生产成本——制造费用——产品M　　2.4
　　生产成本——制造费用——产品N　　4
　贷：制造费用——人工费——技术部　　　　8
借：生产成本——制造费用——产品L　　1.2
　　生产成本——制造费用——产品M　　1.8
　　生产成本——制造费用——产品N　　3
　贷：制造费用——折旧费——技术部　　　　6
借：生产成本——制造费用——产品L　　0.4
　　生产成本——制造费用——产品M　　0.6
　　生产成本——制造费用——产品N　　1
　贷：制造费用——维修费、水电费等——技术部　　2

图 2-8　各间接费用分摊至各产品的做账用表

3）把生产部的 8 万元维修费、水电费等分摊到三种产品的分录：

借：生产成本——制造费用——产品 L　　　16 000
　　生产成本——制造费用——产品 M　　　24 000
　　生产成本——制造费用——产品 N　　　40 000
　贷：制造费用——维修费、水电费等——生产部　　80 000

（2）以此类推，再结转技术部的各间接费用科目。

1）把技术部的 8 万元间接人工费分摊到三种产品的分录：

借：生产成本——制造费用——产品 L　　　16 000
　　生产成本——制造费用——产品 M　　　24 000

　　　　生产成本——制造费用——产品 N　　　　40 000
　　　　贷：制造费用——人工费——技术部　　　　　80 000

2）把技术部的 6 万元折旧费分摊到三种产品的分录：

　　　　借：生产成本——制造费用——产品 L　　　　12 000
　　　　　　生产成本——制造费用——产品 M　　　　18 000
　　　　　　生产成本——制造费用——产品 N　　　　30 000
　　　　贷：制造费用——折旧费——技术部　　　　　60 000

3）把技术部的 2 万元维修费、水电费等分摊到三种产品的分录：

　　　　借：生产成本——制造费用——产品 L　　　　4 000
　　　　　　生产成本——制造费用——产品 M　　　　6 000
　　　　　　生产成本——制造费用——产品 N　　　　10 000
　　　　贷：制造费用——维修费、水电费等——技术部　　20 000

总结一下，整个过程的步骤如下。

第一步：只知道制造费用发生部门和总成本，不知道各产品的最终成本，如图 2-9a 所示。

第二步：业务部门要提供各产品工时分配表，财务部门按照各产品工时分配表，拆分总成本到各明细产品，并把明细部门、明细的制造费用二级科目逐一分别列示。做成一张分部门、分具体费用内容的"做账用表"，如图 2-9b 所示。

第三步：按照"做账用表""逐个部门、逐个科目"一笔一笔地做账。做完会计分录以后，最终结果表也就出来了。各个产品各自的成本就明确了。每个产品的总成本同时也知道了，如图 2-9c 所示。

所以，一道工序多种产品的结转，就是这样一个步骤。另外，如图 2-9 中箭头所示为总体步骤。

a）分产品生产成本　　　　　（单位：万元）

产品	直接材料费	直接人工费	直接协力费	制造费用（间接）	Σ
产品L	3	8	5	?	?
产品M	2	4	3	?	?
产品N	7	10	8	?	?
Σ	12	22	16	**50**	100

c）分产品生产成本简表　　　（单位：万元）

产品	直接材料费	直接人工费	直接协力费	制造费用（间接）	Σ最终结果
产品L	3	8	5	10	26
产品M	2	4	3	15	24
产品N	7	10	8	25	50
Σ	12	22	16	**50**	100

b）分配&还原表　　　　　　　　　　　　　　　　　　　　　　　　（金额单位：万元）

"做账用表"（分配&还原表）

产品	工时（小时）	生产部 间接人工费	生产部 折旧费	生产部 维修水电费等	技术部 间接人工费	技术部 折旧费	技术部 维修费、水电费等	制造费用（间接）
产品L	0.2	2.4	2.8	1.6	1.6	1.2	0.4	10
产品M	0.3	3.6	4.2	2.4	2.4	1.8	0.6	15
产品N	0.5	6	7	4	4	3	1	25
Σ	**1**	**12**	**14**	**8**	**8**	**6**	**2**	**50**

图 2-9　一道工序多种产品成本核算结转总体步骤图

2.2.2　别以为"换了马甲"就不认识你了

发货前，最终得到了表 2-10 所示的分产品生产成本简表。

表 2-10　分产品生产成本简表　　　　　　　　　（单位：万元）

产品	直接材料费	直接人工费	直接协力费	制造费用（间接）	Σ最终结果
产品L	3	8	5	10	26
产品M	2	4	3	15	24
产品N	7	10	8	25	50
Σ	12	22	16	50	100

但是，这张表对于每个产品的制造费用相关内容还说不清楚。这个说不清楚的科目叫"生产成本——制造费用"。这是生产成本里的二级科目。

因为有些中小企业只核算到"生产成本——制造费用"二级科目，不再设置成本明细三级科目了。

制造费用是一个打包、结转过的费用，所以这个"生产成本——制造费用"二级科目是看不出具体构成的。

比如，L、M、N 三种产品的间接人工费，折旧费，维修费、水电费等的具体金额，以及是哪个部门发生的等是体现不出来的。但别以为"换了马甲"就不认识你了。

需要看图 2-8 中所做的分录的"对方科目",才能看出具体内容。

比如,结转生产部间接人工费的分录:

借:生产成本——制造费用——产品 L　　　　　　　　24 000
　　生产成本——制造费用——产品 M　　　　　　　　36 000
　　生产成本——制造费用——产品 N　　　　　　　　60 000

这三笔都看不出制造费用的具体内容。但是看到对方科目"贷:制造费用——人工费——生产部 120 000"时才能看出内容,原来是生产部的人工费。

所以要知道内容的话,就需要编制一张还原明细表,我称之为"打回原形"。

表 2-11 将每种单个产品的所有明细费用科目属于哪个部门以及属于哪个费用科目,列示得清清楚楚。

表 2-11　产品生产成本分配结转 & 成本动因还原明细表　　（单位:万元）

产品	直接材料费	直接人工费	直接协力费	制造费用	成本动因(工时)	生产部			技术部			Σ总成本
						间接人工费	折旧费	维修水电费等	间接人工费	折旧费	维修费、水电费等	
产品 L	3	8	5	10	0.2	2.4	2.8	1.6	1.6	1.2	0.4	26
产品 M	2	4	3	15	0.3	3.6	4.2	2.4	2.4	1.8	0.6	24
产品 N	7	10	8	25	0.5	6	7	4	4	3	1	50
Σ	12	22	16	50	1	12	14	8	8	6	2	100

2.2.3　多产品的发货结转

对于发货而言,如果没有全部发货,就都是部分发货。接下来,我介绍一下每种产品生产成本变化情况。

2.2.3.1　发货结转产品成本的核算

假设部分发货情况为:产品 L 发货了 50%,产品 M 发货了 25%,产品 N 发货了 20%，具体见表 2-12。

表 2-12 产品发货的分摊结转生产成本表 （单位：万元）

产品	直接材料费	直接人工费	直接协力费	制造费用	∑最终结果	发货比例	做账结转已发货（结转"存货"分录略）	成本余额
产品 L	3	8	5	10	26	50%发货	借：主营业务成本——产成品 　　——产品 L　　13 贷：生产成本——各科目 　　——产品 L　　　　13	13
产品 M	2	4	3	15	24	25%发货	借：主营业务成本——产成品 　　——产品 M　　6 贷：生产成本——各科目 　　——产品 M　　　　6	18
产品 N	7	10	8	25	50	20%发货	借：主营业务成本——产成品 　　——产品 N　　10 贷：生产成本——各科目 　　——产品 N　　　　10	40
∑	12	22	16	50	100	—	29	71

发货部分做账，结转生产成本到主营业务成本，去影响利润。

（1）结转产品 L 发货了 50%，做账分录如下（结转"存货"分录略）：

借：主营业务成本——产成品——产品 L　　　　130 000
　　贷：生产成本——直接材料费——产品 L　　　　15 000
　　　　生产成本——直接人工费——产品 L　　　　40 000
　　　　生产成本——直接协力费——产品 L　　　　25 000
　　　　生产成本——制造费用——产品 L　　　　　50 000

到目前为止，产品 L 的生产成本原来是 26 万元，结转了 13 万元，剩余 13 万元没有结转。

（2）结转产品 M 发货了 25%，做账分录如下（结转"存货"分录略）：

借：主营业务成本——产成品——产品 M　　　　60 000
　　贷：生产成本——直接材料费——产品 M　　　　5 000
　　　　生产成本——直接人工费——产品 M　　　　10 000
　　　　生产成本——直接协力费——产品 M　　　　7 500

生产成本——制造费用——产品 M　　　　　　　　37 500

到目前为止，产品 M 的生产成本原来是 24 万元，结转了 6 万元，剩余 18 万元没有结转。

（3）结转产品 N 发货了 20%，做账分录如下（结转"存货"分录略）：

借：主营业务成本——产成品——产品 N　　　　100 000
　　贷：生产成本——直接材料费——产品 N　　　　14 000
　　　　生产成本——直接人工费——产品 N　　　　20 000
　　　　生产成本——直接协力费——产品 N　　　　16 000
　　　　生产成本——制造费用——产品 N　　　　　50 000

到目前为止，产品 N 的生产成本原来是 50 万元，结转了 10 万元，剩余 40 万元没有结转。

此时，三个产品明细加起来只结转了 290 000 元的明细产品生产成本，还有 710 000 元，留在了存货成本里。

2.2.3.2 发货结转前后的产品成本明细表变化

发货结转完生产成本以后，如果要直观显示剩余产品的"成本分配结转 & 成本动因还原表"，也就是每种产品发货后剩余的所有生产成本明细费用科目表，该如何编制？

编制结果见表 2-13～表 2-15。

表 2-13　发货前产品生产成本分配结转 & 成本动因还原表　　（单位：万元）

产品	直接材料费	直接人工费	直接协力费	制造费用	生产部			技术部			Σ 最终结果
					间接人工费	折旧费	维修费、水电费等	间接人工费	折旧费	维修费、水电费等	
产品 L	3	8	5	10	2.4	2.8	1.6	1.6	1.2	0.4	26
产品 M	2	4	3	15	3.6	4.2	2.4	2.4	1.8	0.6	24
产品 N	7	10	8	25	6	7	4	4	3	1	50
Σ	12	22	16	50	12	14	8	8	6	2	100

表 2-14　发货部分产品生产成本分配结转 & 成本动因还原表　（单位：万元）

产品	直接材料费	直接人工费	直接协力费	制造费用	生产部			技术部			Σ 最终结果	
					间接人工费	折旧费	维修费、水电费等	间接人工费	折旧费	维修费、水电费等		
产品 L	1.5	4.0	2.5	5	1.2	1.4	0.8	0.8	0.6	0.2	13	发货 50%
产品 M	0.5	1.0	0.8	3.7	0.9	1.05	0.6	0.6	0.45	0.15	6	发货 25%
产品 N	1.4	2.0	1.6	5	1.2	1.4	0.8	0.8	0.6	0.2	10	发货 20%
Σ	3.4	7.0	4.9	13.7	3.3	3.85	2.2	2.2	1.65	0.55	29	

表 2-15　发货后剩余产品生产成本分配结转 & 成本动因还原表　（单位：万元）

产品	直接材料费	直接人工费	直接协力费	制造费用	生产部			技术部			Σ 最终结果
					间接人工费	折旧费	维修费、水电费等	间接人工费	折旧费	维修费、水电费等	
产品 L	1.5	4.0	2.5	5	1.2	1.4	0.8	0.8	0.6	0.2	13
产品 M	1.5	3.0	2.3	11.3	2.7	3.15	1.8	1.8	1.35	0.45	18
产品 N	5.6	8.0	6.4	20	4.8	5.6	3.2	3.2	2.4	0.8	40
Σ	8.6	15.0	11.2	36.3	8.7	10.15	5.8	5.8	4.35	1.45	71

如表 2-13 所示，发货前三个产品明细总成本是 1 000 000 元。

如表 2-14 所示，发货产品根据发货百分比结转了此表的生产成本至主营业务成本。

如表 2-15 所示，发货后剩余三个产品明细加起来还有 710 000 元，没有结转生产成本。这就是尚未销售掉的每种产品的存货成本，为生产成本科目余额，以资产负债表的存货项目形式存在于资产账户上。

2.3　成本分配明细表的微调

在结转成本的时候，也会遇到这样的例外情况：单一产品的某个间接费用是确定的，不需要参与分摊的。这时怎么处理呢？

如图 2-10a 所示，继续沿用前例，之前的例子中生产部的折旧费打包总额是 14 万元。

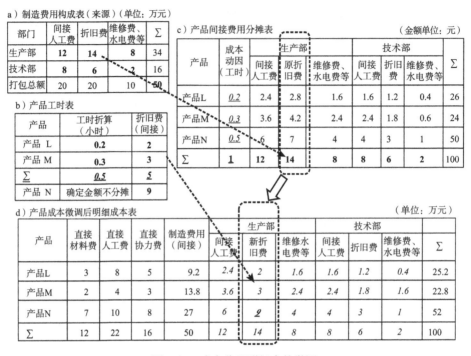

图 2-10 成本分配明细表的微调

之前是将生产部的折旧费按照工时占比分摊给 L、M、N 三种产品，折旧分别为：

产品 L 摊到了折旧 2.8 万元；

产品 M 摊到了折旧 4.2 万元；

产品 N 摊到了折旧 7 万元。

那么，如果现在条件变化了：生产产品 N 的设备仅负责专门生产 N，不做其他用处。这时，其折旧费是专属于产品 N 的费用，是确定的。

如图 2-10d 所示，假设是 9 万元，这里产品 N 的折旧费就直接填 9 万元。

刚才生产部折旧费一共是 14 万元打包总额（见图 2-10a），减去 9 万元产品 N 的生产部专属设备折旧，剩下的 5 万元折旧才对应生产 L、M 两种产品。

这5万元生产部折旧费就只在L、M两种产品间进行分摊。

如图2-10b所示，L、M两种产品共计5万元生产部折旧费，按照工时占比0.2∶0.3分摊，产品L摊到2万元，产品M摊到3万元。这样分则更合理，更接近于实际。

所以看结果是怎么样的呢？结果是总成本没有变，都是100万元，但是图2-10d和表2-16相比，每个明细产品的成本都变化了。

表2-16 产品成本微调前明细成本原表 （金额单位：万元）

产品	直接材料费	直接人工费	直接协力费	制造费用	成本动因（工时）	生产部			技术部			∑
						间接人工费	折旧费	维修费、水电费等	间接人工费	折旧费	维修费、水电费等	总成本
产品L	3	8	5	10	0.2	2.4	2.8	1.6	1.6	1.2	0.4	26
产品M	2	4	3	15	0.3	3.6	4.2	2.4	2.4	1.8	0.6	24
产品N	7	10	8	25	0.5	6	7	4	4	3	1	50
∑	12	22	16	50	1	12	14	8	8	6	2	100

2.4 生产成本和制造费用的"剪不断，理还乱"

2.4.1 成本核算的"摆渡人"

将有些无法直接计入产品成本的"共用性费用"，先打包暂时放在一个过渡的东西上，就叫作"制造费用"，然后再根据一定的分摊原则（成本动因），分摊并让其跳转到工序或者产品的生产成本上，如图2-11所示。

如图2-12所示，在这个例子中，在一道工序"产成品——M"的成本构成里，折旧费、修理费、水电费等是间接费用。

在设置一级科目"生产成本"的二级科目时，不会设置折旧费、修理费、水电费等二级科目。因为无法将这些间接费用直接摊给产品M，所以产品M不认识这些间接费用。这里先要把这些费用归集到部门或辅助工序，然后从部门或辅助工序，通过成本动因（分摊规则或依据）分摊给不同的工序或产品。

因此，我认为实际上并没有制造费用和生产成本的区别，其实都是一回事，都是生产成本，最后全部体现在产品的生产成本上。

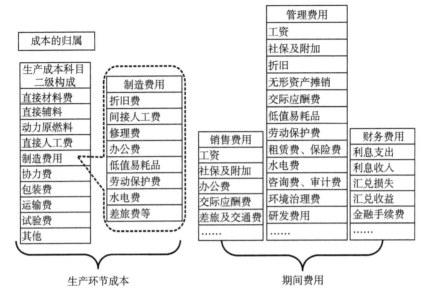

图 2-11　生产成本和制造费用的分类及区别

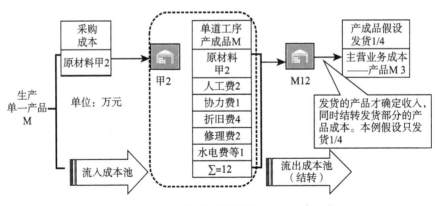

图 2-12　一道工序成本结转简图——生产环节

正因为无法将这些间接费用金额直接记录在产品或项目成本上，就想办法先通过制造费用过渡归集费用金额，然后等时机成熟，找个比较合理的办法，再把它分摊到产品或项目的生产成本上而已。

所以，制造费用的本质就是生产成本，只是属于共用性间接费用。这就叫"间接费用通过制造费用过渡后再按合理规则分摊"。

2.4.2 转化

这里需要说明的是，企业的生产成本和制造费用可以动态转化。

基本上针对特定成本核算对象：专属专用的成本，可直接说清楚的就是直接成本；而共用性费用无法直接说清楚，需要靠分摊至成本核算对象。

【例2-4】如果各工序、各生产线的设备是独立的，不存在交叉混合使用的情况，因此工序的折旧费是各工序专属设备的"专项折旧"；对工序成本中心这个核算对象来说，"谁使用，谁承担"，因此属于直接成本。

如果各工序、各生产线的设备是共用的，并非专属于某工序、某生产线的设备，则确定各工序、各生产线的折旧费时，此设备的折旧费为"共用折旧"；对工序成本中心这个核算对象来说，必须靠分摊，因此属于间接费用。

同理，以产品为核算对象，当设备折旧属于"专项折旧"时，则为直接成本；当设备折旧属于"共用折旧"时，则为间接费用。

为简化理解，本书折旧费全部定义为"共用折旧"，全部按间接费用考虑。

2.4.3 直观易懂的账？错了！

直接成本直接入，间接费用先归集再分摊。

（1）直接成本直接入账至明细产品的分录为：

借：生产成本——直接材料费——M产品　　20 000
　　贷：应付账款——各供应商等　　　　　　　　　　20 000
借：生产成本——直接人工费——M产品　　20 000
　　贷：应付职工薪酬——各二级科目明细　　　　　　20 000

借：生产成本——直接协力费——M产品　　　10 000
　　贷：应付账款——各供应商等　　　　　　　　　　10 000

这里需要特别说明一下，间接费用如折旧费、修理费、水电费等，并不是直接计入生产成本。

在实际成本核算操作中，间接费用（制造费用、共用性费用）是无法按以下方式做账的（错误科目）：

借：生产成本——折旧费——M产品 ✗　　　40 000
　　贷：累计折旧　　　　　　　　　　　　　　　　40 000
借：生产成本——修理费——M产品 ✗　　　20 000
　　贷：应付账款——各供应商等　　　　　　　　　　20 000
借：生产成本——水电费等——M产品 ✗　　10 000
　　贷：银行存款——各银行名称等　　　　　　　　　10 000

以上分录非常直观，也容易理解，但无法实现。因为间接费用与产品之间没有直接对应关系，只有和部门或辅助工序之间有直接关系。

因此，发生除直接成本以外的其他一串间接费用时，先将这些间接费用通过"制造费用"科目归集，再通过一定的成本动因（分摊规则及依据）分摊计入生产成本。

（2）间接费用发生时的入账分录如下：

借：制造费用——折旧费——某部门⊖　　　40 000
　　贷：累计折旧　　　　　　　　　　　　　　　　40 000
借：制造费用——修理费——某部门　　　　20 000
　　贷：应付账款——各供应商等　　　　　　　　　　20 000
借：制造费用——水电费等——某部门　　　10 000
　　贷：银行存款——各银行名称等　　　　　　　　　10 000

（3）如果需要在多道主工序成本中心之间分摊，则归集到部门的费用，还需从部门按资源动因分摊至各主工序成本中心；但本章为一道工序，

⊖ 泛指共用性间接费用的归集过渡部门，等待下一步的分摊，如某部门或辅助工序，以下同。

故无须分摊。如简化为从部门直接按工时分摊至产品,则无须做账。

(4)通过较合理的分摊方式(工序动因)分摊制造费用至生产成本,本例单一产品无须分摊。分录如下(结转"存货"过渡分录略,以下同):

借:生产成本——制造费用——M产品　　70 000
　　贷:制造费用——折旧费——某部门　　40 000
　　　　制造费用——修理费——某部门　　20 000
　　　　制造费用——水电费等——某部门　　10 000

2.4.4　500强企业制造费用的不同叫法

"制造费用"只是标准叫法,因属于临时过渡的中间归集科目,一般当月进入,当月转出。其实质是一种成本中间过渡科目。

有的企业根据自身特色,在内部成本核算中对"成本中间过渡科目"进行了自定义命名。

【例2-5】某钢铁企业将其"直接成本"称为"主产品原料、半成品(在产品)、产成品"的标准及差异等,将其"成本中间过渡科目"称为"未分配制造费用、已分配制造费用";对于"已分配制造费用"又分为"已分配制造费用——标准、已分配制造费用——差异"等。

某造船企业将其"直接成本"称为"基本生产成本——各二级明细"等,将其"成本中间过渡科目"称为"移转费用——各二级明细"等。

2.5　成本动因影响产品定价

企业产品的定价有三种方式:第一种是成本加成定价;第二种是同类产品的市场价格参照定价;第三种是协议定价。

知道产品的单位成本是所谓"有之不必然,无之必不然",定价时"可能用不到,但应该要知道"。而采用成本加成定价,必须知道明细产品的单位成本。

2.5.1　多产品核算单位成本

同类产品的市场价格参照定价、协议定价可能用不到产品的单位成本，但是应该要知道。如果不知道明细产品的单位成本是多少，就无法知道明细产品的毛利情况。那么，赚钱了还是没有赚钱、赚了多少钱，都不知道，所以要算出产品的单位成本。

基本上，生产多种产品的工业企业都需要计算单种产品的生产成本。

但是，在很多情况下，很多成本在归集的时候为"打包发生"，即生产了多种产品的"打包总额"是知道的，但是不知道单种产品各自发生的成本。

假设一条流水线就是一道工序，生产多种产品，现在只知道整条流水线投入了多少打包总成本，如知道这条流水线的总电费、总维修费，但不知道其中单种产品的电费、维修费是多少。这个时候，就需要靠分摊至多种产品。

这里面，直接成本可能最好计算，因为基本不需要分摊，直接给核算对象，如产品。但还有一些共用性分摊费用（间接费用），说不清楚某种产品到底用了多少间接费用，比如：间接人工费、折旧费、维修费、水电费等。

共用性打包成本（间接费用）无法直接针对成本核算对象，最终都需要分摊到成本核算对象（如产品）上，都要考虑成本动因，即分摊依据。

在实操过程中，无法将间接费用直接做账，记入单种产品的生产成本科目里。原因很简单，产品"生产成本"不认识这些间接费用。也就是说，部门的间接费用和单种产品"生产成本"的二级科目不对应、不匹配。这个时候，就需要分摊了。在分摊之前，需要先归集到如制造费用里过渡一下，最终要结转到"生产成本——制造费用——各明细产品"这个科目。

多种产品的间接费用，可以根据成本动因直接将部门成本分摊至明细产品，或先根据资源动因分摊给"工序成本中心"后再根据工序动因将工序成本中心成本分摊至明细产品。

很多企业为简化操作，直接按照产品工时、产量等依据将间接费用分摊至明细产品。

2.5.2 产品定价可人为调节

有的企业因为分摊麻烦，为简化操作，就将部分应该计入制造费用的间接费用直接放到管理费用中。

直接计入管理费用而不分摊计入生产成本，会影响产品单位成本变小，从而影响成本加成定价的企业产品定价的高低。

产品的单位成本受间接费用分摊的影响很大。

采用"成本加成"方式来定价的企业，间接费用分摊是否合理，也可以直接影响产品定价高低。

因此产品定价的高低其实是可以人为调节的。

采用成本加成定价方式的企业，产品单位成本的不确定性影响产品的定价，见表2-17。

表 2-17 制造企业生产成本结转分摊表　　　（金额单位：万元）

产品	直接材料费	直接人工费	直接协力费	制造费用（间接）	∑总成本	产量（只）	单位成本（元/只）
产品L	3	8	5	?	?	2 000	?
产品M	2	4	3	?	?	2 000	?
产品N	7	10	8	?	?	1 000	?
∑	12	22	16	50	100	5 000	200

【例2-6】间接费用分摊是否合理，可能影响产品定价的高低。例如：生产企业用的自来水，如果水管进厂只有一个水表计量，水费怎么分摊？说不清楚。一般来说，按照生产单元的人数分摊比较合理，而按照面积分摊，就不合理了。

管理费用是否应计入产品成本，将影响产品单位成本高低，从而可能影响定价。例如：土地租赁费，按照什么依据分摊？按照生产单元的面积分摊就比较合理。有的公司会将此费用直接记入"管理费用"科目。不参与分摊，则产品单位成本就变低了。

2.5.3 没有绝对合理，只有相对合理

因为涉及总费用在多种产品间的分摊问题，所以这里需要说明一下分摊的问题。

只要涉及多种产品的生产共用了同一条生产线，就不可避免地需要费用的分摊。因为只知道一条生产线发生的费用，而不知道这条生产线生产的多种产品各自发生的费用。

例如：一家生产不锈钢保温杯的企业，有一条生产线同时生产薄不锈钢保温杯和厚不锈钢保温杯产品，同样是不锈钢保温杯产品，但是厚、薄不锈钢保温杯的定价不一样，因为厚、薄不锈钢保温杯的成本不一样。

那么，怎样把这条生产线上生产厚、薄两种不锈钢保温杯的机器设备折旧费分摊到这两种产品上呢？

这时就需要找到一个分摊依据，把生产线上机器设备的折旧费相对合理地分摊给厚、薄两种不锈钢保温杯产品。

此外，生产线上机器设备发生的修理费、生产线发生的水电费，因为无法计量厚、薄两种不锈钢保温杯产品的具体费用额是多少，因此也要分摊。

这些无法直接归集到某产品上的费用，叫"共用性分摊费用"。

【例 2-7】如图 2-13 所示，一条流水线生产 A、B、C、D 四种产品，这条流水线的机器设备折旧费如何分摊给这四种产品？这时就需要找到一个相对合理的分摊方式，如按产品加工时间、开机时间或占用机器设备的时间（工时）分摊。

这里需要强调一下：

首先，间接费用要靠分摊，才能分到产品（核算对象）上。

其次，分摊依据永远没有绝对合理，只有相对合理。正是因为说不清楚，所以没有办法绝对合理。而相对合理，即便结果与现实差异较大，但起码解释起来也有依据。

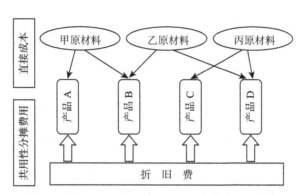

图 2-13　直接成本和间接费用——以材料费和折旧费为例

举个例子，绝对合理的情形：一层楼有 3 户人家，每户人家都装了 1 只电表。每家用电量清清楚楚。这时，如果要问每户人家的电费是多少，那么连分摊都不用分摊，所用电费直接按照电表的电量抄见数再乘以每度电多少钱就可以算出来。

相对合理的情形：还是上述例子，一层楼 3 户人家，但是假设这层楼只装了 1 只总电表，这个电表显示一个月共用了 1 000 元的电费。问 3 户人家每户人家的电费分别是多少，怎么算？这时就只能靠分摊电费。

如何分摊呢？按房屋建筑面积大小占比分摊可以，按人数占比来分摊也可以，按平均分摊也可以。这里没有绝对的合理，只要大家认账就算合理。

2.5.4　找理由把费用分摊掉

共用性费用的分摊没有绝对合理，只有相对合理，即便不合理也要有依据。

本节为一道工序多种产品的成本核算，各项成本通过主工序成本中心分摊给产品，如图 2-14 所示。

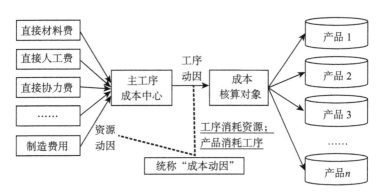

图 2-14　间接费用按"成本双动因分摊"覆盖末梢成本简图

所用的工序动因，即由工序分摊至产品的依据，一般情况下多采用各产品或各项目的生产工时作为分摊依据。但是也有针对性的情况，例如某些费用仅为某单种产品发生的，因此就直接入账此产品成本，不参与多种产品间的分摊了。

这里需要说明的是，各企业明细产品成本核算的方式和科目设置，一定是具体情况具体分析。只有因地制宜，没有固化规定。只要能够最终说清楚企业各工序各产品的具体明细成本构成即可。

这里，产品成本的高低决定了这个产品好不好卖。而成本动因、分摊依据又会决定产品成本的高低。因此，找到一个较合理的分摊理由，就显得重要了。

第 3 章

多道工序的成本核算

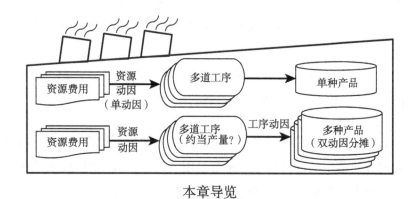

本章导览

500 强钢铁企业和 500 强造船企业两家都是体量巨大、工艺烦琐的巨型制造业航母。成本核算具有一定的烦琐性。烦琐归烦琐,本质上并不复杂。两家企业成本核算结转的基本原理、底层结构设计、结转方式方法存在共性:都要对共用性制造费用进行分摊;都要结转各工序成本;都要核算产品成本。

大型企业乃至 500 强企业烦琐的成本核算,也是本章简单原理的堆砌。

3.1 多道工序单种产品的成本核算

项目工程、造船行业成本核算即属于典型的多道工序单种产品的情况。这种情况主要涉及三个问题：

一是产品成本在各个工序如何流转，即生产成本和存货的转化问题。成本核算方法为分步法或作业成本法的企业，会涉及工序间半成品（为减少混淆，本书将中间环节"在产品"的成本统称为"半成品"，尽管两者在概念上有所区别）和产成品的流转，就会有一个中间工序半成品或最终工序产成品存货成本计价的问题。

二是共用性资源费用（间接费用）如何分摊到各个主工序成本中心的问题。从资源分摊到工序的依据叫资源动因。成本计算相对简单的企业，资源动因一般只按照单一的"工时"作为分摊依据；成本管理较先进的企业，会寻找导致工序成本变动最根本的原因，分别作为分摊资源费用的依据。

三是产成品和半成品之间是如何分配费用的问题。分配方法主要有"不计算半成品成本法""按原材料费用计价法""约当产量法"等。

为突出成本核算主题，多道工序单种产品中暂不讨论产成品和半成品之间如何分配费用的计算问题，本节采用"直接成本＋间接费用分摊"的传统方法思路，得出"主工序成本中心"总成本明细表。

约当产量将在"多道工序多种产品"情况下讨论，本节不讨论。

3.1.1 图解存货"分久必核、核久必分的折腾"过程

产品在各个工序的流转，就是存货的"折腾"（结转）。我们知道，材料、半成品、产成品都是存货的相关科目，换句话说，都是存货。

那什么是生产成本呢？

生产成本的实质，就是存货的结转。

怎么理解这句话？看一下企业整个工序链的成本是怎么结转的就知道了。

【例3-1】图 3-1 为工业企业生产某产品 M 的流水线成本结转示意图。

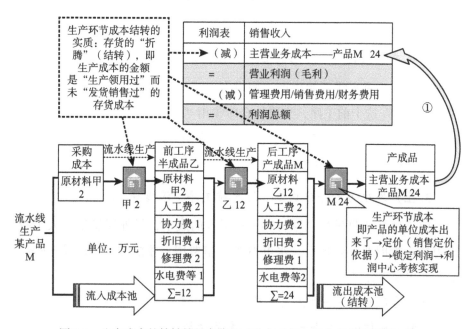

图3-1 生产成本的结转就是存货的"分久必核、核久必分的折腾"图

从图 3-1 中可以看出，为了生产产品 M，需要一条流水线。这条流水线有前、后两个工序：前工序先生产"半成品——乙"，然后到后工序进一步生产为"产成品——M"。

这个流水线前、后工序间，如何结转成本和做账呢？

3.1.1.1 前工序半成品环节

1.采购材料入库（前工序）

将生产产品 M 的材料采购进来先入库（本例均不考虑税金账），图 3-1 中仓库的图标表示存货，假设是甲材料。

借：原材料——甲

  贷：应付账款——各供应商等（忽略税金账，以下同）

这时候，采购"原材料——甲"所花费的成本藏在仓库里，留下了痕迹，体现在"资产负债表"的"存货"科目里面了，也就是"原材料——甲"。

2. 生产领用材料（好比前工序"核久必分"）

接下来，流水线开始生产，假设先生产"半成品——乙"。生产"半成品——乙"这个前工序，先要从仓库领用"原材料——甲"，分录为：

借：生产成本——直接材料费——产品M

  贷：原材料——甲

3. 生产发生另外一串成本（好比前工序"滚雪球"）

前工序并非只发生"原材料——甲"的成本，另外还发生了人工费、协力费、折旧费、修理费、水电费等一串费用，才能把"半成品——乙"给生产出来，分录为：

借：生产成本——直接人工费——产品M

  贷：应付职工薪酬——各二级科目明细

借：生产成本——直接协力费等——产品M

  贷：应付账款——各供应商等

借：制造费用——折旧费——某部门或辅助工序

  贷：累计折旧

借：制造费用——修理费——某部门或辅助工序

  贷：应付账款——各供应商等

借：制造费用——水电费等——某部门或辅助工序

  贷：银行存款——各银行名称等

如果需要在多道主工序成本中心之间分摊，则之前先归集到部门或辅助工序的费用，还需按资源动因分摊至各主工序成本中心。分录为：

借：制造费用——折旧费——各主工序成本中心
　　　制造费用——修理费——各主工序成本中心
　　　制造费用——水电费等——各主工序成本中心
　贷：制造费用——折旧费——某部门或辅助工序
　　　制造费用——修理费——某部门或辅助工序
　　　制造费用——水电费等——某部门或辅助工序

这里需要说明的是，在实际操作中，很多制造企业为简化操作，不做上述分录，而是根据"各工序捏起来折算的各产品全工序综合工时等"，由部门或辅助工序归集的费用直接分摊至各产品或各项目，故也可不用分摊至主工序成本中心，只要能够最终说清楚企业各工序各产品的具体明细成本构成即可。

4. 分摊间接费用至产品生产成本（好比前工序"嫁闺女"）

制造费用的本质就是生产成本，只是属于共用性间接费用，无法直接计入产品，需要先通过部门归集，并按资源动因分摊至主工序成本中心，然后通过工序动因再分摊计入产品的生产成本，即"间接费用通过制造费用过渡后再按合理规则分摊计入生产成本"。本节为单种产品成本核算，故不存在按工序动因分摊至各产品或各项目的问题。结转分录为：

借：生产成本——制造费用——产品M
　贷：制造费用——折旧费——各主工序成本中心
　　　制造费用——修理费——各主工序成本中心
　　　制造费用——水电费等——各主工序成本中心

5. 前工序半成品入库（好比前工序"分久必核"）

生产出来"半成品——乙"以后，就有一个入库的动作，继续以"存货"的形式存在于资产负债表的"半成品"科目中，分录为：

借：半成品——乙
　贷：生产成本——直接材料费——产品M

生产成本——直接人工费——产品 M

　　生产成本——直接协力费等——产品 M

　　生产成本——制造费用——产品 M

因此，生产"半成品——乙"，甲只是一部分成本，乙比甲还多了为生产乙另外发生的一串成本：人工费、协力费、折旧费、修理费、水电费等。

3.1.1.1.2　后工序产成品环节："轮回"

接下来，还要继续"后工序"的生产。用户最终要的是产成品——M，因此还要通过"后工序"来生产 M。和前工序一样的动作，再重复一次，恰似开始了新一轮的"轮回"。

1. 领用前工序半成品作为原材料（好比后工序"核久必分"）

先要从仓库领用"半成品——乙"，分录为：

借：生产成本——直接材料费——产品 M

　　贷：半成品——乙

2. 生产发生另外一串成本（好比后工序"滚雪球"）

并非只发生了"半成品——乙"的成本，另外还发生了人工费、协力费、折旧费、修理费、水电费这一串费用，才能把"产成品——M"生产出来，分录为：

借：生产成本——直接人工费——产品 M

　　贷：应付职工薪酬——各二级科目明细

借：生产成本——直接协力费等——产品 M

　　贷：应付账款——各供应商等（忽略税金账，以下同）

借：制造费用——折旧费——某部门或辅助工序

　　贷：累计折旧

借：制造费用——修理费——某部门或辅助工序

　　贷：应付账款——各供应商等

借：制造费用——水电费等——某部门或辅助工序
　　贷：银行存款——各银行名称等

如果需要在多道主工序成本中心之间分摊，则归集到部门的费用还需从部门按资源动因分摊至各主工序成本中心。分录为：

借：制造费用——折旧费——各主工序成本中心
　　制造费用——修理费——各主工序成本中心
　　制造费用——水电费等——各主工序成本中心
贷：制造费用——折旧费——某部门或辅助工序
　　制造费用——修理费——某部门或辅助工序
　　制造费用——水电费等——某部门或辅助工序

同样，很多制造企业为简化操作，不做上述分录，而是根据"各工序捏起来折算的各产品全工序综合工时等"，由部门或辅助工序归集的费用直接分摊至各产品或各项目，故也可不用分摊至主工序成本中心。

3. 分摊间接费用至产品的生产成本（好比后工序"嫁闺女"）

间接费用通过制造费用过渡后再按合理规则分摊，入产品的生产成本。本节为单种产品成本核算，故不存在按工序动因分摊至各产品或各项目的问题。分录为：

借：生产成本——制造费用——产品M
贷：制造费用——折旧费——各主工序成本中心
　　制造费用——修理费——各主工序成本中心
　　制造费用——水电费等——各主工序成本中心

4. 后工序产成品入库（好比后工序"分久必核"）

生产出"产成品——M"以后，又有入库的动作，继续以"存货"的形式存在于资产负债表"产成品"科目中，分录如下：

借：产成品——M
　　贷：生产成本——直接材料费——产品M

生产成本——直接人工费——产品 M

生产成本——直接协力费等——产品 M

生产成本——制造费用——产品 M

因此，生产 M，乙只是一部分成本，M 比乙还多了另外发生的一串成本：人工费、协力费、折旧费、修理费、水电费等。

生产完"产成品——M"后，M 在哪里？答案是在仓库里，在"产成品"这个存货科目里。

所以图 3-1 中生产甲、乙、M 这三个阶段就是"生产成本"阶段，只是在存货成本里转来转去，并没有影响利润。这时的生产成本，就是有过"生产领用"痕迹而未销售的存货成本。

那到底什么时候影响利润？它在等待一个发货的动作（通常情况下，具体按收入准则）。

一发货就出现了"跳跃"；资产负债表中的"存货——产成品——M"没有了，跳到了利润表中的"主营业务成本"中（见图 3-1 ①），分录为：

借：主营业务成本——产品 M

　　贷：产成品——M

这样，才会影响利润。如果是全部发货，则影响利润的金额和 M 的生产成本金额是一样的。

这时候，发货的收入有了，发货的成本有了，毛利就出来了。这就是整个工序链成本的流转，或者叫"结转"。所以说，生产成本的实质是存货的结转，生产成本的金额就是"生产领用过"而未"发货销售过"的存货成本。

3.1.2 "雪球越滚越大"的成本分录

生产成本在多道工序多个环节生产单种产品是怎么做账的？以下做动作分解。

3.1.2.1 材料采购环节

为了生产产品 M,先要采购原材料甲,购入以后做账。材料会计会怎么做账呢?

为了直观地理解,图 3-2 虚线部分所示就是采购原材料入库环节。

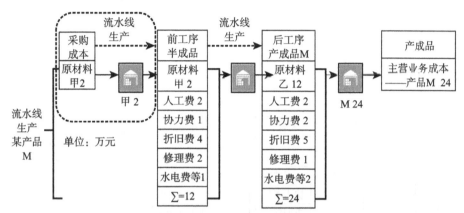

图 3-2 多道工序单种产品成本核算流程简图

图 3-2 中仓库的图标表示仓库的库存,也就是存货成本。

材料会计在收到业务部门的"领料单、入库单和汇总表"等做账依据以后,会将"入库"这个动作反映在账上,分录如下:

借:原材料——甲　　　　　　　　　　　　　20 000
　　贷:应付账款——原材料供应商等　　　　　　　　20 000

这里同样只是简化的分录,举例仅为理解用。实际情况是业务部门的基础数据有很多记录,借方会是很烦琐的、种类很多的各种材料明细,都要一笔一笔入账。

所以,如果没有计算机和信息化系统,或者一体化财务信息系统,材料会计的工作相对是很累的,通过财务软件简化成本核算及解放劳动力就显得十分必要。

例如:专门针对中小企业的"金蝶 K3"系统就可以实现批量导入系统,自动生成凭证,从而节省时间,提高效率,解放劳动力。

3.1.2.2 半成品生产环节

原材料甲入库后,接下来,开始生产"半成品——乙"。

如图3-3虚线部分所示,生产"半成品——乙"先要从仓库领用"原材料——甲"。这时就要做"领用账",这里材料为直接成本,记入"生产成本"科目。分录如下:

借:生产成本——直接材料费——产品M   20 000
  贷:原材料——甲   20 000

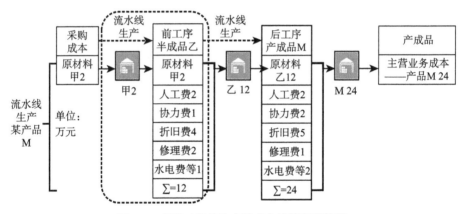

图3-3 多道工序单种产品成本核算流程简图

在半成品这个前工序,为生产"半成品——乙",除了消耗"原材料——甲"以外,还要发生其他一串成本,此时成本的"雪球"开始越滚越大。发生任何成本都要做账。

(1)直接成本直接计入产品成本,分录为:

借:生产成本——直接人工费——产品M   20 000
  贷:应付职工薪酬——各二级科目明细   20 000
借:生产成本——直接协力费——产品M   10 000
  贷:应付账款——各协力供应商名称等   10 000

(2)间接费用先在归口管理部门或辅助工序归集过渡,分录为:

借:制造费用——折旧费——某部门或辅助工序 40 000

```
    贷：累计折旧                                    40 000
  借：制造费用——修理费——某部门或辅助工序 20 000
    贷：应付账款——各修理供应商名称等             20 000
  借：制造费用——水电费等——某部门或辅助工序 10 000
    贷：银行存款——银行名称等                      10 000
```

如果需要在多道主工序成本中心之间分摊，则归集到归口管理部门或辅助工序的费用还需从部门按资源动因分摊至各主工序成本中心。

为简化操作，也可根据"各工序捏起来折算的各产品全工序综合工时等"由部门或辅助工序直接分摊至各产品或各项目，而不用做分摊结转至主工序成本中心的分录。

（3）归集好的间接费用按成本动因分摊给产品。本例为单种产品，因此不需要去找工序动因（分摊规则或依据）分摊给产品，将半成品环节所有间接费用全部给此单种产品即可。分录如下：

```
  借：生产成本——制造费用
       ——产品 M（半成品生产环节）        70 000
    贷：制造费用——折旧费——某部门         40 000
       制造费用——修理费——某部门         20 000
       制造费用——水电费等——某部门       10 000
```

（4）截止到此时，半成品生产环节的成本明细表就出来了，见表 3-1。

表 3-1　截止到半成品生产环节产品 M 总成本明细表　　（单位：元）

产品	直接材料费	直接人工费	直接协力费	制造费用（间接费用）			∑总成本
				折旧费	修理费	水电费等	
产品 M	20 000	20 000	10 000	40 000	20 000	10 000	120 000

3.1.2.3　半成品入库环节

"半成品——乙"生产出来以后，财务账上要有入库的动作。

如图 3-4 虚线部分所示，入库就是把前工序的所有成本再转化为存

货,留在仓库里。分录如下:

借:半成品——乙　　　　　　　　　　　　　　120 000
　　贷:生产成本——直接材料费——产品 M　　20 000
　　　　生产成本——直接人工费——产品 M　　20 000
　　　　生产成本——直接协力费——产品 M　　10 000
　　　　生产成本——制造费用——产品 M　　　70 000

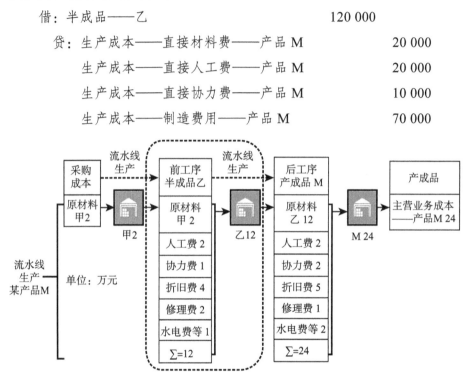

图 3-4　多道工序单种产品成本核算流程简图

这时,"半成品——乙"的所有成本,即表 3-1 中的总成本 120 000 元,都结转并体现在资产负债表中"存货——半成品"科目上。

这就是为什么生产成本的实质就是存货的结转和折腾。

3.1.2.4　产成品生产环节

接下来,流水线最后一个工序,就是生产"产成品——M"的环节。

如图 3-5 虚线部分所示,同样的道理,先要从仓库领用"半成品——乙",这时就要做"领用账"。分录如下:

借:生产成本——直接材料费——产品 M　　120 000
　　贷:半成品——乙　　　　　　　　　　　　　120 000

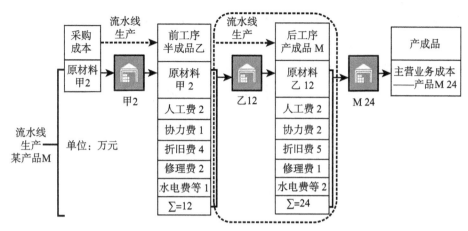

图 3-5　多道工序单种产品成本核算流程简图

同样，在"产成品——M"这个后工序，为生产"产成品——M"除了消耗半成品乙，还发生了其他一串成本，成本的"雪球"继续滚动。

（1）直接成本直接入产品成本，分录为：

借：生产成本——直接人工费——产品 M　　20 000
　　贷：应付职工薪酬——各二级科目明细　　　　　　20 000
借：生产成本——直接协力费——产品 M　　20 000
　　贷：应付账款——各协力供应商名称等　　　　　　20 000

（2）间接费用先在归口管理部门或辅助工序归集过渡，分录为：

借：制造费用——折旧费——某部门或辅助工序 50 000
　　贷：累计折旧　　　　　　　　　　　　　　　　　50 000
借：制造费用——修理费——某部门或辅助工序 10 000
　　贷：应付账款——各修理供应商名称等　　　　　　10 000
借：制造费用——水电费等——某部门或辅助工序 20 000
　　贷：银行存款——银行名称等　　　　　　　　　　20 000

如果需要在多道主工序成本中心之间分摊，则归集到归口管理部门或辅助工序的费用还需从部门按资源动因分摊至各主工序成本中心。

为简化操作，也可以根据"各工序捏起来折算的各产品全工序综合工时等"由部门或辅助工序直接分摊至各产品或各项目,而不用做分摊结转至主工序成本中心的分录。

(3)归集好的间接费用按成本动因分摊给产品。本例为单种产品,因此不需要去找工序动因(分摊规则或依据)分摊给产品,将"产成品——M"环节所有间接费用全部给此单种产品即可。分录如下:

借:生产成本——制造费用
　　——产品 M(产成品生产环节)　　　　　　80 000
　贷:制造费用——折旧费——某部门　　　　　50 000
　　　制造费用——修理费——某部门　　　　　10 000
　　　制造费用——水电费等——某部门　　　　20 000

(4)截止到此时,产成品生产环节产品的成本明细表就出来了,见表 3-2。如果再配上产品 M 的产量,产品 M 的单位成本就出来了。生产 M 所需要的总成本都反映在了账上。这时,如果你要查账上面产品 M 的所有生产成本的明细,可以查得清清楚楚。这是"产成品——M"的生产环节。

表 3-2　截止到产成品生产环节产品 M 总成本明细表　　　　(单位:元)

产品	直接材料费	直接人工费	直接协力费	制造费用(间接费用)			∑总成本
				折旧费	修理费	水电费等	
半成品环节产品 M	20 000	20 000	10 000	40 000	20 000	10 000	120 000
产成品环节产品 M	0	20 000	20 000	50 000	10 000	20 000	120 000
产品 M	20 000	40 000	30 000	90 000	30 000	30 000	240 000

3.1.2.5　产成品入库环节

产成品——M,这时也就是产品 M 了。同样,产品生产出来以后,财务账上要有一个入库的动作。如图 3-6 虚线部分所示,产成品转化为存货,需要做一笔账,分录如下:

借:产成品——M　　　　　　　　　　　　　　240 000
　贷:生产成本——直接材料费——产品 M　　　120 000

生产成本——直接人工费——产品 M	20 000
生产成本——直接协力费——产品 M	20 000
生产成本——制造费用——产品 M	80 000

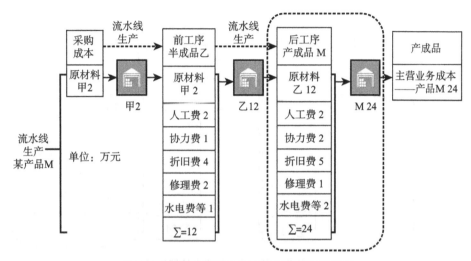

图 3-6 多道工序单种产品成本核算流程简图

需要说明的是，此步骤是产成品后工序生产环节，并未实际发生原材料领用，而是领用了前工序结转的总成本 120 000 元。这是"产成品——M"的入库环节。

3.1.2.6 产成品发货并确认收入阶段

在发货之前，财务账上反映产品 M 目前在仓库里，现在需要卖掉，开始销售，销售要确认销售收入，财务确认销售收入的时点一般是以发货为确认收入时点。具体确认销售收入情形可参阅《企业会计准则第 14 号——收入》。

发货后需要确认"主营业务收入"。

配比原则，就是要把附带在发货部分产品 M 上的所有生产成本同时结转到"主营业务成本"。

剩下的没有发货部分，不确认"主营业务收入"，附带在"未发货部分的产品 M"上的所有生产成本就一直留在"存货"科目里，留在仓库里，等待发货，等待结转，如图 3-7 虚线框所示。

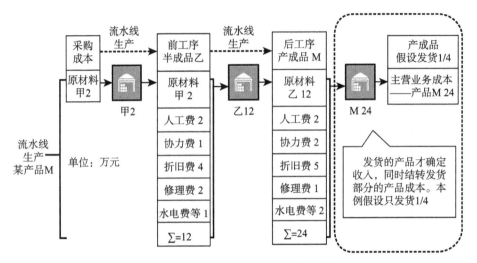

图 3-7　多道工序单种产品成本核算流程简图

情形 1　这里假设在库存里的 M 全部发货了。做账：

借：主营业务成本——产品 M　　　　　　　240 000

　　贷：产成品——M　　　　　　　　　　　　　　　240 000

把所有生产成本 240 000 元全部结转为"主营业务成本"。这时，生产成本（存货）里的产品 M 已经没有期末余额。

情形 2　如果只发货了 1/4，剩余 3/4 继续留在仓库里。做账：

借：主营业务成本——产品 M　　　　　　　60 000

　　贷：产成品——M　　　　　　　　　　　　　　　60 000

原来存货里产品 M 总生产成本（存货）是 240 000 元，结转了 60 000 元，还剩余产品 M 生产成本（存货）的期末余额为 180 000 元，没有结转。

也就是说，产品 M 的"主营业务成本"是 60 000 元，生产成本期末余额是 180 000 元，留在资产负债表的"存货"科目中，并等待下一次的发货结转。

剩余的产品生产成本明细表就调整为表 3-3 所示。

表 3-3　剩余未发货部分产品 M 的生产成本明细表　（单位：元）

产品	直接材料费	直接人工费	直接协力费	制造费用（间接费用）			∑总成本
				折旧费	修理费	水电费等	
产品 M	15 000	30 000	22 500	67 500	22 500	22 500	180 000

3.1.3　成本动因还原和工序成本还原

多道工序单种产品的成本核算会涉及成本动因还原和工序成本还原问题。

3.1.3.1　成本动因还原

间接费用分摊计入产品成本，需要"桥梁"或者"密码本"将它们连接起来，这个"桥梁"或者"密码本"就是指分摊依据。

一旦结转入了某产品的"生产成本——制造费用"这个二级科目，这个产品具体发生的间接费用明细就说不清楚了，需要还原成这个产品对应的"制造费用"一级科目。换句话说，最终间接费用以"生产成本——制造费用——产品 M"体现在了产品的生产成本里。但是，光看"生产成本——制造费用——产品 M"是看不出具体构成的，就需要"还原"，即需要找到制造费用分摊结转到生产成本的明细分录，才能看出构成。

因此，需要手工制作或者由系统取数定制报表，出具一张产品生产成本的明细构成还原报表，格式与成本构成明细表相似，见表 3-4。

表 3-4　产品 M 各主工序成本动因还原明细表（多道工序单种产品）（单位：元）

主工序产品	直接材料费	直接人工费	直接协力费	制造费用（间接费用）			∑总成本
				折旧费	修理费	水电费等	
前工序成本中心产品 M	20 000	20 000	10 000	40 000	20 000	10 000	120 000
后工序成本中心产品 M	0 ①	20 000	20 000	50 000	10 000	20 000	120 000
产品 M	20 000	40 000	30 000	90 000	30 000	30 000	240 000

3.1.3.2 工序成本还原

因为是多工序,所以每个工序都会有一个"生产成本——制造费用"的还原问题。

虽然表 3-4 已经反映了前、后工序的"生产成本——制造费用"的来源,但是不够直观。

表 3-4 ①处为后工序的直接材料,为了不重复计算,取值为 0,从而可以准确体现整个生产环节一共只对外采购了一次直接材料 20 000 元。

但是,后工序在实际领用前工序产品作为原料并做账时,凭证分录的金额为前工序总成本 120 000 元。正所谓前工序的产品是后工序的原料,前工序的成本是后工序的原料单价;工序成本发生了结转。因此表 3-4 ①处的"0"值就需要还原。

如图 3-8 所示,可以更好地理解工序成本结转后的还原问题。

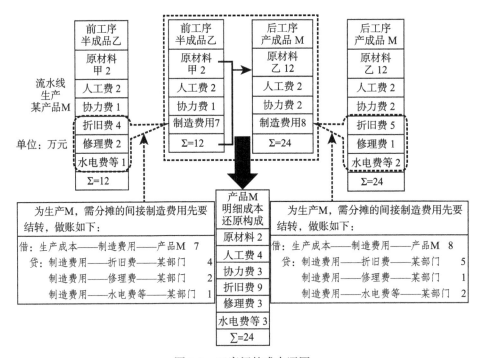

图 3-8 工序间的成本还原

前工序和后工序的间接费用通过部门或辅助工序归集后，按工时比例分别分摊到"前工序和后工序"产品的"生产成本——制造费用"这个二级科目。

然而，光看账上的"生产成本——制造费用"这个二级科目，是无法弄清楚里面的具体构成的。这时，就需要还原产品的"生产成本——制造费用"这个二级科目，需要看原始分录。

（1）前工序还原生产成品——制造费用7万元，要看结转的原始分录：

借：生产成本——制造费用——产品M　　　　70 000
　　贷：制造费用——折旧费——某部门　　　　　40 000
　　　　制造费用——修理费——某部门　　　　　20 000
　　　　制造费用——水电费等——某部门　　　　10 000

（2）后工序还原生产成本——制造费用8万元，要看结转的原始分录：

借：生产成本——制造费用——产品M　　　　80 000
　　贷：制造费用——折旧费——某部门　　　　　50 000
　　　　制造费用——修理费——某部门　　　　　10 000
　　　　制造费用——水电费等——某部门　　　　20 000

两个还原结转分录找到以后，把前、后工序捏在一起看，产品M明细成本还原构成就出来了。如图3-8所示，构成产品M的明细成本先是直接成本，接下来是间接费用。

（3）先是直接成本：

前、后工序的原材料加起来一共2万元。为什么是2万元？

虽然后工序的原材料是前工序的总成本12万元，但是这个12万元是需要还原的。所以整体采购的原材料实际只发生了前工序的原材料2万元，而不是2+12=14（万元）。

人工费，前、后工序加起来合计为4万元；协力费，前、后工序加起来合计为 3 万元。

（4）接下来是间接费用：

折旧费，前、后工序加起来合计为 9 万元；修理费，前、后工序加起来合计为 3 万元；水电费等，前、后工序加起来合计为 3 万元。

综上，直接成本加间接费用合计总成本为 24 万元。

这个就是多工序的产品成本还原。

3.1.4 各主工序的成本明细从哪里来

产成品工序和半成品工序之间分配费用的方法主要有"不计算半成品成本法""按原材料费用计价法""约当产量法"等。

为突出成本核算主题，本节暂不讨论产成品和半成品之间是如何分配费用的计算问题，而是采用"直接成本＋间接费用分摊"的传统方法，得出成本核算结果，即主工序成本中心总成本明细表。用两句话概括如下：

- 直接成本直接进；
- 间接费用按成本动因（成本双动因分摊）覆盖末梢成本触发点。

3.1.4.1 直接成本直接进

如图 3-9 所示，半成品工序为前工序成本中心，产成品工序为后工序成本中心，均单独归集各自的直接材料费、直接人工费、直接协力费。其中：

前工序成本中心的直接材料费为 2 万元，直接人工费为 2 万元，直接协力费为 1 万元；

后工序成本中心的直接材料费为 12 万元，直接人工费为 2 万元，直接协力费为 2 万元。

在多道工序单一产品的情况下，每个主工序成本中心所发生的直接成本，即为不需要分摊、直接可以归集到本主工序成本中心的成本。

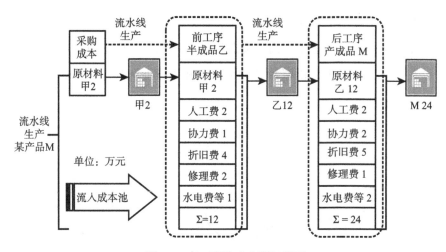

图 3-9 各工序的成本明细简图

直接人工费就是前工序成本中心和后工序成本中心各自员工的薪酬，这些员工一一对应地在各自工序工作而没有交叉。

如果出现了交叉工作现象，即某一员工既在前工序干，也在后工序干，则此员工的人工费应为间接费用，需要通过前、后工序成本中心的"工时占比"作为成本动因（分摊规则或依据），将此员工人工费分摊至前、后两个主工序成本中心。

本节为单一产品成本核算，主工序成本中心的直接成本可以直接入账，计入产品 M 的生产成本。

3.1.4.2　间接费用按成本动因（成本双动因分摊）覆盖末梢成本触发点

如图 3-9 所示，前工序成本中心和后工序成本中心的折旧费、修理费、水电费等为共用性资源费用。

前、后工序共用某设备，一笔修理费涵盖了前、后工序，前、后工序只有一只用电量表计，无法知道各工序的发生额，就需要分摊。

如何把这些共用性资源费用（间接费用），分摊给前、后工序成本中心呢？需要先了解一下分摊的两种情况，即：

在传统实际成本法下，由资源分摊给工序和由工序分摊给产品。

在作业成本法下，由资源分摊给作业和由作业分摊给产品，如图3-10所示。

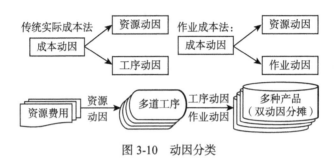

图 3-10　动因分类

3.1.4.3　传统实际成本法：工序消耗资源，产品消耗工序

1. 资源费用分摊至主工序成本中心

如图3-11所示，共用性资源费用在多道工序的情况下，先要分摊一次给各主工序成本中心。

图 3-11　共用性资源费用分摊至主工序成本中心

成本分摊的依据，统称为"成本动因"。成本动因没有绝对合理，只有相对合理。成本动因又分为两种：

- 由资源分摊至工序的"资源动因"；
- 由工序分摊至产品的"工序动因"。

由资源分摊至工序的分摊依据，为了区分工序分摊给产品的工序动因，所以取了一个名字叫资源动因。

修理费以各工序成本中心的修理耗材量作为"资源动因"分摊修理费

总额。水电费可以各工序成本中心的人数占比或者额定功率占比作为资源动因分摊水电费总额。折旧费以各工序成本中心的总工时占比作为资源动因分摊折旧费总额。检查费以各工序成本中心的检查时间作为资源动因分摊检查费总额。机械作业费以各工序成本中心的作业时间作为资源动因分摊机械作业费总额等。

常见的资源费用分摊至作业成本中心的资源动因如下。

（1）生产企业用自来水，如果进厂只有一个表计，怎么分摊？按照生产单元各工序成本中心的人数分摊比较合理，按照面积分摊就不合理了。

（2）土地租赁费，按照生产单元各工序成本中心的面积分摊比较合理。有的公司会将此费用直接记入"管理费用"科目。不参与分摊，那产品单位成本就变低了。

（3）间接人工、折旧费（生产部门的），先归集到与生产相关的部门里，例如生产部、制造部、技术部等部门的人工费、折旧费，这时按照"工时占比"来分摊就比较合理。

（4）设计费用，按照什么分摊比较好？如果是按次计价的设计费，按照设计次数和设计单价的匹配就比较合理。如果是总额承包的设计费，按照设计次数占比来分摊就比较合理。

（5）物料费用，为现场生产过程中用到的物料如螺丝、扳手等五金工具消耗，按照零部件件数配比价格来分摊比较合理。

（6）检查检验费，为测试检验产品生产过程中质量、成分等是否合格的费用，按照送检次数配比价格来分摊比较合理。

（7）现场生产费，按照工时（分批组装、加工、切割焊接、用机械操作等生产的时间）来分摊比较合理。

2. 主工序成本中心各费用分摊至产品

如图3-12所示，主工序成本中心的各费用，在有多种产品的情况下，需要分摊一次给各明细产品。

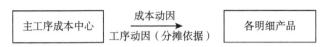

图 3-12　主工序成本中心的各费用分摊至产品

由工序分摊至明细产品的分摊依据，为了区分资源分摊至工序的资源动因，所以取了一个名字叫工序动因。

工序动因一般情况下普遍取各产品或各项目的生产工时作为分摊依据。

主工序成本中心的修理费、折旧费、水电费等，再根据各产品或各项目的产量占比作为工序动因，或者以各产品或各项目的生产工时占比作为工序动因，分摊至各产品或各项目。

3.1.4.4　作业成本法：作业消耗资源，产品消耗作业

1. 资源费用分摊至作业中心

用作业成本法核算的企业，成本核算已经划小核算单元至作业中心，而不是较粗的、未划小的成本中心（工序）。因此，共用性资源费用先分摊至作业中心，如图3-13所示。

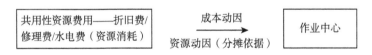

图 3-13　共用性资源费用分摊至作业中心

2. 作业中心各费用分摊至产品

费用分摊至作业中心后，再由作业中心分摊至各明细产品，如图 3-14 所示。

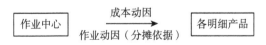

图 3-14　作业中心的各费用分摊至产品

3.1.4.5 成本动因的提供者要求

刚才说产成品工序和半成品工序之间分配费用的方法主要有"不计算半成品成本法""按原材料费用计价法""约当产量法"等。为什么可以不直接用这些方法,而是采用"直接成本+间接费用分摊"的传统方法呢?就是因为成本动因在财务部门要求业务部门提供时,已经考虑了上述分配费用方法的折算要求,这是间接费用分摊的依据。业务部门按照公司所适用的方法,根据半成品数量和产成品数量的折算,并根据难度系数,在前、后工序间同口径折算完毕的结果作为成本动因,交给财务部门拿来直接用。

3.2 多道工序多种产品的成本核算

前面讲了多道工序单种产品如何进行成本核算,本节介绍多道工序多种产品的成本核算。

多道工序单种产品为通过资源动因将各间接费用分摊给主工序成本中心再计入产品,或不经过工序成本中心,而是直接成本直接计入产品,间接费用直接分摊至产品。两者结合,就核算出了单种产品的成本明细。

一道工序多种产品的情况,为主工序成本中心的各项成本费用通过工序动因分摊至各产品或各项目。有的企业进行成本核算时只考虑按工时或各产品的产量,作为较单一的工序动因分摊成本至各产品。资源动因和工序动因统称为成本动因,可以理解为成本合理分摊的依据。直接成本可直接计入产品,间接费用通过成本动因分摊至产品。两者结合,就核算出了每种产品的成本明细。

本节讲多道工序多种产品的组合成本核算原理,钢铁企业成本核算就属于典型的情况,即"多道工序一种产品、一道工序多种产品"两种情况的组合。

本节考虑明细产品或明细项目的成本核算分录。

需要说明的是，部分多工序企业为简化操作，并不核算主工序成本中心成本，而是直接将资源费用通过成本动因（单动因分摊，如产品或项目综合工时等）分摊至产品，如图 3-15 ①所示。本节考虑经过主工序成本中心核算最终产品成本（双动因分摊），如图 3-15 ②所示。

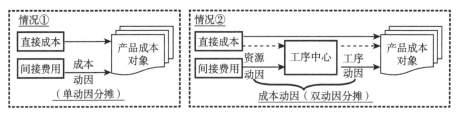

图 3-15 多道工序多种产品动因分摊的两种情况

3.2.1 分解动作、分录及分析

成本核算有两项必须做的工作：

第一项工作是以资源动因作为分摊依据，将资源费用（间接费用）分摊至各主工序成本中心。

第二项工作是根据各主工序成本中心归集好的费用，以工序动因作为分摊依据，分摊至产品。

一般情况为采用"直接成本＋间接费用分摊"的传统方法得出"各主工序成本中心"的成本明细，再根据工序动因分摊至产品得出产品成本明细表。

如前文所述，直接成本和间接费用是可以转化的。其中，对主工序成本中心而言的直接成本，如果针对产品来说就是间接费用，因为前面的直接成本只有靠分摊才能到明细产品上。

这些都不是核心的问题，核心的问题是如何"想方设法"找到合理的分摊方式，说清楚最终核算对象的成本明细情况，满足成本管理的需要。

对于企业内部直接成本和间接费用的核算科目设置来说，也是如此：

对各成本核算企业来说并没有固化规定，只要能够说清楚最终核算对象的成本明细情况，满足成本管理的需要即可。

以下用简化版的例子说明多工序多产品的组合结转。虽为简化的例子，但并非随意列举，实为结合了实际工作中的复杂情况，经过严密构思，消化理解以后的简化结果。

【例3-2】如图3-16所示，看一下这个例子。

L、M、N三种产品同时生产	前工序半成品	后工序产成品	单位：万元
	原材料25	半成品+原材料25	50均匀投料，分工序已知，各产品已知
	直接人工费3	直接人工费7	总额10，分工序已知，各产品不明
	直接协力费4	直接协力费6	总额10，分工序已知，各产品不明
	电费？	电费？	总共30，各工序不明，各产品不明，仅有部门费用来源表
	修理费等？	修理费等？	
	Σ=？	Σ=？	

图3-16 多道工序多种产品成本核算流转简图

假设一条流水线，同时生产L、M、N三种产品，都有前、后两道工序。也就是说，三种产品都存在半成品和产成品。其中：

前工序"原材料"这个资源费用为直接成本，累计投入50万元。为了便于理解，假设这笔投入用于生产L、M、N三种产品，且各工序都是均匀投料（投入原材料），即已知L、M、N三种产品前工序共投料25万元，后工序共投入原材料25万元，且工序投入的各产品具体金额见表3-5。

"人工费"这个资源费用为直接成本，已知L、M、N三种产品前工序共计发生3万元，后工序共计发生7万元，但各产品具体金额不明。

"协力费"这个资源费用为直接成本，已知L、M、N三种产品前工序共计发生4万元，后工序共计发生6万元，但各产品具体金额不明。

剩下来的"电费"⊖"修理费"等，都是间接费用（制造费用），假设间接费用打包总额是 30 万元，但是不知道前、后工序分别是多少，三种产品分别是多少。

于是，就需要借助表 3-6 这张表作为基础数据源表格。

表 3-5 原材料前、后工序各产品领用情况（直接成本）（单位：万元）

产品	前工序直接材料费	后工序直接材料费
产品 L	7	8
产品 M	9	6
产品 N	9	11
∑	25	25

表 3-6 间接费用（制造费用）来源表（单位：万元）

部门	电费	修理费等	∑
生产部	14	8	22
技术部	6	2	8
∑	20	10	30

表 3-6 中列示了生产部、技术部分别发生的电费和修理费等费用构成明细。前面讲过，间接费用（制造费用）先通过部门或者辅助工序暂时归集过渡。

3.2.1.1 工序层面：直接成本发生时入账

根据图 3-16 的已知情况，直接成本发生时入账。

（1）前工序发生直接成本时，做如下分录：

借：生产成本——直接材料费
　　　　　——前工序成本中心　　　　　250 000
　　贷：应付账款——各供应商名称　　　　　250 000
借：生产成本——直接人工费
　　　　　——前工序成本中心　　　　　30 000
　　贷：应付职工薪酬——各二级科目明细　　30 000
借：生产成本——直接协力费
　　　　　——前工序成本中心　　　　　40 000
　　贷：应付账款——各供应商名称　　　　　40 000

⊖ 假设各工序电费无单独电表计量，以下同。

（2）后工序发生直接成本时，做如下分录：

借：生产成本——直接材料费

   ——后工序成本中心   250 000

 贷：应付账款——各供应商名称   250 000

借：生产成本——直接人工费

   ——后工序成本中心   70 000

 贷：应付职工薪酬——各二级科目明细（略） 70 000

借：生产成本——直接协力费

   ——后工序成本中心   60 000

 贷：应付账款——各供应商名称   60 000

3.2.1.2　工序层面：间接费用发生时入账

根据表 3-6 所示，间接费用发生时按照部门入账。

（1）生产部入账分录如下：

借：制造费用——电费——生产部   140 000

 贷：银行存款——某银行名称   140 000

借：制造费用——修理费等——生产部   80 000

 贷：应付账款——各供应商名称   80 000

（2）技术部入账分录如下：

借：制造费用——电费——技术部   60 000

 贷：银行存款——某银行名称   60 000

借：制造费用——修理费等——技术部   20 000

 贷：应付账款——各供应商名称   20 000

3.2.1.3　工序层面：间接费用根据"资源动因"分摊至前、后工序成本中心

有了表 3-6，依旧只知道间接费用（制造费用）累计打包总额 30 万元，至于前、后工序分别是多少，还是不知道。于是还需要一个已知条件，就是业务部门提供给财务部门的一张表，见表 3-7。

表 3-7　间接费用资源动因情况表（金额单位：万元）

资源费用	总费用	资源动因	资源动因量			单位工序成本（分配率）
			前工序	后工序	合计量	
电费[⊖]	20	工序额定电耗	4	6	10	2
修理费等	10	维修耗材量	30	20	50	0.2

需要说明的是，表 3-7 是企业成本管理较为精细化的分摊依据。一般情况下，很多企业为了简化操作，仅用各工序的折算工时作为资源动因（分摊规则或依据）将打包费用分摊至各工序。

而各工序的折算工时，为业务部门提供给财务部门直接使用的。业务部门已经考虑了难度系数、完工率等因素综合折算后，得出各工序的折算工时表，月末提供给财务部门。财务部门不需要进行额外转换处理，直接用即可。

根据表 3-7 各工序的工序量占比，将资源费用（资源消耗）总额分摊至前、后工序，形成工序成本。分摊结果如表 3-8 所示。

表 3-8　间接费用资源动因分摊结果表　　（单位：万元）

资源费用	总费用	资源动因	工序成本		
			前工序成本	后工序成本	合计成本
电费	20	工序额定电耗	8	12	20
修理费等	10	维修耗材量	6	4	10

根据表 3-8 的计算结果，转换部门归集费用至工序费用。编制分录如下：

（1）电费：

借：制造费用——电费——前工序成本中心　　80 000

　　制造费用——电费——后工序成本中心　　120 000

　贷：制造费用——电费——生产部　　　　　　　140 000

　　　制造费用——电费——技术部　　　　　　　60 000

（2）修理费：

借：制造费用——修理费等——前工序成本中心 60 000

⊖ 部门有计量、工序无计量。

　　　　制造费用——修理费等——后工序成本中心 40 000
　　贷：制造费用——修理费等——生产部　　　　　80 000
　　　　制造费用——修理费等——技术部　　　　　20 000

在本例中，直接成本直接计入各主工序成本中心。间接费用靠资源动因分摊至各主工序成本中心。

需要说明的是，本例考虑了共用性费用从部门分摊至主工序成本中心的分录。

在实际操作中，为简化操作，也有很多企业根据"各工序捏起来折算的各产品全工序综合工时等"，由部门或辅助工序直接分摊至各产品或各项目，而不用分摊至主工序成本中心。

3.2.1.4　产品层面：确定各工序各产品的折算工时并作为工序动因

根据成本核算"十字形定位"概念，可知：成本核算对外兼顾满足报表披露的定位需求，一般核算至工序成本中心层面即可满足，成本核算采用"分步法"。成本核算对内兼顾满足内部细分化成本管理的定位需求，一般需要核算至明细产品层面，成本核算采用"品种法"。

假设本例各工序成本中心的直接成本、间接费用确定好以后，需要分摊至产品，由工序成本中心分摊至产品的依据即为工序动因。

工序动因有很多种，较为普遍的是考虑各产品难度系数、完工率等因素折算后的各产品生产工时，作为工序动因，这个一般是由业务部门提供的。

在实际核算操作过程中，业务部门实际提供的是已经在前、后工序间折算好的各工序产品工时折算表，见表3-9。三种产品前、后工序的工时分别是多少都已经折算好了以后给财务部门直接使用即可。

这个产品工时折算表中的工

表 3-9　产品工时折算表（业务部门提供，作为工序动因）

（单位：小时/件）

产品	前工序工时	后工序工时
产品 L	0.6	0.4
产品 M	0.6	0.4
产品 N	0.8	0.8
Σ	2	1.6

时数据,是财务部门与业务部门协商并考虑产量,根据难度系数、完工率等,在前、后工序间同口径折算完毕的结果。

3.1.1.5 产品层面:直接成本和间接费用分摊至各产品

1. 前、后工序直接成本根据工序动因分摊至产品

分工序分产品的间接费用确定好了以后,出现了一个有趣的现象:和间接费用一样,如图 3-16 所示的直接材料费、直接人工费、直接协力费也需要在产品间进行分摊。此时,直接成本和间接费用的概念只是针对工序成本中心而言。

分摊依据见表 3-9,财务部门拿到此表以后,就可以直接进行分配了。直接成本分摊结果见表 3-10。

表 3-10 直接成本分配至产品工时折算分配表(工序动因)(金额单位:万元)

产品	前工序			后工序		
	前工序工时 (小时/件)	直接 人工费	直接 协力费	后工序工时 (小时/件)	直接 人工费	直接 协力费
产品 L	0.6	0.9	1.2	0.4	1.75	1.5
产品 M	0.6	0.9	1.2	0.4	1.75	1.5
产品 N	0.8	1.2	1.6	0.8	3.5	3
∑	2	3	4	1.6	7	6

直接材料可以根据表 3-5 直接计入产品成本。

(1)结转前工序直接成本。

1)直接材料费(一般无须分摊)做账分录如下:

借:明细产品成本⊖——直接材料费——产品 L　70 000
　　明细产品成本——直接材料费——产品 M　90 000
　　明细产品成本——直接材料费——产品 N　90 000
　贷:生产成本——直接材料费——前工序成本中心　　　250 000

⊖ 适用于主工序含多种产品的企业,此科目名称可自定义个性化设置,只要最终能说清楚核算对象成本明细即可,以下同。

2）直接人工费做账分录如下：

借：明细产品成本——直接人工费——产品 L　9 000

　　明细产品成本——直接人工费——产品 M　9 000

　　明细产品成本——直接人工费——产品 N　12 000

　贷：生产成本——直接人工费——前工序成本中心　　30 000

3）直接协力费做账分录如下：

借：明细产品成本——直接协力费——产品 L　12 000

　　明细产品成本——直接协力费——产品 M　12 000

　　明细产品成本——直接协力费——产品 N　16 000

　贷：生产成本——直接协力费——前工序成本中心　　40 000

（2）结转后工序直接成本。

1）直接材料费（一般无须分摊）做账分录如下：

借：明细产品成本——直接材料费——产品 L　80 000

　　明细产品成本——直接材料费——产品 M　60 000

　　明细产品成本——直接材料费——产品 N　110 000

　贷：生产成本——直接材料费——后工序成本中心　　250 000

2）直接人工费做账分录如下：

借：明细产品成本——直接人工费——产品 L　17 500

　　明细产品成本——直接人工费——产品 M　17 500

　　明细产品成本——直接人工费——产品 N　35 000

　贷：生产成本——直接人工费——后工序成本中心　　70 000

3）直接协力费做账分录如下：

借：明细产品成本——直接协力费——产品 L　15 000

　　明细产品成本——直接协力费——产品 M　15 000

　　明细产品成本——直接协力费——产品 N　30 000

　贷：生产成本——直接协力费——后工序成本中心　　60 000

2. 前、后工序间接费用根据工序动因分摊至产品

各工序间接费用以表3-9作为工序动因,分配至各产品后,分配结果见表3-11。

表3-11 间接费用产品工时折算分配表（工序动因） （金额单位：万元）

产品	前工序			后工序		
	前工序工时（小时/件）	电费	修理费	后工序工时（小时/件）	电费	修理费
产品L	0.6	2.4	1.8	0.4	3	1
产品M	0.6	2.4	1.8	0.4	3	1
产品N	0.8	3.2	2.4	0.8	6	2
∑	2	8	6	1.6	12	4

（1）结转前工序间接费用。

1）电费做账分录如下：

借：明细产品成本——制造费用——产品L　　24 000
　　明细产品成本——制造费用——产品M　　24 000
　　明细产品成本——制造费用——产品N　　32 000
　　贷：制造费用——电费——前工序成本中心　　　　80 000

2）修理费做账分录如下：

借：明细产品成本——制造费用——产品L　　18 000
　　明细产品成本——制造费用——产品M　　18 000
　　明细产品成本——制造费用——产品N　　24 000
　　贷：制造费用——修理费——前工序成本中心　　　60 000

（2）结转后工序间接费用。

1）电费做账分录如下：

借：明细产品成本——制造费用——产品L　　30 000
　　明细产品成本——制造费用——产品M　　30 000
　　明细产品成本——制造费用——产品N　　60 000
　　贷：制造费用——电费——后工序成本中心　　　　120 000

2）修理费做账分录如下：

借：明细产品成本——制造费用——产品 L　　　10 000

　　　明细产品成本——制造费用——产品 M　　　10 000

　　　明细产品成本——制造费用——产品 N　　　20 000

　贷：制造费用——修理费——后工序成本中心　　　40 000

这样就把表 3-10、表 3-11 通过分录的方式体现在成本核算的明细账上。以产品作为关键字就可以查询此产品所有相关成本的构成明细。

需要说明的是，本例中直接成本（生产成本）和间接费用（制造费用）是针对工序成本中心这个核算对象而言的。针对产品而言，除工序的直接材料成本外，其余直接成本均为分摊，均用到工序动因。

3.2.2　产品成本还原

表 3-11 再配上表 3-10，明细产品成本表就出来了，见表 3-12。

表 3-12　前、后工序产品明细成本动因还原表　　（单位：万元）

产品	前工序成本（直接 + 间接）					
	工序直接成本			工序间接费用		合计
	材料费	人工费	协力费	电费	修理费等	
产品 L	7	0.9	1.2	2.4	1.8	13.8
产品 M	9	0.9	1.2	2.4	1.8	13.8
产品 N	9	1.2	1.6	3.2	2.4	18.4
∑	25	3	4	8	6	46
产品	后工序成本（直接 + 间接）					
	工序直接成本			工序间接费用		合计
	材料费	人工费	协力费	电费	修理费等	
产品 L	8	1.75	1.5	3	1	13.5
产品 M	6	1.75	1.5	3	1	13.5
产品 N	11	3.5	3	6	2	27
∑	25	7	6	12	4	54

3.2.3　费用的归集与过渡路径

综上所述，在实操过程中，是无法将共用性资源费用（间接费用）直接记入产品的"生产成本"科目中的。

原因很简单，产品成本和间接费用间没有对应关系，互相不认识，因为没有上述的资源动因、工序动因这"两座桥梁"将它们连接起来。

【例3-3】生产部管理者薪酬举例：假设企业生产L、M、N三种产品，企业的生产部负责组织协调产品生产。生产部中管理人员（部门经理、副经理、工程师等）的工资奖金，如何体现在L、M、N这三种产品的成本里呢？生产部管理人员的工资奖金，与产品L、M、N的各自生产成本之间，没有直接对应关系。

另外，生产部下面还有前、后两个主工序成本中心为独立成本核算单元，但生产的产品同为L、M、N。在这种情况下，如何分配生产部管理者薪酬到三种产品呢？要经历两次分摊。

换句话说，目前生产部管理者薪酬（属于间接费用）无法与这两个主工序成本中心，以及这三个产品的"生产成本"的二级科目相对应和匹配。

这里要分出制造费用，就是要把间接人工费单独拉出来。

因为产品维度的成本不认识间接人工费，即生产成本的二级科目中没有这些间接费用项目（如生产成本——间接人工费——××产品），需要把这些间接费用作为制造费用的二级科目先过渡一下。也就是说，需要在制造费用的一级科目项下设置"间接人工费"作为二级科目，这不是产品维度，而是部门或辅助工序归集维度。生产部管理者薪酬发生时的分录为：

借：制造费用——间接人工费——生产部
　　贷：应付职工薪酬——各二级科目明细

之后，再根据资源动因如修理耗材量、检查次数、作业时间等，把制造费用及其项目下的二级科目，从部门或辅助工序结转到各主工序成本中心的制造费用及其项目下的二级科目中。

本例以生产工时占比作为资源动因将生产部管理者薪酬总额分摊至两个主工序成本中心较为合理，分录为：

借：制造费用——间接人工费——前工序成本中心
　　　制造费用——间接人工费——后工序成本中心
　贷：制造费用——间接人工费——生产部

需要说明的是，在实际操作中，为简化操作，也有很多企业根据"各工序捏起来折算的各产品全工序综合工时等"，由部门或辅助工序直接分摊至各产品或各项目，而不用做分摊结转至主工序成本中心的分录。

间接费用结转至主工序成本中心之后，再根据工序动因，如"产量占比"或者"产品的生产总工时占比"等，将这些制造费用及其项目下的二级科目分摊结转到"生产成本——制造费用——××产品"科目中。

如此一来，产品维度才会认识这些间接费用，产品的明细成本才会包含这些间接费用。

本例以产品产量占比为工序动因将各个主工序成本中心的生产部管理者薪酬分摊至L、M、N三种产品。

（1）前工序成本中心分录为：

借：明细产品成本——制造费用——产品L
　　　明细产品成本——制造费用——产品M
　　　明细产品成本——制造费用——产品N
　贷：制造费用——间接人工费——前工序成本中心

（2）后工序成本中心分录为：

借：明细产品成本——制造费用——产品L
　　　明细产品成本——制造费用——产品M
　　　明细产品成本——制造费用——产品N
　贷：制造费用——间接人工费——后工序成本中心

间接费用原则上是先归集到制造费用，也就是说，先用制造费用过渡。

至于共用性费用在其归口管理部门或辅助工序归集好以后，是否需要按资源动因分摊至主工序成本中心，就需要看企业是否按简化操作。如企业简化为根据"各工序捏起来折算的各产品全工序综合工时等"将费用由部门或辅助工序直接分摊至各产品或各项目，则可不用做分摊结转至主工序成本中心的分录。

那么，共用性费用归集好以后，如何分摊至明细产品？应该是用大家比较认可和合理的分摊依据。

在很多情况下，如电费、修理费、水电费等共用性费用，粗糙一些的做法就是直接按照产品生产工时来分摊。这是一个普遍的方法，也是一个省时、省事、省力的做法。

细致一些的做法，是将电费、修理费、水电费等属于各归口管理部门或辅助工序的费用分摊至主工序成本中心后，再按照工序动因分别分摊至明细产品。

需要说明的是，对于中小规模的生产企业，需要简化操作的，就不一定非要利用到资源动因和工序动因的两次分摊，而用一次成本动因分摊即可。因为简单的制造工序，分摊次数越多，越容易失真。

但是流程复杂、工序多的大规模制造企业，则需要利用到资源动因和工序动因的两次分摊或多次分摊才能说清楚成本的发生。

更先进的为使用作业成本法进行成本核算的企业，如科技类企业、电信企业等，会将较粗的核算单元"工序成本中心"进一步划小核算单元至"作业成本中心"，这时候就需要用到资源动因和作业动因这两种成本动因进行分摊。

3.3 约当产量法

一般情况为采用"直接成本＋间接费用分摊"的传统方法，得出"各主工序成本中心"的成本明细，再根据工序动因分摊至产品，得出产品成本明细表。

与一般情况不同的是使用"约当产量法"核算产品成本。

企业如果存在半成品，再由半成品深加工到成品，且半成品数量较多、变化较大，就可以用"约当产量法"来折算本月成本，目的是说清楚半成品所在工序的明细成本。这个是工业企业普遍使用的方法。

对于半成品数量不多、变化不大的情况，则不适用约当产量法。因此，约当产量法是一种分摊掉某成本项目的总成本到"完工产成品"和"月末半成品"两个主工序的分摊方法。在有多种产品的情况下，约当产量一般只作为资源动因，而不是工序动因。

3.3.1 快速理解约当产量的算法

【例3-4】这里举一个仅做理解用的极端例子。假设一个制鞋厂某条流水线有两个工序：半成品工序只生产左（脚）鞋，产成品工序只生产对称双鞋（左右脚）。

月末，全工序盘点，假设半成品工序有20只左鞋，产成品工序有50双成品鞋。

这样，半成品工序的20只左鞋→约当产量相当于10双成品鞋，加上产成品工序的50双鞋，一共相当于60双鞋。那么全工序共用性费用，就可以按10∶50的比例分摊至各工序。

3.3.1.1 约当产量作为资源动因分摊总成本至各工序

如图3-17所示，已知前、后工序间接费用加总起来的总成本，如果前、后工序都作为成本中心进行成本核算，此时的情况是不知道前、后工序各自的成本。

当半成品工序的数量多、变化大，且不适用于其他资源动因分摊时，就需要用约当产量作为资源动因来分摊共用性费用，即分摊全工序共用性间接费用到各主工序成本中心。

只有分摊完了，才能说清楚中间工序环节（成本中心）的成本发生或完成情况。如果再匹配上预算指标，就可以进行评价、分析和考核了。

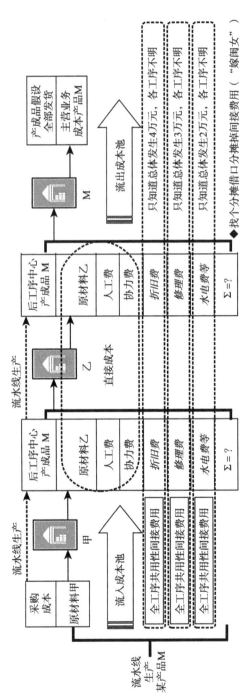

图 3-17 共用性间接费用打包总额按约当产量分摊到各工序成本中心

姑且不论约当产量方法分摊合理与否（都是相对合理，没有绝对合理），这样一来，起码有了成本的管控基础数据。

管理者一直说要摸清企业的家底，就是这个意思。摸清家底，正是成本核算的目的。只有把这个基础弄清楚了，才能说得清楚优与劣，才能采取进一步的改善措施。

很多费用和供应商签的合同可能是总额承包的，比如有一个"厂房清扫劳务合同"，假设约定一个月劳务费一口价为3万元，这3万元劳务费总成本如何分摊到各工序？

又如设备维修费，合同签的是定期保养维护费，假设一个月一口价是3万元总额承包。这时候，前工序半成品、后工序产成品各自发生多少维修费就说不清楚（假设经过前、后两个工序后出产成品），因此可用约当产量来分摊。

只有通过约当产量把人工费、协力费、修理费、水电费等各自发生的总成本分摊到前、后工序后，才能说清楚单个工序各发生多少相应成本，才能实现前工序所有成本结转为后工序的原材料这样一个动作，并算出某工序的产品单位成本。

3.3.1.2 约当产量的算法

约当产量法的实质，就是把半成品数量折算为产成品数量。换句话说，就是某工序的"半成品"的数量相当于多少产成品的数量。

【例3-5】如图3-18所示，生产某产品M的流水线需要前、后两个工序，前工序生产"半成品——乙"，后工序生产"产成品——M"。

假设前工序生产"半成品——乙"的"单吨工时"为40小时/吨，后工序生产"产成品——M"的"单吨工时"为60小时/吨。所以，生产1吨某产品M的单吨总工时为100小时/吨。

换句话说，当生产好"半成品——乙"并入库时，每吨乙只造了40小时，还需要60小时才能够造好，因此每吨乙在整个流水线上完工进度是（40/100）×100%＝40%。

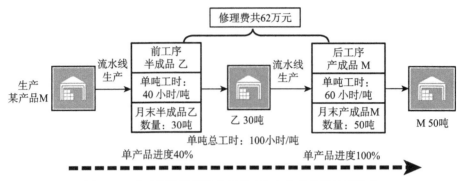

图3-18 半成品数量折算为相当于多少产成品的约当数量

假设现在是月末，盘点一下，发现这个时候"半成品——乙"有30吨，"产成品——M"有50吨，并且截止到月末这个时候，整条流水线为了生产M累计投入的修理费是620 000元，但是前工序和后工序的修理费各是多少，我们不知道。

这时候，就需要用"约当产量"来拆分出各工序的修理费。

怎么拆分？月末"半成品——乙"有30吨，相当于多少产成品呢？

折成产成品后，以最终产品的数量才能算单位成本。所以半成品约当产量＝30吨半成品×完工进度40%＝12吨，换句话说，半成品30吨相当于产成品12吨。

修理费总成本已知，总成品数量（总产量）已知，单位成本就出来了：修理费单位成本＝总成本/成品数量＝620 000元/总产成品产量（50+12）吨＝10 000元/吨，即为单位成本。

接下来，有了单位成本，总修理费就可以按各工序产量拆分到各个工序：

"半成品——乙"这个前工序的修理费＝约当产量12吨×10 000元/吨＝120 000元。

"产成品——M"这个后工序的修理费＝620 000元－120 000元＝500 000元。

拆分步骤为：先算出半成品（在产品）的约当产量，则对应的总产量就知道了，然后根据总成本算出单位成本。根据单位成本乘以各工序产量，就可以拆分出前、后工序的各自明细成本了。

可以看出，计算约当产量的关键就是完工率。这个例子中的完工率是使用"单吨工时"计算出来的。

在计算完工率时，要注意实际生产中半成品耗用的原材料，与直接工资、制造费用等情况是不一样的，必须分开讨论各费用的完工率和原材料的完工率（又称投料率）。因此，在实际工作中，半成品约当产量一般是要求分成本项目计算的。这里，完工率的算法有很多种，就不一一介绍了。

3.3.1.3　约当产量法按"翻译后"的分摊依据给财务直接用

在实际工作中，一般是把约当产量作为资源动因，即资源费用分摊至各工序时所用到的分摊依据，基本上都是要求业务部门或项目部门直接提供根据完工率等折算"翻译后"的依据（如工序工时）作为基础数据给财务部门直接使用。

例如：造船企业中间工序的单吨折算工时等，财务部门自己是不算的，也算不出来，而是月末等待业务部门的数据才能继续进行成本核算，对于这些数据，业务部门比财务部门清楚。因为财务部门算约当产量比较烦琐，也很难理清楚。

完工率说得最清楚的应该是生产部门。生产部门直接将各工序的"工时"转化折算为"翻译后"的工时，此时各工序的工时占比就是分配率，直接提供给财务部门使用就可以了。

有了根据分配率或者完工率折算的工时数据后，财务部门不需要二次加工，直接拿来相乘就可以了，即用此工时占比就可以分摊各科目的总成本至各工序。

3.3.1.4 约当产量的算法举例

约当产量法在成本核算中用于生产成本在半成品和产成品之间的分配。

【例 3-6】比如生产不锈钢保温杯的生产线，月底的时候发现半成品有 40 只，产成品有 60 只，如图 3-19 所示。

假设当月的生产成本是 10 000 元（这里先不去细究这个成本是材料费用还是人工费用或者制造费用），现在需要知道半成品和产成品应该负担的成本为多少。

你可能会认为这还不简单，直接用 10 000 元/（40 件半成品 + 60 件产成品）= 100 元，就得到每个产品的单位成本了。

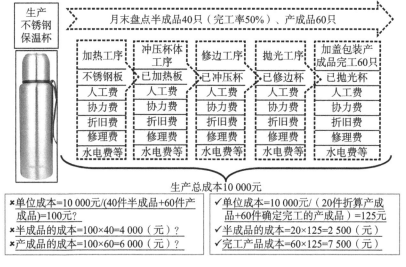

图 3-19 约当产量算法举例

事实上这种方法叫作"不计算半成品成本法"，因为这种方法假设半成品和产成品都是一样的（或者说两者应该负担的成本都是相同的）。所以半成品的成本就是 100×40=4 000（元），产成品的成本就是 100×60 = 6 000（元）。

但是问题来了,"半成品和产成品都是一样的"这个假设显然有问题,没完工的杯子和完工的杯子是不一样的。

现实中"不计算半成品成本法"很少有企业会采用,因为它严重违背了事实。

现实中大多数企业采用的方法之一就是约当产量法,既然40件半成品和60件产成品不能相加,那就想办法把半成品折算成产成品,这个就是约当产量法的核心思想。

如图3-19所示,为了简化计算,本例假设按50%作为各个产品的加工程度(完工率)。

比如这40件半成品,完工率只有50%,那这40件半成品就相当于20件产成品,此时就可以用10 000元/(20件折算产成品+60件原本确定完工的产成品)算出单位产成品为125元,完工产品成本就是60×125=7 500(元),半成品的成本就是20×125=2 500(元)。

看到这里基本上约当产量法的原理就容易懂了。因为知道完工率是50%,才能把生产费用在半成品和产成品之间进行分配。

3.3.1.5 完工率的两种含义

1. 一种是原料投料不足

例如:生产某个产品需要材料1千克,但你只投入0.5千克,投料率为50%,因此半成品的完工率就只有50%,等到剩下的原料全部投入,半成品才能变成产成品。

2. 另一种是生产时间不够

例如:生产螺丝需要1分钟,而你只花了0.5分钟,时间投入率为50%,因此半成品的完工率只有50%,等到剩下的时间全部投入,半成品才能变成产成品。

完工率一般受两个因素影响:一个是投料率,另一个是时间投入率。

在实际工作中，一般财务部门都是要求业务部门或项目部门直接提供，即现成的完工率基础数据给财务部门直接使用，财务部门不再二次加工。

回到生产费用分配的问题上，经过刚才的叙述，可能你已经发现，不同的成本项目需要考虑完工率的不同含义。成本项目包括直接材料、直接人工、直接燃料动力（有的企业不设此项目，统一设为直接材料）、制造费用。

直接材料、直接燃料动力成本的分配和投料率有关。

直接人工、制造费用（可以理解为机器工时）和时间投入率有关，所以用工时来分摊。

我总结过一句话："凡是可以用总成本除以产量算出单位成本的费用科目，都可以考虑用工时分摊多工序或多产品。"

但是直接材料的单位成本是怎么来的？可以用总成本除以产量吗？好像不可以。因为材料是按量计价的，制造一只不锈钢保温杯用了多少千克不锈钢？每千克不锈钢多少钱？这样两者一乘，每只保温杯的直接材料的单位成本就出来了，即每只不锈钢保温杯用了多少量的原材料、原材料多少钱，两者一乘，直接材料的单位成本就出来了。

3.3.2 典型适用的企业举例

像接工程项目的企业，或是提供广告服务的企业，乃至造船企业均会用到约当产量来核算成本。

【例3-7】某500强钢铁企业和某500强造船企业的子公司里都有制造钢结构的公司，专门生产钢结构产品，比如生产钢结构的房屋、游乐场的游乐设施等。

假设现在接到一项工程项目的订单，要造一个大型游乐场的过山车。过山车的钢结构组件都是在生产车间里切割、焊接、涂好油漆后，再运到游乐场现场进行整体组装安装。

生产车间里会发生各项成本。出了生产车间,当运到现场后,还会发生安装、焊接、涂油漆等成本。

如何知道在"生产车间"这个阶段到底发生多少过山车项目的成本呢?——用约当产量法,即在分别知道过山车组件出厂量和留在生产车间半成品的数量是多少后,按总工程估计一个大概进度,按这个进度来分配成本(总共花多少钱,目前占比多少),这样就说清楚了各个阶段的成本。

3.3.3 凭什么钢铁企业不适用而造船企业适用

另外,也有很多企业不适用"约当产量法"来分摊工序间成本的情况。

3.3.3.1 钢铁企业不适用

【例3-8】像钢铁企业,在生产各种钢铁板、卷、线材等产品时所用的成本计算方法就不是约当产量法。

钢铁企业的成本核算是采取按工序层层结转,或者叫"成本中心"归集结转的方法,如图3-20所示。因此,产成品和半成品的成本在核算过程中不存在工序分摊的问题。

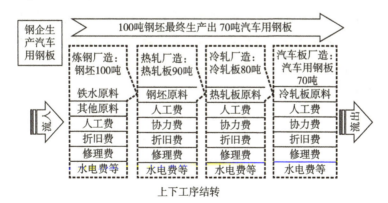

图3-20 钢铁企业为什么不适用约当产量法简图

钢铁产品原料消耗计量原则是半成品产出的同时计算产品产出量和对

应的原料消耗量。这是与钢铁产品的工艺特点和自动化生产流程密切相关的，也是钢铁企业运用信息技术实现成本准确计算的方法体现。

在组织生产过程中，对产品实现单个物料跟踪，如按钢卷号、炉号等。成本核算对象实质上是某一道工序上的单种产品，对一个单种产品而言，可以追溯其工艺路径，其最终消耗的原料成本均一一对应在完工产品上。

如图 3-20 所示，100 吨的钢坯经过轧制加工先变为 90 吨的热轧板，然后经过一道轧制加工变成 80 吨的冷轧板，再经过一道轧制加工，最终生产出来 70 吨的汽车用钢板（卷）。

这 100 吨的钢坯最终变为 70 吨的汽车用钢板，100 吨钢坯的成本没了，全部变为 70 吨汽车用钢板的成本。在整个连续加工过程中，实物持续流动，经过每一道工序，产品分别称为热轧板、冷轧板和汽车用钢板。每一道工序的中间产品或者"半成品"都是本工序的最终产品，都可以直接对外销售，都有市场价格。

所以，在某一时点，只能是一种产品，即成本核算对象，可直接销售，也可继续加工。

假如当月产品只加工到热轧板机组，成本核算对象就是热轧板产品，而不是汽车用钢板产品，更不是按约当产量计算的汽车用钢板产品。

假如当月产品经过了冷轧厂工序，成本核算对象就是冷轧板产品。

可见，按工序（实际上是加工程度）计量产品投入产出的界面和核算对象非常清晰，物流和资金流高度一致。

在钢铁产品的自动化生产过程中，钢卷实体是持续流动的，一个钢卷经过某机组的时间很短暂。只有在加工完毕后的计产点，同时计算产出重量和投入钢卷重量，才能准确计算原料消耗、损耗，原料钢卷和相应产出钢卷才能一一对应。

如果不在产出点计算原料消耗量和产品产出量，而在"在线生产"过程中计算原料消耗量和产品产出量，那么产量只能按加工程度计算，这实际上缺乏可靠的计量依据，因为产品加工程度根本无法准确计量。

如果按理论值计算约当产量，实际上投入产出失真了。这种计算方法只会导致计量界面不清晰，投入产出计算混乱。

这就是为什么钢铁企业不适用约当产量法。

3.3.3.2 造船企业适用

与钢铁企业不同，造船企业属于短流程、生产周期长的行业。

造船企业当以吨位结算的工程项目作为成本核算对象时，半成品（中间产品）和产成品在整体项目未完工前都同时存在，前道工序只生产后道工序所需要的产品，非标产品的半成品（中间产品）必须加工成产成品，才能使用或对外销售，而不像钢铁企业产品。

造船企业会出现中间产品跨月陆续完工分批出货的情况，需要根据发货量确认收入并结转成本。此时要将汇集的成本费用按照约当产量法等方法，在半成品和产成品之间进行分配，以便计算评价半成品工序成本和产成品工序成本。所以造船企业适用约当产量法。

可以看到，虽然两家 500 强企业同为巨型制造业企业，但成本核算或计算方式存在不同，结转和分摊方式也有所不同。

3.3.4 分解动作、分录及分析

在多道工序多种产品的情况下，约当产量一般只作为资源动因分摊费用至工序成本中心，而不是作为工序动因分摊至产品。并且知道了如何通过约当产量分摊半成品、产成品的成本方法以后，接下来通过图解推演，讲述约当产量法下的多工序多产品组合结转成本核算的具体操作，就可以更好地理解了。

【例 3-9】还是举一个简化版的例子，也是结合了实际工作中的复杂情况，经过严密构思并消化理解以后的简化结果。

3.3.4.1 已知条件

如图 3-21 所示，假设一条流水线同时生产 L、M、N 三种产品，都分前、后两工序。也就是说，三种产品都存在半成品和产成品，都需要"约当产量"来折算计算。

其中，前工序"原材料"这个资源消耗只知道前、后工序累计总共投入 50 万元。为了便于理解，假设用于生产 L、M、N 三种产品，且各工序都是均匀投料（投入原材料），即已知：

L 产品前、后工序累计共投入原材料 10 万元；
M 产品前、后工序累计共投入原材料 15 万元；
N 产品前、后工序累计共投入原材料 25 万元。

这是材料费。

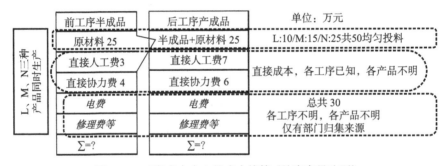

图 3-21 工序成本中心的成本核算（约当产量法下）

"直接人工费"属直接成本，已知前工序 3 万元，后工序 7 万元。但 L、M、N 三种产品各自所含人工费具体金额不明。

"直接协力费"属直接成本，已知前工序 4 万元，后工序 6 万元。但 L、M、N 三种产品各自所含协力费具体金额不明。

剩下来的"电费"⊖"修理费"等，都是间接费用（制造费用），假设累计打包总额是 30 万元，但是不知道前、后工序分别是多少，以及三种产品分别是多少。

⊖ 假设各工序电费均无单独电量表计，以下同。

于是，就需要借助表 3-13 这张表作为基础数据源表格。

表 3-13 列示了生产部、技术部分别发生的电费和修理费等构成明细，这些费用假设均为部门先归集。

前面讲过，间接费用（制造费用）是通过部门或者辅助工序，先暂时归集过渡。

表 3-13 间接费用（制造费用）归集来源表　（单位：万元）

部门	电费	修理费等	Σ
生产部	14	8	22
技术部	6	2	8
Σ	20	10	30

但是有了表 3-13，依旧只知道间接费用（制造费用）累计打包总额 30 万元，而前、后工序分别是多少，以及三种产品分别是多少仍然不知道。

其中，针对前、后工序分别是多少，需要三种产品各自的半成品、产成品的月末盘点产量表，见表 3-14。

表 3-14　月末盘点产量表（作为资源动因）　（单位：只）

产品	半成品数量	产成品数量
产品 L	12（完工率 50%）	15
产品 M	30（完工率 50%）	40
产品 N	8（完工率 50%）	20
Σ	50	75

根据表 3-14，已知 L、M、N 三种产品前工序半成品的完工率都是 50%（为便于理解）。

前、后工序成本中心的成本确定以后，针对三种产品分别是多少，最后还需要一个已知条件，就是业务部门提供给财务部门的一张表，见表 3-15。

表 3-15　产品工时折算表（业务部门提供，作为工序动因）　（单位：小时/件）

产品	前工序工时	后工序工时
产品 L	0.6	0.4
产品 M	0.6	0.4
产品 N	0.8	0.8
Σ	2	1.6

前面我也讲过，这个前、后工序成本中心的产品工时比例分配表应该是业务部门根据难度系数同口径折算完毕的结果。所以，财务部门拿到这张工时分配表以后，就可以直接使用了。

上述图3-21、表3-13~表3-15都是已知条件。根据这些已知条件才能进行下面的核算。

3.3.4.2 月末半成品数量折算成约当产量作为资源动因

有些生产规模比较大的制造型企业，半成品工序很多，这些工序也是一个一个的成本中心。那么，成本中心就要考核发奖金还是要扣奖金，就要说清楚成本完成情况怎么样，就需要工序间的成本拆分。约当产量法就是以约当产量作为资源动因进行工序间的成本拆分。

根据表3-14，假设L、M、N三种产品前工序半成品的完工率都是50%，据此已知条件，填制月末盘点产量折算约当产量表，见表3-16。

表3-16　月末盘点产量折算约当产量表（资源动因）　　　（单位：只）

产品	半成品数量	半成品数量折算产成品（假设：完工率50%）①	产成品数量②	折算半成品+确定产成品约当产量成品总数量③
产品L	12	相当于产成品6	15	6+15=21
产品M	30	相当于产成品15	40	15+40=55
产品N	8	相当于产成品4	20	4+20=24
Σ	50	相当于产成品25	75	25+75=100

根据L、M、N三种产品前工序半成品的完工率都是50%的已知条件，并且根据已知的月末各产品的半成品数量（总共50只），各自乘以完工率50%，就折算成共计产成品25只，意思是50只半成品相当于25只产成品，见表3-16①。

这个折算量25只，再加上月末的原本确定完工的产成品数量75只（见表3-16②），共计产成品100只（见表3-16③）。这个100只就是约当产量，则半成品工序的资源动因分摊比例为25%，产成品工序的资源动因分摊比例为75%。

3.3.4.3 直接成本按约当产量为资源动因分摊至各主工序成本中心

根据图 3-21 所示的已知情况，直接成本发生时入账。

1. 直接材料费

不按上述资源动因分配，而是根据实际投料情况，即已知 L、M、N 三种产品前、后工序成本中心累计共投入的原材料分别为 10 万元、15 万元、25 万元，且为均匀投料，则前、后工序成本中心投入各产品原材料均已知：前工序成本中心共计 25 万元，后工序成本中心共计 25 万元。本分录仅为分摊至主工序成本中心的过渡分录，暂未分摊至产品：

借：生产成本——直接材料费——前工序　　250 000
　　贷：应付账款——各供应商名称　　　　　　　　250 000
借：生产成本——直接材料费——后工序　　250 000
　　贷：应付账款——各供应商名称　　　　　　　　250 000

2. 直接人工费

根据图 3-21 所示已知的前、后工序的直接人工费，分录如下：

借：生产成本——直接人工费——前工序　　30 000
　　贷：应付职工薪酬——各二级科目明细　　　　　30 000
借：生产成本——直接人工费——后工序　　70 000
　　贷：应付职工薪酬——各二级科目明细　　　　　70 000

3. 直接协力费

根据图 3-21 所示已知的前、后工序的直接协力费，分录如下：

借：生产成本——直接协力费——前工序　　40 000
　　贷：应付账款——各供应商名称　　　　　　　　40 000
借：生产成本——直接协力费——后工序　　60 000
　　贷：应付账款——各供应商名称　　　　　　　　60 000

直接成本分摊至各工序的结果，见表 3-17。

表 3-17　直接成本分摊至各工序结果表　　　（单位：万元）

工序	材料费（已知）	直接人工费（已知）	直接协力费（已知）	∑
前工序	25	3	4	32
后工序	25	7	6	38
∑	50	10	10	70

3.3.4.4　间接费用入账并按工时分摊至各主工序成本中心

1. 间接费用入账计入制造费用

根据表 3-18，按照部门入账。

表 3-18　间接费用（制造费用）来源表　　　（单位：万元）

部门	电费⊖	修理费等	∑
生产部	14	8	22
技术部	6	2	8
∑	20	10	30

（1）生产部入账分录如下：

借：制造费用——电费——生产部　　　　140 000
　　贷：银行存款——某银行名称　　　　　　　　140 000
借：制造费用——修理费等——生产部　　80 000
　　贷：应付账款——各供应商名称　　　　　　　80 000

（2）技术部入账分录如下：

借：制造费用——电费——技术部　　　　60 000
　　贷：银行存款——某银行名称　　　　　　　　60 000
借：制造费用——修理费等——技术部　　20 000
　　贷：应付账款——各供应商名称　　　　　　　20 000

2. 各部门间接费用按资源动因分摊至前工序成本中心和后工序成本中心

间接费用各打包总额按 25%：75% 资源动因分配至前、后工序，分

⊖　部门有计量、工序无计量。

摊结果见表 3-19。

表 3-19　间接费用分摊至各工序结果表　　（单位：万元）

工序	资源动因 （约当产量）	电费		修理费		Σ
		生产部	技术部	生产部	技术部	
前工序	25%	3.5	1.5	2	0.5	7.5
后工序	75%	10.5	4.5	6	1.5	22.5
Σ	100%	14	6	8	2	30

（1）电费转置分录如下：

借：制造费用——电费——前工序　　　　35 000
　　制造费用——电费——后工序　　　　105 000
　　贷：制造费用——电费——生产部　　　　　　　140 000
借：制造费用——电费——前工序　　　　15 000
　　制造费用——电费——后工序　　　　45 000
　　贷：制造费用——电费——技术部　　　　　　　60 000

（2）修理费转置分录如下：

借：制造费用——修理费——前工序　　　20 000
　　制造费用——修理费——后工序　　　60 000
　　贷：制造费用——修理费——生产部　　　　　　80 000
借：制造费用——修理费——前工序　　　5 000
　　制造费用——修理费——后工序　　　15 000
　　贷：制造费用——修理费——技术部　　　　　　20 000

3.3.4.5　合并直接成本和间接费用工序分摊结果明细表

根据表 3-17 和表 3-19，合并结合成约当产量作为资源动因的结果表，见表 3-20。

表 3-20　各工序成本明细表（约当产量作为资源动因的结果表）（单位：万元）

工序	资源动因 （约当产量）	材料费 （不参与资源 动因分摊）	人工费	协力费	电费		修理费		Σ
					生产部	技术部	生产部	技术部	
前工序	25%	25	3	4	3.5	1.5	2	0.5	39.5

(续)

工序	资源动因（约当产量）	材料费（不参与资源动因分摊）	人工费	协力费	电费 生产部	电费 技术部	修理费 生产部	修理费 技术部	∑
后工序	75%	25	7	6	10.5	4.5	6	1.5	60.5
∑	100%	50	10	10	14	6	8	2	100

需要说明的是，材料费是不需要用资源动因分摊的。这是因为直接材料的分配和约当产量没有关系，而与投料率有关。

3.3.4.6 确定各工序各产品的折算工时并作为工序动因

各工序费用确定好以后，就需要分摊至产品，其分摊依据就是工序动因。工序动因有很多种，较为普遍的是运用各产品的生产工时作为工序动因。

在实际核算操作过程中，业务部门实际提供的是已经在前、后工序间折算好的各工序产品工时折算表（见表 3-21）。三种产品前、后工序的工时分别是多少，应该是都已经折算好了以后给财务部门直接使用。

表 3-21 中的工时数据是财务部门与业务部门协商并考虑产量，根据难度系数、完工率等，在前、后工序间同口径折算完毕的结果。

表 3-21 产品工时折算表（业务部门提供，作为工序动因）（单位：小时/件）

产品	前工序工时	后工序工时	产品	前工序工时	后工序工时
产品 L	0.6	0.4	产品 N	0.8	0.8
产品 M	0.6	0.4	∑	2	1.6

3.3.4.7 直接成本和间接费用分摊至各产品

1. 根据工序动因分摊至产品

结合表 3-20 再根据表 3-21 作为工序动因（分摊规则或依据）将工序成本分摊至产品。

分摊至各产品的最终结果见表 3-22，此表即为核算的最终产品成本明细表。

表 3-22 各工序成本分摊至产品明细还原表（工序动因结果表）（金额单位：万元）

产品		工序动因（小时/件）	材料费（不参与工序动因分摊）	直接人工费	直接协力费	电费		修理费		Σ
						生产部	技术部	生产部	技术部	
前工序	产品 L	0.6	5.00	0.9	1.20	1.05	0.45	0.60	0.15	9.35
	产品 M	0.6	7.50	0.9	1.20	1.05	0.45	0.60	0.15	11.85
	产品 N	0.8	12.50	1.2	1.60	1.40	0.60	0.80	0.20	18.3
	Σ	2.0	25.00	3.00	4.00	3.50	1.50	2.00	0.50	39.5
后工序	产品 L	0.4	5.00	1.75	1.50	2.625	1.125	1.50	0.375	13.875
	产品 M	0.4	7.50	1.75	1.50	2.625	1.125	1.50	0.375	16.375
	产品 N	0.8	12.50	3.50	3.00	5.25	2.25	3.00	0.75	30.25
	Σ	1.6	25.00	7.00	6.00	10.50	4.50	6.00	1.50	60.5
总计		3.6	50.00	10.00	10.00	14.00	6.00	8.00	2.00	100.00

需要注意的是，在表 3-22 中，材料费是不需要用工时分摊的。直接材料的分配和工时没有关系，和投料率有关。而直接人工费、直接协力费、制造费用（可以理解为机器工时）和时间投入率有关，因此可以用工时来分摊。

2. 主工序成本中心分摊至产品的账务处理分录

根据表 3-22 所示内容，将工序成本根据工序动因分摊至产品。

（1）结转各主工序成本中心直接成本至产品。

1）材料费（一般无须分摊）分录如下：

借：明细产品成本[⊖]——直接材料费——产品 L　50 000
　　明细产品成本——直接材料费——产品 M　75 000
　　明细产品成本——直接材料费——产品 N　125 000
　　贷：生产成本——直接材料费——前工序　　　　　　250 000
借：明细产品成本——材料费——产品 L　50 000
　　明细产品成本——材料费——产品 M　75 000

[⊖] 适用于主工序含多种产品的企业，此科目名称可自定义个性化设置，只要最终能说清楚核算对象成本明细即可，以下同。

　　　　明细产品成本——材料费——产品 N　　125 000
　　贷：生产成本——直接材料费——后工序　　　　　　250 000

2）直接人工费分录如下：

　　借：明细产品成本——直接人工费——产品 L　　9 000
　　　　明细产品成本——直接人工费——产品 M　　9 000
　　　　明细产品成本——直接人工费——产品 N　　12 000
　　贷：生产成本——直接人工费——前工序　　　　　　30 000
　　借：明细产品成本——直接人工费——产品 L　　17 500
　　　　明细产品成本——直接人工费——产品 M　　17 500
　　　　明细产品成本——直接人工费——产品 N　　35 000
　　贷：生产成本——直接人工费——后工序　　　　　　70 000

3）直接协力费分录如下：

　　借：明细产品成本——直接协力费——产品 L　　12 000
　　　　明细产品成本——直接协力费——产品 M　　12 000
　　　　明细产品成本——直接协力费——产品 N　　16 000
　　贷：生产成本——直接协力费——前工序　　　　　　40 000
　　借：明细产品成本——直接协力费——产品 L　　15 000
　　　　明细产品成本——直接协力费——产品 M　　15 000
　　　　明细产品成本——直接协力费——产品 N　　30 000
　　贷：生产成本——直接协力费——后工序　　　　　　60 000

（2）结转各主工序成本中心间接费用至产品。

1）电费分录如下：

　　借：明细产品成本——制造费用——产品 L　　10 500
　　　　明细产品成本——制造费用——产品 M　　10 500
　　　　明细产品成本——制造费用——产品 N　　14 000
　　贷：制造费用——电费——前工序　　　　　　　　35 000
　　借：明细产品成本——制造费用——产品 L　　26 250

明细产品成本——制造费用——产品 M　　26 250
　　　明细产品成本——制造费用——产品 N　　52 500
　　贷：制造费用——电费——后工序　　　　　　　　　105 000
　借：明细产品成本——制造费用——产品 L　　4 500
　　　明细产品成本——制造费用——产品 M　　4 500
　　　明细产品成本——制造费用——产品 N　　6 000
　　贷：制造费用——电费——前工序　　　　　　　　　15 000
　借：明细产品成本——制造费用——产品 L　　11 250
　　　明细产品成本——制造费用——产品 M　　11 250
　　　明细产品成本——制造费用——产品 N　　22 500
　　贷：制造费用——电费——后工序　　　　　　　　　45 000

2）修理费分录如下：
　借：明细产品成本——制造费用——产品 L　　6 000
　　　明细产品成本——制造费用——产品 M　　6 000
　　　明细产品成本——制造费用——产品 N　　8 000
　　贷：制造费用——修理费——前工序　　　　　　　　20 000
　借：明细产品成本——制造费用——产品 L　　15 000
　　　明细产品成本——制造费用——产品 M　　15 000
　　　明细产品成本——制造费用——产品 N　　30 000
　　贷：制造费用——修理费——后工序　　　　　　　　60 000
　借：明细产品成本——制造费用——产品 L　　1 500
　　　明细产品成本——制造费用——产品 M　　1 500
　　　明细产品成本——制造费用——产品 N　　2 000
　　贷：制造费用——修理费——前工序　　　　　　　　5 000
　借：明细产品成本——制造费用——产品 L　　3 750
　　　明细产品成本——制造费用——产品 M　　3 750
　　　明细产品成本——制造费用——产品 N　　7 500

贷：制造费用——修理费——后工序　　　　　　　　15 000

这里需要说明的是：上述明细产品成本核算的方式和科目设置仅为图形解说需要，各企业一定要视具体情况具体分析，只要能够最终说清楚企业各工序各产品的具体明细成本构成即可。

3.3.5　打回原形

多道工序多种产品使用约当产量法核算时，直接成本通过"生产成本"过渡，间接费用以"明细产品成本——制造费用"体现在产品的生产成本里。但是，仅看"明细产品成本——各二级科目"是看不出具体属于哪个工序的。

另外，仅看"明细产品成本——制造费用"科目是看不出工序归属以及具体费用构成的。因此，都需要还原，我称之为"打回原形"。

也就是说，需要找到过渡分录以及制造费用分摊结转到生产成本的明细分录，才能看出构成。

因此，需要手工制作或者由系统取数定制报表，出具一张产品生产成本的明细构成还原报表。

约当产量下的产品生产成本明细还原表，见表3-23。

表3-23　各工序成本分摊至产品明细还原表　　　　（金额单位：万元）

各工序产品		工序动因（小时/件）	材料费（不参与工序动因分摊）	直接人工费	直接协力费	电费		修理费		Σ
						生产部	技术部	生产部	技术部	
前工序25%	产品L	0.6	5.00	0.9	1.20	1.05	0.45	0.60	0.15	9.35
	产品M	0.6	7.50	0.9	1.20	1.05	0.45	0.60	0.15	11.85
	产品N	0.8	12.50	1.2	1.60	1.40	0.60	0.80	0.20	18.3
	Σ	2.0	25.00	3.00	4.00	3.50	1.50	2.00	0.50	39.5
后工序75%	产品L	0.4	5.00	1.75	1.50	2.625	1.125	1.50	0.375	13.875
	产品M	0.4	7.50	1.75	1.50	2.625	1.125	1.50	0.375	16.375
	产品N	0.8	12.50	3.50	3.00	5.25	2.25	3.00	0.75	30.25
	Σ	1.6	25.00	7.00	6.00	10.50	4.50	6.00	1.50	60.5
总计		3.6	50.00	10.00	10.00	14.00	6.00	8.00	2.00	100.00

表 3-23 将各工序、各产品的明细成本构成还原得清清楚楚，一目了然。如果再匹配上各工序的约当产量，各工序、各产品的单位成本就出来了。

这里再说明一下，内部产品核算的中间过程及科目可以针对企业自身特点进行个性化设置。对各成本核算企业来说，明细产品内部核算科目没有统一固化规定，只要最终能够得出表 3-23 所示的结果，能够说清楚最终核算对象的成本明细情况、满足成本管理的需要即可。

第4章

从无到有新建成本核算账

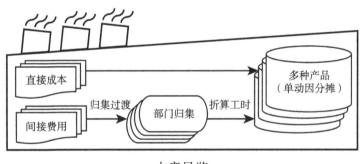

本章导览

本书除了阐明500强制造企业的成本核算及结转业务外,还考虑了阅读对象的多样性,兼顾了中小型制造企业的成本核算适用度。

因此,本章以中小型制造企业为例,以直观的简化范例,参照图形解说经营模式,图解说明未建立成本账的企业如何从无到有新建成本账,进行成本核算实际操作。

为了进一步加深读者对成本核算内容的理解,本章通过图形解说进行模拟实操,演示企业成本核算。

一般来说，比起中小型制造企业，大型制造企业的成本核算相对完善，信息化、自动化程度较高，成本建账、核算、结转也较为健全。

部分中小型制造企业成本建账相对粗糙、不健全或干脆就没有成本核算。这样，对于明细产品的成本就容易说不清楚。如：

- 某产品是赚钱了，还是没赚钱？
- 赚了多少钱？
- 市场上到底有没有成本优势和竞争力？

之所以出现这些问题，是因为缺乏基础成本数据的支撑。

此外，成本核算不健全也会影响存货成本、企业所得税等的计算。

那么有一种情况就是，未建立成本账或之前没有成本核算而在经营一段时间后补建成本账的企业，成本核算账如何新建或补建呢？

为方便理解，本章案例中的数据经过简化、通俗化处理，以便于图形解说，但不会影响对中小型制造企业"建立和完善成本核算方式方法"核心主旨的理解。

中小型制造企业和大型制造企业在成本核算上，实际情况是"繁简不同，难易相似"。

本章考虑明细产品或项目的成本核算分录。

模拟建成本账案例如下：

4.1 模拟情景：已知条件

4.1.1 案例基础资料（模拟推演简化版）

（1）单位名称：德玛不锈钢保温杯有限公司。

（2）启用时间：2019年1月1日建账。会计期间：自然年度1～12月份。

（3）公司简介：2019年1月成立，生产和销售德玛牌A、B两种类型不锈钢保温杯，系一般纳税人。假设公司共有10人。

（4）计量单位：

记账本位币：人民币。不锈钢板原料：千克。不锈钢保温杯：只。

（5）部门设置：采购部、生产部、销售部。

（6）职员设置（工号+姓名）：CGB01 刘二（采购部）、SCB01 张三（生产部）、SCB02 李四（生产部）、SCB03 赵五（生产部）、SCB04 王六（生产部）、SCB05 吴七（生产部）、XSB11 黑八（销售部）；采购部、销售部员工人工费计入管理费用、销售费用。

生产部员工人工费计入生产成本。其中：

SCB01 张三为生产部部门经理（年薪12万元：1×12万元/人/年，属于间接人工）；

SCB02 李四、SCB03 赵五为A型保温杯生产线上的2名工人（2×6万元/人/年，属于直接人工）；

SCB04 王六、SCB05 吴七为B型保温杯生产线上的2名工人（2×6万元/人/年，属于直接人工）。

（7）仓库库存：

原材料库有两类产品：薄不锈钢板、厚不锈钢板；

半成品库有两类产品：不锈钢保温杯（A型）、不锈钢保温杯（B型）；

产成品：A、B型不锈钢保温杯。生产完成后马上发货无库存，该科目期末余额为0。

（8）固定资产（折旧期限10年，直线法，无残值）：

加热机组：原值12万元，购入并安装完毕日期为2018年12月；

切割机组：原值24万元，购入并安装完毕日期为2018年12月。

（9）包装费：1月发货产品包装费已知，为A型产品0.4万元，B型产品0.5万元。

（10）共用性费用：1月发生了修理费0.1万元，暂估了水电费0.1万元。本案例分录均忽略税金账。

4.1.2 原材料采购、领用情况、存货情况

原材料盘点：查采购发票凭据、领用单，盘库查明结余。做 2019 年存货收发存表。

经查：

原材料购入：2019 年 1 月一次性向某钢铁企业 A 购入薄不锈钢板 9 000 千克（7 元 / 千克），向某钢铁企业 B 购入厚不锈钢板 5 000 千克（9 元 / 千克）。

原材料领用：2019 年 1 月领用薄不锈钢板 5 000 千克用于生产 A 型不锈钢保温杯，领用厚不锈钢板 3 000 千克用于生产 B 型不锈钢保温杯。

半成品盘点：盘点生产线上 A 型、B 型不锈钢保温杯半成品数量。A 型不锈钢保温杯半成品数量 2 000 只；B 型不锈钢保温杯半成品数量 1 000 只。

产成品盘点：A 型不锈钢保温杯的产成品数量是 3 000 只，已全部发货销售；B 型不锈钢保温杯的产成品数量是 2 000 只，已全部发货销售。

4.1.3 分摊比例及完工率情况

根据业务部门提供的数据，2019 年 1 月生产 A 型不锈钢保温杯、B 型不锈钢保温杯的单只生产时间（工时）占比为 A：B=40%：60%，即共用性费用总额分摊至 A、B 两种型号不锈钢保温杯单种产品上的费用分摊比例（资源动因）为 40%：60%。

2019 年 1 月留在生产线上尚未完工的半成品完工率为 50%。假设可用约当产量法，则：2 000 只 A 型不锈钢保温杯半成品相当于 2 000×50%=1 000 只产成品，1 000 只 B 型不锈钢保温杯半成品相当于 1 000×50%=500 只产成品。

为理解主旨，本例假设简化为无须分别核算半成品、产成品主工序成本中心的成本，仅核算全部主工序成本中心的成本和明细产品成本。

4.2　手把手一步步推演教你完成建账

建账企业成本核算目的是要确定"利润表"中的"营业成本",这是基本的利润表指标。

根据成本核算的"十字形定位"概念,成本核算对外要满足报表披露的需求,所以建账需要先做"利润表"。

之所以先要做"利润表",是因为利润表不做出来,资产负债表就无法做平衡。

实际上关账顺序也是如此,无论是大型企业的一体化财务信息系统也好,还是中小型企业的金蝶、用友等软件也好,基本都是先做好"利润表"以后才能做平资产负债表。

作为利润表主要构成的"营业成本",它的构成内容和分摊结转方式、明细产品单位成本的计算过程,就需要在成本核算维度乃至成本管理维度里体现出来。

某500强企业的明细产品成本核算与成本核算维度分开。主工序成本中心层面的成本核算,是为了满足对外报表披露需求。而明细产品成本核算,则在另外的内部成本管理维度实现,以满足对内更细化的成本管理需求。

4.2.1　核算直接成本

4.2.1.1　采购原材料

根据已知条件,采购原材料情况见表4-1,2019年1月一次性购入薄不锈钢板9 000千克(7元/千克)、厚不锈钢板5 000千克(9元/千克)。

表4-1　采购原材料简表(2019年1月实际)

购入原材料	数量(千克)	不含税单价(元/千克)	总额(元)
薄不锈钢板(用于生产A型不锈钢保温杯)	9 000	7	63 000
厚不锈钢板(用于生产B型不锈钢保温杯)	5 000	9	45 000
合计	14 000		108 000

2019年1月（会计期：2019.01）购入原材料，根据收到的发票做账，分录如下：

借：原材料——薄不锈钢板

（=9 000×7，忽略税金账）　　　　　　　　　　63 000

原材料——厚不锈钢板

（=5 000×9，忽略税金账）　　　　　　　　　　45 000

贷：应付账款——某钢铁企业 A（薄板供应商）　　63 000

应付账款——某钢铁企业 B（厚板供应商）　　45 000

4.2.1.2　生产领用原材料

根据已知条件，生产领用原材料情况见表 4-2，2019 年 1 月分别领用：
薄不锈钢板 5 000 千克用于生产 A 型不锈钢保温杯；
厚不锈钢板 3 000 千克用于生产 B 型不锈钢保温杯。

表 4-2　生产领用原材料简表（2019 年 1 月实际）

生产领用原材料	数量（千克）	领用单价（元/千克）	总额（元）
薄不锈钢板（用于生产 A 型不锈钢保温杯）	5 000	7	35 000
厚不锈钢板（用于生产 B 型不锈钢保温杯）	3 000	9	27 000
合计	8 000		62 000

2019 年 1 月（会计期：2019.01）根据领用单做账确认了"直接成本——材料费"，分录如下：

借：生产成本——原材料——A 型不锈钢保温杯

（=5 000×7）　　　　　　　　　　　　　　　35 000

生产成本——原材料——B 型不锈钢保温杯

（=3 000×9）　　　　　　　　　　　　　　　27 000

贷：原材料——薄不锈钢板（=5 000×7）　　　　　35 000

原材料——厚不锈钢板（=3 000×9）　　　　　27 000

上述分录体现出明细产品生产成本表的材料费结果，见表 4-3。

表 4-3 明细产品生产成本简表（2019 年 1 月实际）　　（单位：元）

明细产品	原材料费	直接人工费	直接包装费	制造费用
A 型不锈钢保温杯	35 000			
B 型不锈钢保温杯	27 000			
合计	62 000			

4.2.1.3　核算另外发生的一串费用：确认直接成本——人工费

根据已知条件，生产部员工的"人工费"要计入生产成本。其中：

SCB01 张三为生产部部门经理（年薪 12 万元，1×12 万元 / 人 / 年），属于共用性间接人工费，不属于直接成本，需分摊至两种产品；

SCB02 李四、SCB03 赵五为 A 型保温杯生产线上的 2 名工人（合计人工成本 2×6 万元 / 人 / 年，即每人每月 5 000 元，属于直接人工费）；

SCB04 王六、SCB05 吴七为 B 型保温杯生产线上的 2 名工人（合计人工成本 2×6 万元 / 人 / 年，即每人每月 5 000 元，属于直接人工费）。

上述已知条件可以同步体现出明细产品生产成本表的人工费结果，见表 4-4。

表 4-4 明细产品生产成本简表（2019 年 1 月实际）（单位：元）

明细产品	原材料费	直接人工费	直接包装费	制造费用
A 型不锈钢保温杯	35 000	10 000		
B 型不锈钢保温杯	27 000	10 000		
合计	62 000	20 000		

2019 年 1 月（会计期：2019.01）根据已知条件计提人工成本，分录如下：

借：生产成本——直接人工费——A 型不锈钢保温杯

　　（李四、赵五 =2×5 000）　　　　　　　　　　10 000

　　生产成本——直接人工费——B 型不锈钢保温杯

　　（王六、吴七 =2×5 000）　　　　　　　　　　10 000

　贷：应付职工薪酬——工资等——SCB02 李四

　　（福利、社保等省略，下同）　　　　　　　　　5 000

应付职工薪酬——工资等——SCB03 赵五　　　5 000

　　应付职工薪酬——工资等——SCB04 王六　　　5 000

　　应付职工薪酬——工资等——SCB05 吴七　　　5 000

同时，2019 年 1 月（会计期：2019.01）根据已知条件，做人工成本的实际发放账：因为当月计提要到次月才发放，因此 2019 年 1 月不做发放账。

到了 2 月，才做 1 月计提人工成本对应的发放账，分录如下：

借：应付职工薪酬——工资等——SCB02 李四　　　5 000

　　应付职工薪酬——工资等——SCB03 赵五　　　5 000

　　应付职工薪酬——工资等——SCB04 王六　　　5 000

　　应付职工薪酬——工资等——SCB05 吴七　　　5 000

贷：银行存款——工商银行（发放 1 月）　　　20 000

4.2.1.4　核算另外发生的一串费用：确认直接成本——包装费

中原包装有限公司分别提供两种不锈钢保温杯的包装材料：

A 型不锈钢保温杯包装费开具增值税专用发票不含税税金额 4 000 元；

B 型不锈钢保温杯包装费开具增值税专用发票不含税税金额 5 000 元。

采购上述两种型号产品的包装材料费均未支付。

德玛不锈钢保温杯有限公司作为一般纳税人收到发票后，将包装费除税金额计入各自产品明细成本，见表 4-5。

表 4-5　明细产品生产成本简表（2019 年 1 月实际）　（单位：元）

明细产品	原材料费	直接人工费	直接包装费	制造费用
A 型不锈钢保温杯	35 000	10 000	4 000	
B 型不锈钢保温杯	27 000	10 000	5 000	
合计	62 000	20 000	9 000	

2019 年 1 月（会计期：2019.01）根据已知明细产品包装费结果，做如下分录：

借：生产成本——直接包装费——A 型不锈钢保温杯　4 000

　　生产成本——直接包装费——B 型不锈钢保温杯　5 000

　　贷：应付账款——中原包装有限公司　　　　　　　9 000

4.2.2 核算间接费用

4.2.2.1 核算另外发生的一串间接费用：折旧费

固定资产已知条件如下。

折旧年限 10 年，采用直线法计提折扣，假设无残值，其中：

加热机组：原值 12 万元，购入并安装完毕日期为 2018 年 12 月；

切割机组：原值 24 万元，购入并安装完毕日期为 2018 年 12 月。

这两个机器设备属于生产部，用于同时生产 A、B 型不锈钢保温杯，属于共用性设备，无法直接确定 A、B 型不锈钢保温杯产品各自的折旧费，因此折旧费应先作为生产部的费用进行归集。

需要说明的是，这里为方便举例，只列举了两项固定资产，但不影响对主旨的理解。

2019 年 1 月已开始计提折旧额，根据已知条件，每年折旧额为 (12+24)/10=3.6 万元，折合每月折旧费为 3 000 元，填入 1 月份的制造费用简表中，见表 4-6。

表 4-6 制造费用简表（2019 年 1 月实际）　（单位：元）

制造费用明细项目	生产部
折旧费	3 000
间接人工费	
修理费	
水电费	
合计	

4.2.2.2 核算另外发生的一串间接费用：间接人工费

间接人工是指生产部经理张三的人工成本，因生产部经理属于非直接人工，无法直接确定张三参与 A、B 型不锈钢保温杯两种产品生产时各自占用张三的人工成本为多少，所以需要先作为生产部的费用进行归集。

根据已知条件，生产部经理张三年薪 12 万元，平摊到 1 月份的人工成本为 1 万元，填入 1 月份的制造费用简表中，见表 4-7。

表 4-7 制造费用简表（2019 年 1 月实际）　（单位：元）

制造费用明细项目	生产部
折旧费	3 000
间接人工费	10 000
修理费	
水电费	
合计	

4.2.2.3 核算另外发生的一串间接费用：修理费、水电费

2019年1月生产线共收到修理费发票除税金额1 000元（已支付）。

暂估的水电费除税金额1 000元（已支付）为A、B型不锈钢保温杯两种产品共同发生的，无法知道单种产品各自的费用占用额，因此需要先作为生产部的费用进行归集。

将上述间接费用填入1月份的制造费用简表中，最终生成确定了全部费用项目明细的制造费用表，见表4-8。

综上，制造费用合计金额为15 000元，均为生产部的部门归集费用。

表4-8 中的这些制造费用明细项

表 4-8 制造费用简表（2019 年 1 月实际） （单位：元）

制造费用明细项目	生产部
折旧费	3 000
间接人工费	10 000
修理费	1 000
水电费	1 000
合计	15 000

目为制造费用一级科目下需要设置作为二级科目的共用性费用项目。

4.2.2.4 制造费用确认后的入账分录

上述制造费用合计15 000元，确定好以后，2019年1月（会计期：2019.01）制造费用入账分录如下：

借：制造费用——折旧费——生产部
　　（=360 000/10/12） 3 000
　贷：累计折旧（=360 000/10/12） 3 000
借：制造费用——间接人工费——生产部
　　（部门经理张三：120 000/12） 10 000
　贷：应付职工薪酬——工资等——SCB01 张三 10 000
借：制造费用——修理费——生产部
　　（发票不含税金额） 1 000
　贷：银行存款——工商银行 1 000
借：制造费用——水电费——生产部
　　（发票未到暂估入账） 1 000

贷：应付账款——暂估水电费——自来水、电力公司　　1 000

同上直接人工费，生产部张三的间接人工费也在 2 月份实际发放，1 月份不做发放账。

4.2.2.5　直接成本、间接费用合成产品生产成本明细简表

至此，产品生产成本明细简表见表 4-9，只知道直接成本和制造费用总体情况，总成本为 106 000 元，而明细产品各自的制造费用金额还不知道，因此明细产品各自的合计成本也不知道，需要找到分摊依据（成本动因），将制造费用分摊给两种产品。

表 4-9　产品生产成本明细简表（2019 年 1 月实际）　　（单位：元）

明细产品	原材料费	直接人工费	直接包装费	制造费用	合计成本
A 型不锈钢保温杯	35 000	10 000	4 000		
B 型不锈钢保温杯	27 000	10 000	5 000		
合计	62 000	20 000	9 000	15 000	106 000

4.2.3　工时占比作为工序动因分摊制造费用至产品

根据业务部门提供的综合折算数据结果，2019 年 1 月份生产 A 型不锈钢保温杯、B 型不锈钢保温杯的单只生产时间（工时）占比为 A∶B=40%∶60%。

也就是说，共用性费用总额分摊至 A、B 两种型号不锈钢保温杯单种产品上的费用分摊比例为 40%∶60%。

通过这个工时占比的比例，将表 4-8 中共计 15 000 元制造费用中的 4 项费用项目分摊至两种产品，分摊结果见表 4-10。

表 4-10　制造费用分摊至产品简表（2019 年 1 月实际）　　（单位：元）

制造费用	生产部	A 型不锈钢保温杯 工时占比 40%	B 型不锈钢保温杯 工时占比 60%
折旧费	3 000	1 200	1 800
间接人工费	10 000	4 000	6 000

(续)

制造费用	生产部	A型不锈钢保温杯 工时占比40%	B型不锈钢保温杯 工时占比60%
修理费	1 000	400	600
水电费	1 000	400	600
合计	15 000	6 000	9 000

表4-10将制造费用分摊至两种明细产品后，将A、B型不锈钢保温杯各自的制造费用总额结果填入表4-9中的空白单元格，从而得到了表4-11所示的结果。

将表4-11中的制造费用，结合表4-10，就可以进一步细化为表4-12所示的成本动因还原简表。

表4-11 产品生产成本明细简表（2019年1月实际）　　（单位：元）

明细产品	原材料费	直接人工费	直接包装费	制造费用	合计成本
A型不锈钢保温杯	35 000	10 000	4 000	6 000	55 000
B型不锈钢保温杯	27 000	10 000	5 000	9 000	51 000
合计	62 000	20 000	9 000	15 000	106 000

表4-12 明细产品成本动因还原简表（2019年1月实际）　　（单位：元）

明细产品	原材料费	直接人工费	直接包装费	制造费用	制造费用（生产部）				总成本
					折旧费	间接人工费	修理费	水电费	
A型不锈钢保温杯	35 000	10 000	4 000	6 000	1 200	4 000	400	400	55 000
B型不锈钢保温杯	27 000	10 000	5 000	9 000	1 800	6 000	600	600	51 000
合计	62 000	20 000	9 000	15 000	3 000	10 000	1 000	1 000	106 000

2019年1月（会计期：2019.01）根据已知明细产品制造费用分摊结果，做如下分录：

　　借：生产成本——制造费用——A型不锈钢保温杯
　　　　（工时占比40%）　　　　　　　　　　　　　6 000
　　　　生产成本——制造费用——B型不锈钢保温杯
　　　　（工时占比60%）　　　　　　　　　　　　　9 000

贷：制造费用——折旧费——生产部
（=360 000/10/12） 3 000
制造费用——人工费——生产部
（=1×120 000/12） 10 000
制造费用——修理费——生产部 1 000
制造费用——水电费——生产部 1 000

表 4-12 中 A、B 型不锈钢保温杯两种产品各自的折旧费、间接人工费、修理费、水电费共计有 8 个明细数据。

为便于举例、简化理解，这里只列举了生产部一个部门的制造费用。实际操作中会涉及诸多部门，如设备部、技术部等"费用归集部门"需要分摊共用性费用项目至明细产品。

4.2.4 发货结转生产成本

4.2.4.1 要发货结转至营业成本，先根据折算的约当产量（假设考虑约当产量），计算出单位成本

对生产线上的 A、B 型不锈钢保温杯半成品数量进行盘点，根据已知条件，A 型不锈钢保温杯半成品数量有 2 000 只，B 型不锈钢保温杯半成品数量有 1 000 只。

对产成品进行盘点：A 型不锈钢保温杯的产成品数量有 3 000 只，已全部发货销售；B 型不锈钢保温杯的产成品数量有 2 000 只，已全部发货销售。

2019 年 1 月留在生产线上尚未完工的半成品完工率为 50%。假设可用约当产量法，则 2 000 只 A 型不锈钢保温杯半成品相当于 2 000 只 × 50%=1 000 只产成品，1 000 只 B 型不锈钢保温杯半成品相当于 1 000 只 × 50%=500 只产成品。因此完工产品总数量见表 4-13。

表 4-13 存货收发存简表（2019 年 1 月实际） （单位：只）

存货	半成品量（完工率50%）	半成品约当产量	产成品量（已发货销售）	总产成品量
A 型不锈钢保温杯	2 000	1 000	3 000	4 000
B 型不锈钢保温杯	1 000	500	2 000	2 500
合计	3 000	1 500	5 000	6 500

经过约当产量折算，最终产成品数量确定以后，明细产品生产成本简表见表 4-14。

表 4-14 明细产品生产成本简表（2019 年 1 月实际） （金额单位：元）

明细产品	合计成本	产量（约当产量折算后）（只）	单位成本（元/只）
A 型不锈钢保温杯	55 000	4 000	13.8
B 型不锈钢保温杯	51 000	2 500	20.4
合计	106 000	6 500	34.2

4.2.4.2 根据发货量和单位成本，核算存货成本结转至营业成本的金额

根据表 4-13 可知，已发货销售的产成品数量为：

- A 型不锈钢保温杯的产成品数量是 3 000 只，已全部发货销售；
- B 型不锈钢保温杯的产成品数量是 2 000 只，已全部发货销售。

根据这部分发货产成品占总产成品量的比例计算结转比例，即：

- A 型不锈钢保温杯结转比例 = 3 000/4 000=3/4；
- B 型不锈钢保温杯结转比例 = 2 000/2 500=4/5。

按上述结转比例将生产成本（根据表 4-14）结转至主营业务成本。

结转后，剩余生产成本即为尚未发货销售的半成品生产成本。

产品生产成本结转情况见表 4-15。

表 4-15 发货减少产品生产成本结转简表（2019 年 1 月实际）（金额单位：元）

明细产品	原材料费	直接人工费	直接包装费	制造费用	合计成本	发货量（只）	单位成本（元/只）
A 型不锈钢保温杯	26 250	7 500	3 000	4 500	41 250	3 000	13.75
B 型不锈钢保温杯	21 600	8 000	4 000	7 200	40 800	2 000	20.4
合计	47 850	15 500	7 000	11 700	82 050	5 000	34.15

2019 年 1 月（会计期：2019.01）根据已知明细产品发货量及表 4-15 所示内容，做如下分录（结转"存货"过渡分录略）：

借：主营业务成本

　　——A 型不锈钢保温杯（=3 000×13.75）　　41 250

　　主营业务成本

　　——B 型不锈钢保温杯（=2 000×20.4）　　40 800

　　贷：生产成本——原材料——A 型不锈钢保温杯

　　（生产成本减少 3/4，下同）　　　　　　　　26 250

　　贷：生产成本——直接人工费——A 型不锈钢保温杯　　7 500

　　　　生产成本——直接包装费——A 型不锈钢保温杯　　3 000

　　　　生产成本——制造费用——A 型不锈钢保温杯　　　4 500

　　　　生产成本——原材料——B 型不锈钢保温杯

　　　　（生产成本减少 4/5，下同）　　　　　　　　21 600

　　贷：生产成本——直接人工费——B 型不锈钢保温杯　　8 000

　　　　生产成本——直接包装费——B 型不锈钢保温杯　　4 000

　　　　生产成本——制造费用——B 型不锈钢保温杯　　　7 200

这时利润表中"营业成本"金额为 41 250+40 800=82 050（元）。

如果需要了解发货的产品制造费用里的明细构成项目及金额，需要查看生产成本明细产品还原简表，见表 4-16。

表 4-16　生产成本明细产品还原简表（2019 年 1 月实际）　（单位：元）

明细产品	制造费用	制造费用（生产部）			
		折旧费	间接人工费	修理费	水电费
A 型不锈钢保温杯	4 500	900	3 000	300	300
B 型不锈钢保温杯	7 200	1 440	4 800	480	480
合计	11 700	2 340	7 800	780	780

4.2.4.3　生产成本科目的期末余额

发货减少的生产成本结转至主营业务成本后，剩余的生产成本即为尚未完工的半成品及尚未发货的产成品的成本,即"生产成本"科目的期末余额,见表 4-17。

表 4-17 剩余明细产品生产成本简表(2019 年 1 月实际)　　(金额单位:元)

明细产品	原材料费	人工费	包装费	制造费用	合计成本	约当产量（只）	单位成本（元/只）
A 型不锈钢保温杯	8 750	2 500	1 000	1 500	13 750	1 000	13.75
B 型不锈钢保温杯	5 400	2 000	1 000	1 800	10 200	500	20.4
合计	14 150	4 500	2 000	3 300	23 950	1 500	34.15

需要说明的是,上述明细产品成本核算的方式和科目设置,仅为图形解说需要,各企业一定要视具体情况具体分析,只要能够最终说清楚企业各工序各产品的具体明细成本情况即可。

第 5 章

500 强企业的标准成本法核算

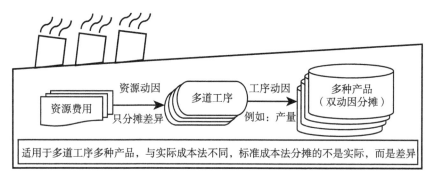

本章导览

<u>500 强企业烦琐的成本核算就是以上第 2 章～第 4 章中简单原理的堆砌</u>。接下来的章节"由简"变成"入繁"。

前述章节的成本核算均为"实际成本核算制度"下的成本核算。还有一种成本核算模式,就是标准成本制度下的成本核算,其所用到的成本核算方法叫作标准成本法。

标准成本法一般适用于能够取得较稳定历史数据(如存货品种变动不大),并可作为标准参考的大批量长流程生产企业。标准成本法可以理解为

"分步法的 PLUS 版"，即比分步法更适合处理长流程、短周期、重复生产、烦琐复杂工艺下的成本核算问题。

标准成本法的原理，是当实际生产成本发生时，将其分解为"标准成本（事先布局）+差异分摊"两部分，并分析差异产生的原因、追查责任并纠正。差异通过设置专门科目进行归集，按与基本成本核算方法（实际成本核算制度）相同的核算路径进行账务处理。

【例5-1】标准成本法一般可用 T 形账户来表示。原材料、产成品、人工费、修理费等科目以及"末梢成本触发点"的标准成本（预算）反映在借方，表示增加。标准是年初或上年末做本年预算时就已经制定好的。贷方表示到下一步之前待结转、待领用、待发货的实际成本，是经过"标准成本（事先布局）+差异分摊=实际成本"的步骤算出的实际成本，即先计算差异，后得出实际结果。借贷之差或在借方，或在借方以负数红字，表示差异。

"实际成本核算制度"的成本动因（分摊成本的依据）与标准成本法的成本动因选择应该一致。不同的是，标准成本法的成本动因主要是"差异"在"差异分摊"时用到的。而成本"标准"是事先⊖已经根据历史经验数据全盘布局完毕的预算数据。

标准成本法的核算步骤为半成品和产成品的产出、原料耗用，平时依据标准存货成本计价，月终结账接受差异分摊结果，以实际存货成本计价，即采用"标准成本（事先布局）+差异分摊=实际成本"的步骤核算，而不是采用"实际成本－标准成本=差异"的步骤核算。

虽然同为"标准成本+差异分摊=实际成本"计算步骤，但标准成本法不同于采用计划成本法计算的"材料成本差异"。计划成本法里的材料计算基本属于企业生产领用前会计层面的核算，即一般是指正式生产领用材料前的核算。而本章标准成本法里的材料分摊结转，主要是指领用材料后在生产工序间和产品间的分摊及结转方法。

⊖ 一般为年初或上年末编制并下达，日常也可动态调整，如"季度预算+中期调整"模式。

5.1 趣谈：以"太太买包"为例

为了说清楚到底什么是标准成本法，这里举一个给太太买包和定期送花（年度总包）的消费案例。举例的目的是便于理解，可能不恰当，但不影响理解主旨。

【例5-2】假设老王打算今年给太太买2个女包，预算单价均为1 000元/个，预算买女包总成本为2 000元/年，见表5-1。

买女包可以理解为给太太投入"原材料"，属于"直接成本"：只给太太专用。

表5-1 太太的感情维护费

核算对象：1位太太预算　　　　　　　　　　　　　　　核算对象：1位太太实际

成本构成	预算			实际		
	预算单耗（个）	预算单价（元/个）	预算单位成本（元）	实际单耗（个）	实际单价（元/个）	实际单位成本（元）
买女士皮包成本	2	1 000	2 000	1	20 000	20 000
花店定期送花包年费	—	—	1 200	—	—	1 500
小计（元/太太）	—	—	3 200	—	—	21 500

另外，丈夫老王委托花店送花，预订了一年的定期送花服务，预付给花店打包总额1 200元。花店送花可以理解为维护情感费用，属于"固定费用"。

我们这样理解这张表：这些投入属于感情维护费，会让1位太太更开心，于是就假设核算对象是1位太太预算。此时，年度预算总成本=2 000元女包+1 200元送花=3 200元/太太，这是在年初已经布局好的往年一贯的标准，见表5-1中的预算。

实际买包消费（投入原材料）时，太太偶然看到一个品牌名包，很喜欢，就跟丈夫老王说："原来打算买2个包（1 000元/个，共计2 000元），现在这两个包我都不要了，就换1个20 000元的包就可以了。"丈夫老王欣然同意，于是一年实际花费了 20 000 元的女士皮包成本。

买包成本从 2 000 元变为 20 000 元，变化较大，因此属于"变动成本"。单耗标准也发生了变化，年预算单耗为 2 个包 / 太太，变成了 1 个包 / 太太。——单耗和单价都变化了。

实际送花的"固定费用"预算也变了，预算是预付给了花店 1 200 元，但是到了年底，花店老板说："今年成本增加了，所以定期送花的打包年费也涨价 300 元，变成 1 500 元，需要再另支付 300 元。"丈夫老王也同意了。

年底，核算对象为 1 位太太实际，实际总成本花费了 21 500 元，见表 5-1 中的实际。

因此，上述变动成本和固定费用，实际均较预算发生了改变。

我们来看看标准成本法的成本核算步骤过程及分录。

5.1.1 年初先按标准（预算）布局入账

（1）女士皮包：

借：生产成本——直接材料——太太

（标准 =2×1 000） 2 000

贷：内部待分配成本[⊖]——标准 2 000

（2）包年定期送花费用先由丈夫老王支付（归集费用）：

借：制造费用——定期送花费——丈夫（标准） 1 200

贷：现金 1 200

5.1.2 计算差异

发生实际成本，得到实际数据时先计算差异。

⊖ 企业可自定义个性化设置此内部过渡科目名称，用于核算标准成本和成本差异的分摊结转，以下同。

5.1.2.1 女士皮包差异

（1）先计算弹性预算：

$$弹性预算 = 实际消耗数量 \times 预算单价$$

弹性预算是指太太原来 2 个普通包的预算数量变成了现在的实际数量为 1 个品牌名包，实际数量"弹跳了"，并已确定为 1 个，但是在品牌名包的具体单价还没有弄清楚时，预算已经随着量的变化也跟着变了，发生了"弹跳"。所以用"实际消耗数量 × 预算单价"算出来"变化后的预算"，即可以理解为"弹性预算"。

弹性预算在可比性增强的优势下又兼顾了预算指标。

本例中女士皮包弹性预算 = 实际购买数量为 1 个包 × 预算单价

$$1\,000 元/个 = 1\,000 元$$

这时候，就要调整预算了。因为预算买 2 个包的数量变成现在买 1 个包的数量，调整原已做预算分录至弹性预算的结果。

（2）调整原预算分录至弹性预算的结果，调整分录如下：

借：生产成本——直接材料
　　　　——太太（标准调整 =-1×1000）　　　　-1 000
　　贷：内部待分配成本——标准　　　　　　　　　-1 000

（3）然后计算差异：

差异 = 实际买包总成本 20 000 元 - 弹性预算 1 000 元 =19 000 元

5.1.2.2 包年定期送花费用差异

花店老板说好的原包年费 1 200 元却涨到了 1 500 元，则涨价差异 = 实际支付的年费 1 500 元 - 预算 1 200 元 =300 元。

5.1.3 快速理解分摊差异至成本核算对象

5.1.3.1 女士皮包差异分摊

女士皮包差异分摊（只摊给 1 位太太，因此不涉及多成本对象间根据成本动因分摊差异的问题）：

借：生产成本——直接材料
　　　——太太（差异，只摊给1位太太）　　　19 000
　贷：内部待分配成本——差异　　　　　　　　　　　19 000

此时，女士皮包的标准成本1 000元+差异费用19 000元=实际费用20 000元，才刚刚体现在了账上。

5.1.3.2　包年定期送花费用差异分摊

（1）包年送花费的差异分摊（只摊给1位太太，因此不涉及多成本对象间根据成本动因分摊差异的问题）：

借：制造费用——定期送花费——丈夫（差异）　　300
　贷：现金　　　　　　　　　　　　　　　　　　　　300

（2）结转包年送花费的标准成本+差异费用=实际费用，让其体现在账上：

借：生产成本——制造费用
　　　——太太（标准+差异=1 200+300）　　　1 500
　贷：制造费用——定期送花费
　　　——丈夫（标准+差异=1 200+300）　　　1 500

差异分摊完毕以后，结果即为表5-2所示的实际成本。

表5-2　太太的感情维护费

核算对象：1位太太预算　　　　　　　　　　　核算对象：1位太太实际

成本构成	预算			实际		
	预算单耗（个）	预算单价（元/个）	预算单位成本（元）	实际单耗（个）	实际单价（元/个）	实际单位成本（元）
买女士皮包成本	2	1 000	2 000	1	20 000	标准1 000+差异19 000=20 000
花店定期送花包年费	—	—	1 200	—	—	标准1 200+差异300=1 500
小计（元/太太）	—	—	3 200	—	—	21 500

需要说明的是，在成本核算上，对于类似上述送花包年费，属于间接费用，纳入制造费用核算。一般理解是，制造费用可以直接按实际发生的成本记账。

在500强企业里的多工序结转过程中，此类制造费用可能是由前工序辅助工序成本中心结转而来的成本。

而在前工序辅助工序成本中心，此类制造费用的实际成本可能是根据前工序"标准成本（事先布局）+差异分摊=实际成本"得来的。因此，为了承接至后工序，制造费用也需要按标准成本布局。

在采用标准成本法时，通过T形账户，可以做到直观地理解前后工序之间的成本承接。

上述"太太买包"示例中，分摊差异至成本核算对象的计算过程，如果用T形账户来表示，则更为直观，具体如图5-1计算步骤①→⑤所示。

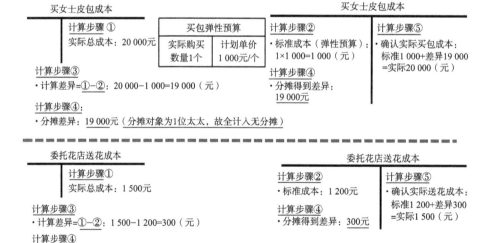

图5-1 太太的感情维护费计算步骤和T形账户

【例5-3】参照第4章的案例，即以下还是以生产不锈钢保温杯为例做分解。

5.2 分解动作、分录及分析

以下再举一个差异分摊的简化例子，以说明标准成本法的成本核算方式。虽为简化例子，但不是随意列举的，实为结合了工作中的复杂实操情况，经过严密构思消化理解以后的简化结果，如图 5-2 所示。

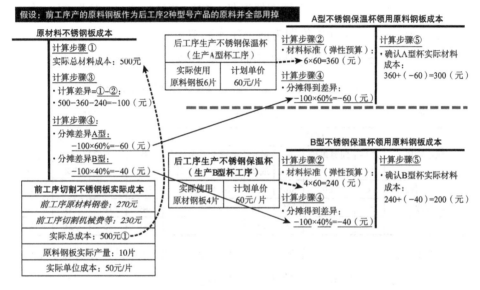

图 5-2 生产不锈钢保温杯材料消耗 T 形账理解用图（标准成本法）

5.2.1 模拟情景：已知条件

5.2.1.1 耗用原料钢板

假设一条流水线同时生产 A 型不锈钢保温杯和 B 型不锈钢保温杯两种产品，分前、后两个工序。其中，前工序将采购来的不锈钢卷先切割成生产保温杯尺寸的原料——不锈钢板后，再流至后工序。

已知前工序原材料钢卷的实际领用成本为 270 元（材料成本已计算完成），切割机械费等其他费用为 230 元（简化列示）。前工序共计发生实际成本 500 元。

实际产量为10片，实际单位成本为50元/片。这个已核算完成的实际单位成本50元/片，即为结转到后工序的耗用材料实际单价，见表5-3①、表5-4①。

假设后工序生产A型不锈钢保温杯，预算产量为3只，预算消耗原料钢板6片，预算单价为60元/片（年初已制定）。

假设后工序生产A型不锈钢保温杯，实际产量为4只，实际领用并消耗原料钢板6片，实际单价即为前工序实际单位成本50元/片。

后工序A型不锈钢保温杯耗用原料钢板预算与实际情况，见表5-3。

表5-3 A型不锈钢保温杯耗用原料钢板预算与实际情况

预算产量：3只　　　　　　实际产量：4只　　　　　　（金额单位：元）

成本构成	预算				实际				差异	
	单耗（片）	预算单价（元/片）	总成本	单位成本	单耗（片）	实际单价（元/片）	总成本	单位成本	总成本	单位成本
原料钢板	6	60	360	120	6	50①	300	75	-60	-45
修理费	—	—	30	10	—	—	40	10	10	0
小计	—	—	390	130	—	—	340	85	-50	-45

假设后工序生产B型不锈钢保温杯，预算产量为4只，预算消耗原料钢板4片，预算单价60元/片（年初已制定）。

假设后工序生产B型不锈钢保温杯，实际产量为5只，实际领用并消耗原料钢板4片，实际单价即为前工序实际单位成本50元/片。

后工序B型不锈钢保温杯耗用原料钢板预算与实际情况，见表5-4。

表5-4 B型不锈钢保温杯耗用原料钢板预算与实际情况

预算产量：4只　　　　　　实际产量：5只　　　　　　（金额单位：元）

成本构成	预算				实际				差异	
	单耗（片）	预算单价（元/片）	总成本	单位成本	单耗（片）	实际单价（元/片）	总成本	单位成本	总成本	单位成本
原料钢板	4	60	240	60	4	50①	200	40	-40	-20
修理费	—	—	60	15	—	—	80	16	20	1
小计	—	—	300	75	—	—	280	46	-20	-19

5.2.1.2 修理费

后工序生产不锈钢保温杯,除了原料钢板这个直接成本,还发生了间接费用,即修理费(为简化举例,仅以此为例)。年初或上年年末已对每种产品制定了修理费的标准,见表 5-3、表 5-4。

A 型不锈钢保温杯预算修理费为 30 元,B 型不锈钢保温杯预算修理费为 60 元,共计 90 元的修理费预算。

修理车间归集的两种产品总修理费实际发生额为 120 元,假设全部用于生产 A、B 型不锈钢保温杯两种产品。

分摊依据按照 A、B 型不锈钢保温杯修理次数之比 1∶2 分摊,按此对差异进行分摊。

差异 =120-90=30(元),即:

A 型不锈钢保温杯实际分摊修理费差异为 10 元。

B 型不锈钢保温杯实际分摊修理费差异为 20 元。

A 型不锈钢保温杯实际修理费 = 预算修理费 30 元 + 分摊修理费差异 10 元 =40 元。

B 型不锈钢保温杯实际修理费 = 预算修理费 60 元 + 分摊修理费差异 20 元 =80 元。

5.2.2 年初先按标准(预算)布局入账

5.2.2.1 后工序耗用原料钢板

(1)A 型不锈钢保温杯耗用原料钢板预算(见图 5-2 "计算步骤②")分录如下:

借:生产成本——直接材料——A 型杯(标准 =6×60) 360
  贷:内部待分配成本——标准 360

(2)B 型不锈钢保温杯耗用原料钢板预算(见图 5-2 "计算步骤②")分录如下:

借：生产成本——直接材料——B 型杯（标准 =4×60） 240
　　贷：内部待分配成本——标准　　　　　　　　　　　　　240

5.2.2.2 后工序修理费（根据已知条件做账）

（1）A 型不锈钢保温杯修理费预算分录如下：

借：制造费用——修理费——修理车间（标准）　　30
　　贷：内部待分配成本——标准　　　　　　　　　　　30

（2）B 型不锈钢保温杯修理费预算分录如下：

借：制造费用——修理费——修理车间（标准）　　60
　　贷：内部待分配成本——标准　　　　　　　　　　　60

5.2.3 计算差异

发生实际成本，得到实际数据时先计算差异。

5.2.3.1 计算各产品耗用原料钢板的分摊差异数

实际成本见表 5-3、表 5-4。

先根据实际单耗（本例简化为均等于预算单耗）计算弹性预算，并作为标准，如图 5-2 "计算步骤②" 所示。

A 型不锈钢保温杯耗用原料钢板弹性预算 = 实际单耗 × 预算单价 = 6×60=360（元）。

B 型不锈钢保温杯耗用原料钢板弹性预算 = 实际单耗 × 预算单价 = 4×60=240（元）。

计算差异如图 5-2 "计算步骤③" 所示。

原料总差异 = 实际总成本 − 弹性预算 = 总材料实际成本 500−A 型不锈钢保温杯预算 360−B 型不锈钢保温杯预算 240 = −100（元）。

分摊原料总差异，以材料领用量占比作为分摊依据（成本动因），即：

A 型不锈钢保温杯耗用原料钢板分摊差异 =−100×[6/(6+4)]=−60（元）;

B 型不锈钢保温杯耗用原料钢板分摊差异 =−100×[4/(6+4)]=−40（元）。

5.2.3.2 计算各产品修理费分摊差异数

因已知实际修理费共计发生 120 元,预算修理费总额为 90 元,总差异为 +30 元。

分摊修理费总差异,以修理费发生的修理次数占比(A 型:B 型 = 1:2)作为分摊依据(成本动因),即:

A 型不锈钢保温杯修理费分摊差异 =30 × [1/(2+1)]=10(元);

B 型不锈钢保温杯修理费分摊差异 =30 × [2/(2+1)]=20(元)。

5.2.4 分摊差异至成本核算对象

5.2.4.1 分摊耗用原料钢板差异

(1) A 型不锈钢保温杯耗用原料钢板差异(见图 5-2 "计算步骤④")分录如下:

借:生产成本——直接材料——A 型不锈钢保温杯(差异)-60
　　贷:内部待分配成本——差异　　　　　　　　　　　　-60

(2) B 型不锈钢保温杯耗用原料钢板差异(见图 5-2 "计算步骤④")分录如下:

借:生产成本——直接材料——B 型不锈钢保温杯(差异)-40
　　贷:内部待分配成本——差异　　　　　　　　　　　　-40

5.2.4.2 分摊修理费差异

修理费属于"间接费用",需要先在"修理车间"归集费用。

(1) A 型不锈钢保温杯修理费差异:

借:制造费用——修理费——修理车间(差异)　　10
　　贷:内部待分配成本——差异　　　　　　　　　　10

(2) B 型不锈钢保温杯修理费差异:

借:制造费用——修理费——修理车间(差异)　　20
　　贷:内部待分配成本——差异　　　　　　　　　　20

（3）结转 A、B 型不锈钢保温杯修理费的标准成本 + 差异费用 = 实际费用，让其体现在账上：

借：生产成本——制造费用

　　——A 型不锈钢保温杯（标准 + 差异 =30+10）　　40

　　生产成本——制造费用

　　——B 型不锈钢保温杯（标准 + 差异 =60+20）　　80

贷：制造费用——修理费——修理车间　　　　　　　40

　　制造费用——修理费——修理车间　　　　　　　80

此时，后工序的 A 型不锈钢保温杯和 B 型不锈钢保温杯实际成本才核算了出来，并体现在了核算成本账上。

实际成本体现在上述产品成本的 T 形账户的贷方，如图 5-2 "计算步骤⑤"所示，等待发货后再进一步结转。此时，成本核算的结果见表 5-3、表 5-4。

5.3　结论：标准成本法实现成本事前、事中、事后控制

传统的"实际成本核算制度"只能对成本进行事后反馈和控制，而标准成本法能进行成本的事前、事中、事后控制。

标准成本法的成本核算就是对"成本标准布局 + 成本差异分摊"的核算。年初或上年年末就已经把本年的预算以及末梢成本触发点标准（如单耗标准）在成本核算账上全部体现出来、全盘布局完毕，见表 5-5 ①。

表 5-5　×× 成本中心或各产品

预算产量：×× 吨　　　　实际产量：×× 吨　　　　（单位：××）

成本构成	预算①				实际②			差异③	
	单耗	预算单价	总成本	单位成本	单耗	实际单价	总成本	单位成本	总成本	单位成本
原材料④变动	成本触发点				成本触发点					

（续）

成本构成	预算①				实际②				差异③	
	单耗	预算单价	总成本	单位成本	单耗	实际单价	总成本	单位成本	总成本	单位成本
人工费⑤固定	—	—			—	—				
水电费④变动	成本触发点				成本触发点					
修理费⑤固定	—	—			—	—				
……	……	……	……	……	……	……	……	……	……	……

其中，原材料、水电费的预算和实际均存在"单耗""单价"。而"单位成本"是通过"单耗×单价＝单位成本"计算出来的，并非通过"总成本/产量"计算得出。

表 5-5 ④因属于变动成本，所以有单耗指标，"每吨产量所耗用的原材料量或水电量"即为单耗（末梢成本触发点指标），配上预算单价，算出成本，就实现价值化了。

人工费、修理费为固定费用的概念是不随产量变化而变化的费用，因此核算过程没有"单耗""单价"的概念（按量计价合同除外），见表 5-5 ⑤。

当实际发生成本的时候，成本核算的不是实际成本发生总额，而是在发生期的期末将最终差异进行成本核算。

5.3.1 与事前控制挂钩

从成本核算分录上看，标准成本法在账务处理上与传统的"实际成本核算制度"是相类似的。不同的是核算的顺序：标准成本法先对标准（预算）进行核算，并在年初入账布局。这样，标准成本法就与成本的事前控制挂钩了。

5.3.2 与事中控制挂钩

实际发生成本的时候，再计算差异。差异有两种：

一种是动态实时的反馈及控制；

一种是期末结转最终差异。

其中，动态实时反馈成本差异，指导并及时调整生产参数，以达到优化生产控制成本的目的。这样标准成本法就与成本的事中控制挂钩了。

5.3.3 与事后控制挂钩

表 5-5 ③为期末对最终差异进行分摊结转的账务处理结果，这个对差异的账务处理基本与传统的"实际成本核算制度"是相同的。

差异分摊完了，再结合标准，经过"标准成本（事先布局）+ 差异分摊 = 实际成本"的步骤，最终实际成本就出来了，并在成本核算的账里留下了所有计算实际成本所需要的标准和差异基础数据。

但是标准成本法的成本核算账里，无法直接显示的实际数据结果，需要经过"标准成本（事先布局）+ 差异分摊 = 实际成本"的手工计算过程或系统自动合成，才能得出实际数据，见表 5-5 ②。

其中，标准成本法手工计算的工作量比只核算实际成本的传统实际成本法大很多。这也是为什么在搞标准成本制度的企业中，一般都会借助信息化、自动化系统软件的手段，如建立财务一体化信息系统、数据仓库系统等，来自动做账（抛账）、自动核算、自动生成反映实际成本发生的报表。

这时，既有了实际，又有了预算，就可以进行差异分析了。

差异分析可以结合因素分析法来实现。这样就能把成本增减变动的根本原因分析得清清楚楚，为接下来的成本改善、标准调整、支持决策、绩效考核、激励等"向前后端延伸"的成本管理工作提供数据依据。

于是，标准成本法就与成本的事后控制挂钩了。

因此不难看出，标准成本法"成本标准布局 + 成本差异分摊"的核算步骤，是成本管理实现事前、事中、事后全过程控制的布局前提和基础。

第 6 章

500 强企业的作业成本法核算

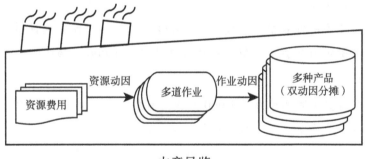

本章导览

传统成本法里成本中心（工序）是"成本蓄水池"，作业成本法里作业中心是"成本蓄水池"。

与成本中心（工序）不同，作业中心与明细产品的路径更加贴近，但其核算难度也更高。

我曾经在两家世界 500 强企业里做成本管理，也曾被指派进行"500 强企业中运用作业成本法"的可行性调研，对作业成本法的运用可以从不一样的视角看问题。

6.1 讲清楚作业成本法的概念

作业成本法的成本核算，这个叫法可能比较抽象，先举一个直观的例子来说明，就比较容易理解了。

6.1.1 陪太太逛街，戏说作业成本法

【例6-1】丈夫老王陪太太去逛街，可能感到是一件很遭罪的事情，但是又可以苦中作乐。陪太太逛街会用到经济学的原理，逛街分四个步骤。

首先是寻找，要花时间。

其次是找到以后、看过以后就试穿，也要花时间。

再次是什么呢？是讨价还价，还要花时间。

最后是成交。

太太买了一件衣服，假设花了1 000元钱，这对商家来说叫价格，对消费者来说叫商品成本。但是难道就只花了这1 000元钱吗？不是的，还花了时间和精力。

那么这些时间和精力与1 000元钱的有形成本，有什么区别？

第一个是共同点：它们都是客观存在的。

第二个是差异：有形成本1 000元可以计量，时间和精力的折算成本不可以计量。

对于这个客观存在的东西，我们不能忽视，在经济交往过程当中，要分析这些"有形成本＋时间和精力"。所以它有个新的名字——"交易费用"，即因交易活动而产生的费用，这是客观存在的。

太太走5公里走不动，但是逛10公里浑身是劲儿，回家后筋疲力尽。为什么太太逛街不累呢？关键是因为她看看就舒服，摸摸也舒服，试穿也舒服，一路舒服下去，所以她不觉得累，回家才累。

而丈夫老王买东西，直奔主题买完拉倒。丈夫老王走10公里没问题，逛1公里却逛不动。

【例6-2】假设丈夫老王和太太出去买衣服，先吃了一顿午饭，花了1 000元饭钱。

接着，丈夫老王花1个小时买了一件2 000元的男装，然后找借口溜掉了，留下太太一个人独自继续逛街买衣服，她花了3个小时买了一件500元的女装。

这时，如果要核算这两件衣服（男装＋女装）的成本，难道就只有2 000元/件男装、500元/件女装吗？其实不止，还有为买衣服所花费的1 000元饭钱（见表6-1）。

那么，每一件衣服（核算对象）的成本到底是多少？怎么核算呢？

表6-1 夫妻买衣服的作业成本法简例

核算方法	丈夫的男装			太太的女装		
	直接成本（男装价）（元/件）	间接费用（午饭）(元)	单位成本（元）	直接成本（女装价）（元/件）	间接费用（午饭）(元)	单位成本（元）
传统成本会计①	2 000	500	2 500	500	500	1 000
作业成本法②	2 000	250	2 250	500	750	1 250

传统成本会计，核算间接费用分摊到最终产品，也就是那顿午饭的1 000元要分摊到2件衣服上，就可能直接简单平均分：每件衣服摊500元（见表6-1第①行）。

分摊下来的结果是：男装单位成本＝2 000+500=2 500（元/件），女装单位成本＝500+500=1 000（元/件）。

还有一种更粗犷的分摊方式——按照衣服价格占比分摊，这里不做讨论。

作业成本法核算间接费用分摊到最终产品，也就是那顿午饭的1 000元要分摊到2件衣服上，按照作业活动（作业中心）来分摊。

可以理解为丈夫老王和太太各花了多少时间和精力作为成本动因（分

摊的依据）来分摊。本例中：

丈夫买男装作为一个作业活动（作业中心），花了 1 个小时的时间和精力（交易费用）。

太太买女装作为一个作业活动（作业中心），花了 3 个小时的时间和精力（交易费用）。

按照各自花费时间和精力的无形成本占比 1∶3 来分摊午饭 1 000 元的有形成本。其中，丈夫买男装作业活动（作业中心）分摊到 1/4，即 250 元饭钱；太太买女装作业活动（作业中心）分摊到 3/4，即 750 元饭钱（见表 6-1 第②行）。

分摊下来，男装单位成本 =2 000+250=2 250（元 / 件），女装单位成本 =500+750=1 250（元 / 件）。

这样成本动因才与买衣服这样一件事情（作业活动）挂钩了。间接费用分配更加合理，成本信息也更加保真。

道理很简单：因为太太花了更多的时间和精力，所以太太的女装当然要占据更多成本，更要多分摊饭钱。

因此，从传统成本会计算出的两件服装单位成本和作业成本法算出的两件服装单位成本，有着非常大的差异。

企业产品的作业成本法核算，与这个简单易懂的例子，遵循的是一样的道理。

可见对于产品的定价来说，传统成本会计核算的单位成本往往会失真，产品价格也不契合实际的情况。而用作业成本法核算出来的产品单位成本则相对保真。

为什么说用了作业成本法后，就一切成本皆可降了？

传统成本会计总是说："付现成本可以降，非付现成本因不可控所以难降。"

这里就会引入一个新的概念：不经济不增值作业。

很简单，作业成本法更能体现营销人员经常说的一句话："千错万错，赔本不做!"

当说清楚了哪个作业环节是亏的(或预算失控),哪个作业就是可以砍掉的,作业成本法也就与作业产生了关联。只要与作业产生了关联,那么当业务变化时,就无所谓可控不可控、刚性不刚性,也就"一切成本皆可降,而且是跟着业务一起降了"。

【例6-3】科技类公司或软件公司,如微软、苹果、小米等,在它们要发布一款新产品之前,会经历研发阶段,都会以这款新产品为核心作业,成立独立的研发项目组,作为一个独立作业中心进行成本归集。

如图6-1所示,事业部的间接费用按照资源动因分摊至作业,即这个"新产品研发项目组"。核算成本用的恰恰就是作业成本法的思路。组织研发团队成立研发活动项目组,这个研发活动项目组就是新增的作业活动(作业中心)。

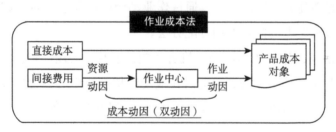

图6-1　作业成本计算简图

电信类的公司,则是按照"成本池"项目的成本划小思想进行作业成本核算。

【例6-4】基本上,大多数规模企业都在做作业成本法做的事情,如研发费加计扣除项目的成本核算。大部分规模企业都有研发费用,都会申请加计扣除。

凡是有研发费用投入并申请加计扣除的公司,其实就是在有意识或无意识地使用"作业成本法"。

做过研发费用加计扣除所得税优惠事项备案的都知道,每一个研发项目的本质就是一个作业成本活动。把涉及研发内容的间接费用,按照每一个研发项目的项目号单独分摊出来给各个研发项目。税务局所要求提供的《研发支出加计扣除多栏式明细账汇总表》就是在倒逼企业对研发费用根据研发项目号进行"作业成本核算"。

因此,每个研发项目都有项目号都有一张《明细成本项目金额构成表》。其实质就是运用"作业成本法"的思路,细分到每个研发项目作业,来进行研发费用加计扣除核算。

6.1.2 从作业链到价值链

作业成本法(activity-based costing,ABC)是基于作业的成本计算法,是指以作业为间接费用归集对象,通过资源动因的确认、计量,归集资源费用(资源消耗)到作业上,再通过作业动因的确认、计量,归集作业成本到产品或顾客上的间接费用分配方法。

换句话说,作业成本法是先将有关制造费用(共用性资源费用)根据资源动因归集到作业中心,再通过作业动因把作业中心归集的成本分配到产品或服务中,最终得到产品成本。原理简图如图6-2所示。

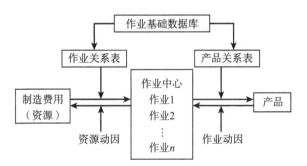

图6-2 作业成本法的"间接费用按成本动因覆盖末梢成本"原理简图

作业成本法的相关概念如下。

6.1.2.1 "资源"

资源是指支持作业的成本、费用来源,是一定期间内为了生产产品或提供服务而发生的各类成本、费用项目。

6.1.2.2 "成本动因"

成本动因是构成成本结构的决定性因素。由于它远离直接生产,所以不易被人们发现。

【例6-5】例如,一顿饭的花费如何分摊给一桌上的每个人,尽管很难量化,但合理的决定性因素(成本动因)应为个人饭量占比。又如,一台咖啡机的折旧如何分摊给仅有的拿铁、美式两款咖啡产品?合理的决定性因素(成本动因)应为咖啡豆用量占比。再如,土地租赁费以面积占比作为合理的决定性因素(成本动因)分摊给生产车间等。

对成本动因可从不同的角度进行分类。

1. 成本动因分类:按在作业会计中的作用分类

(1)资源动因。按照作业会计的规则:作业量的多少决定资源的耗用量,资源耗用量的高低与最终的产品量没有直接关系。资源消耗量与作业量的这种关系称作资源动因。如图6-3所示,资源动因作为一种分配基础,它反映了作业中心对资源的耗费情况,是将资源成本分配到作业中心的标准。在分配工作过程中,由于资源是一项一项地分配到作业的,于是就产生了作业成本要素。将每个作业成本要素相加,就形成了作业成本池。通过对成本要素和成本池的分析,可以揭示哪些资源需要减少、哪些资源需要重新配置,最终确定如何改进和降低作业成本。

(2)作业动因。如图6-3所示,作业动因作为成本动因的一种形式,它是将作业中心的成本分配到产品或劳务、顾客中的标准,它也是资源消耗与最终产出相沟通的中介。通过实际分析,可以提示哪些作业是多余的、哪些作业应该减少,整体成本应该如何改善、如何降低。

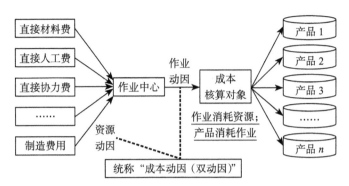

图 6-3 作业成本法下"间接费用按成本动因覆盖末梢成本"简图

2.成本动因分类：按成本动因的性质分类

（1）积极性成本动因，是指能够产生收入、产品或利润的作业，例如销售订单等。

（2）消极性成本动因，是指引起不必要的工作和利润减少的作业，例如重复运送产品等。

3.作业成本法如何分配成本至末梢成本对象

如图 6-4 所示，作业成本法视作业（作业中心）为基本的成本对象，以作业成本（作业中心）为将成本分配给其他成本对象（如产品、服务或客户）的基础。在作业成本中，对"作业"可从不同的角度进行分类分析。

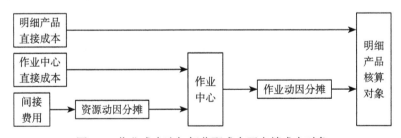

图 6-4 作业成本法如何分配成本至末梢成本对象

4.成本动因的确定：确定成本动因的数量

这要考虑两个因素：

（1）成本动因与实际制造费用的相关程度。在既定的精确度下，运用相关程度较高的成本动因时，则成本动因的数目就较少；反之，如果缺少与实际制造费用相关程度较高的成本动因，则为达到一定的精确度水准，必须增加成本动因的数量。

（2）产品成本的精确度和产品组合的复杂程度。倘若对产品成本的精确度要求比较高，则成本动因的数目必增加；反之，则会减少。产品复杂程度低，则多个作业成本可汇集在同一作业成本池中；反之，则汇集比较困难，所要求的成本动因数目也相应增多。

5. 成本动因的确定：选择适当的成本动因

在成本动因的数目确定后，该如何选择适当的成本动因呢？这要考虑三个因素：

（1）成本的计量。要考虑成本动因的资料是否易于获得，若在现有的成本系统内即可获得，则成本不会太高；反之，需要另设新的系统收集资料，则成本会大增，此时，必须做成本效应分析。

（2）成本动因与实耗资源成本的相关程度。相关程度越高，产品成本被歪曲的可能性就越小。

（3）在选择成本动因时可运用经验法和数量法。

1）经验法是指由各相关作业经理依据其经验，对一项作业中可能的成本动因做出评估。最有可能成为成本动因的，权数为5；可能程度属于中等者，权数为3；可能性较小者，权数为1。然后将各作业给定的权数进行加权平均，算出各成本动因的权数，取较高者进行数量法测试。

2）数量法是指利用回归分析，比较各成本动因与成本间的相关程度。

6.1.2.3 作业

所谓作业，就是企业为提供一定量的产品或劳务所消耗的人力、技术、原材料、方法和环境等的集合体。对于作业，可按功能性、成本层次、成本可归属性、成本性质进行分类。

通过从不同角度对作业进行分类分析，我们可以发现：现代企业实质上就是一个为了满足顾客需要而建立的一系列有序的作业集合体，这个有序的集合体也被称为"作业链"。

6.1.2.4　从作业链到价值链

作业成本法的目标是测量和计算所有为不同顾客和产品提供作业所耗费的资源价值，并恰当地把它们分配给不同的顾客和产品。

精益成本管理和战略成本管理，都会用到一个概念——价值链。价值链是分析企业竞争优势的根本，它紧紧地与服务于顾客需求的"作业链"相关联。按照作业会计的原理，产品消耗作业，作业消耗资源，作业的转移同时伴随着价值的转移，最终产品是全部作业的集合，同时也表现了全部作业的价值集合。因此，可以说：作业链的形成过程，也就是价值链的形成过程。改进作业必须分析企业的价值链。

6.1.2.5　作业的函数——顾客价值

作业会计把成本看成是"增值作业"和"不增值作业"的函数，并以"顾客价值"作为衡量增值与否的最高标准。因此，作业会计特别关注那些导致成本增加和导致成本复杂化的因素，力求在各产品或各项目之间合理分配间接费用。在评价作业时，深入研究"不增值作业"，同时要评价资源利用实际和需要之间的一致性，减少资源的不必要及无效率利用。在评价指标上，作业会计除保留了那些有用的财务指标外，还引进了许多非财务指标，诸如劳动生产率、产品质量、市场占有率、管理能力、人力资源管理等。

6.1.2.6　作业成本法的适用范围

作业成本法是适应现代高科技生产的需要而产生的。一般来说，具备下列特征的企业比较适合采用作业成本法：

（1）有高额的间接计入费用；

（2）产品种类繁多；

（3）各产品或各项目需要的技术服务程度不同；
（4）各次生产运行数量相差很大且生产准备成本高昂；
（5）有先进的计算机技术。

作业成本法与适时制生产系统配合使用，可实现技术、管理和经济的统一，发挥更大的作用。

但是，作业成本法作为先进成本计算方法、先进管理方法与先进管理思想相统一的综合管理体系，其应用在很大程度上具有灵活性，并不绝对为环境条件所限制。

某钢铁企业在其标准成本制度框架下，借用了作业成本法的成本动因思想。此外，其现场部分单元如运输部、炼铁单元的部分工序就运用了作业成本法。

实践当中，很多企业也根据实际需要部分应用作业成本法，以此作为一种辅助手段。

此外，作业成本法还适用于制造业以外的行业，如通信业、金融业、零售业等。提供服务与生产产品一样，也会有与业务量非相关的较多间接费用发生，通过作业成本动因分析，实现这些费用与服务相联系，既能提供所需的成本信息，又能提高资源的利用率，进行效益控制。

6.1.3 作业成本法的特点、弊端及成本计算程序

6.1.3.1 作业成本法的特点

与传统的成本计算方法相比较，作业成本法计算产品成本有以下两个特点。

1. 依费用发生的动因分别设立作业中心，按作业中心建立成本池并归集成本

作业成本法下，首先要确认从事了哪些作业，根据作业对资源的耗费

归集各种作业所发生的成本，然后根据产品对作业的需求量，计算出耗费的作业产品成本。

成本池是指可用同一成本动因来解释其成本变动的**同质**成本集合体。

例如，一个生产车间所发生的动力费用、准备调整费用、检验费用等受不同的成本驱动因素影响，应分别设置成本池进行归集。**不同质**⊖的制造费用，通过不同的成本池归集，有利于发现和分析成本升降的原因，有的放矢地进行成本控制。

2. 成本分配按多标准进行

将不同质的费用设立不同的成本池进行归集，有利于按引起费用发生的成本动因（含资源动因和作业动因两种）进行分配。

例如，水电费用与产品产量有关的，可选择与产品产量有关的成本动因作为分配基础，如产品工时；修理费用与产品准备次数有关的，可按修理次数进行分配，不用按产品工时分配。

按多标准分配**不同质**的制造费用，能够为成本控制提供更准确的信息。

6.1.3.2 作业成本法的弊端

作业成本法的弊端可以归纳为以下三点。

首先，作业成本法实施的可行性是个问题，根据投入产出原则，不是每家企业都适用。作业成本法实施工作量较大，需要较多的基础数据，如划小核算单元，找到与制造费用相关的成本动因。其中，作业项目的复杂程度越高，所需成本动因也越多。如何确定与成本最密切的动因，是一项较复杂的工作。除此之外，还要分析、确认、计量消耗各项资源的作业。以上这些都需要增加大量的工作。

其次，作业的划分与成本动因选择具有主观性。相比传统成本法核算产品成本时的主观分配，作业成本法虽有较大幅度的减少，但还是不可避

⊖ 不同质是指按不同依据分配成本，如水电费按工时分摊，修理费不按工时分摊而按修理次数分摊。

免地存在部分主观随意性和武断。

最后，缺乏企业高层的重视与支持。作业成本法各环节涉及企业各个部门，需要高层管理者的重视和认同，否则推行不下去，仅依靠财务人员是不可能的。

6.1.3.3 作业成本法的成本计算程序

1. 作业成本计算的基本指导思想

作业成本计算的基本指导思想是<u>作业消耗资源，产品消耗作业</u>（见图 6-3）。在计算产品成本时，以作业为核算对象，通过对作业成本的核算，追踪成本的形成和积累过程，由此得出产品成本。

2. 作业成本计算的一般程序

根据作业成本计算的基本指导思想，现将作业成本计算的一般程序具体说明如下。

（1）在作业分析基础上确认和划分作业中心。进行作业成本计算，首先要将产品生产过程中的主要作业加以确认，以便按作业中心汇集费用，披露成本信息。如将与制造费用有关的作业划分为整理、切割、检验、维护等。

（2）建立作业成本池并汇集费用。成本池按作业中心设置，每个成本池所代表的是此作业中心各作业引发的成本。根据作业对资源的耗费，按作业项目记录和归集费用。

（3）依据成本动因将成本分配到各产品等。将汇集于成本池的制造费用各作业项目按作业动因分摊至各项产品。

（4）计算汇总产品生产成本。这是指汇总某项产品分配到的制造费用与直接成本（直接材料和直接人工）之和。

6.1.4　作业成本法的成本核算步骤

图 6-5 为作业成本法成本核算步骤示意简图。

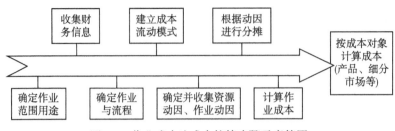

图 6-5 作业成本法成本核算步骤示意简图

（1）确定作业范围用途并收集财务信息。

（2）设置作业中心（确定作业与流程、建立成本流动模式）。

各项作业都设立相应的作业中心，然后对各自的间接制造费用进行汇总。例如，通过对设计、零部件集散、材料采购、机械作业、组装、检查、搬运等各项作业进行汇总，就可以设立有效的作业中心。

（3）按资源动因将资源成本分配给作业中心（确定、收集资源动因并分摊）。

典型的资源动因如下：

1）公用事业性费用如水电煤气费等——按"仪表数"占比分摊。

2）设计费——按"设计投入工时"占比分摊。

3）薪酬作业人工成本——按"雇员人数"占比分摊。

4）检查作业——按"检查次数"占比分摊。

5）调整作业——按"调整次数"占比分摊。

6）材料整理作业——按"材料移动次数"占比分摊。

7）机器运行作业（如机械作业费）——按"机器小时"占比分摊。

8）门卫、清洁作业——按"面积大小"占比分摊。

9）厂房租赁费——按"作业中心面积分摊"占比分摊。

（4）按作业动因将作业中心成本分配给产品（确定、收集作业动因并分摊）。

将与各项作业的成本有密切关系的数量数据作为分摊的基准（成本动因）。例如，就零部件集散来说，订购单上的数量、订购零部件种类数等通常可作为分摊基准来考虑。

典型的作业动因如下：

1）按各产品采购订单份数占比分摊。

2）按各产品验收单份数占比分摊。

3）按各产品检验报告数或小时数占比分摊。

4）按各产品零部件储存数占比分摊。

5）按各产品支付次数占比分摊。

6）按各产品直接人工小时占比分摊。

7）按各产品机器小时占比分摊。

（5）最终产品的明细化（计算作业成本）。使用分配基准将各项作业的成本分配到各成本对象中，然后进行成本计算。典型的成本对象包括产品、项目、服务、顾客、部门、业务单位。

6.2 作业成本计算的"靶向定位"

作业成本法是比传统成本法更细化、更进步的成本管理方法，起码细化到作业或机组，乃至更细的最小成本核算单元。细就细在对共用性费用的分摊更为合理且更接近实际情况。

作业成本法有什么用？如果你能说清楚一项作业或机组的成本明细构成，换句话说，出一张此项作业或机组的"成本报表"，那么再结合以此项作业或机组为评价对象的绩效考核，就实现了作业成本管理。如果此项作业或机组进一步进化为考核利润的利润中心——既对收入进行预算、计算、评价、考核，也对成本进行预算、核算、控制、评价、考核，那么先进的"阿米巴"管理形式就出现了。

可以这么说："阿米巴"管理得以实现，作业成本法是基础。作业成本法是作为最小核算单元的利润表（即阿米巴的利润表）能够生成的必经之路；其向前端延伸为预算服务，向后端延伸为评价和绩效考核服务（提供数据基础)。

那么作业成本法到底是怎么回事？

作业成本法打破了成本中心（工序）"一锅粥"式的成本归集，将资源费用直接"靶向定位"分配给作业中心。

作业成本法是如何抛弃成本中心（工序）这个"原中介"，省去中间环节，直接面对最终产品的呢？

【例6-6】假设一个成本中心（主工序）下面，有甲、乙两个作业单元（机组）。甲作业单元（机组）只生产A产品，乙作业单元（机组）只生产B产品。

传统成本方法，就是把成本归集在成本中心后不再细化至机组，然后再用一个分摊依据（工序动因），分摊给A、B两种明细产品，即成本中心成本→A、B两种产品。传统成本法核算分配至产品的分摊依据，在某种程度上可以理解为工序动因而不是作业动因。

作业成本法，就是按照资源动因直接细分给下面的甲作业单元（机组）和乙作业单元（机组）的成本分别是多少。因为已知甲作业单元（机组）只生产A产品，乙作业单元（机组）只生产B产品，所以将各自成本直接从对应的作业单元分摊给A、B两种明细产品即可。如图6-6所示，甲作业中心（机组）成本→A产品；乙作业中心（机组）成本→B产品。

显然，传统成本法算出的明细产品成本比较粗，但是相对简单。作业成本法核算出来的产品成本，因与明细产品路径更贴近，故更贴近成本发生的实际情况，但相对复杂。

作业成本法不再像传统成本法，将成本按照成本中心（工序）总成本维度［甲、乙两个作业中心（机组）捏起来的成本］像"一锅粥"一样分摊给A、B两种明细产品，而是在作业中心（机组）维度分别将成本有针对性地分给与作业中心（机组）各自对应生产的产品。甲是甲，乙是乙，A是A，B是B；成本发生不再混起来后，再分摊给明细产品。

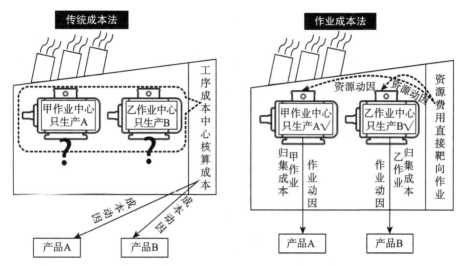

图 6-6 作业成本计算与传统成本计算的比较简图

如果单个作业中心（机组）对应多种产品需要分摊，则需要再从作业中心（机组）根据作业动因将共用性分摊费用分摊给产品。为简化理解，图 6-6 设置机组对应产品为一对一。

6.2.1 作业成本计算与传统成本计算的区别

如图 6-7 所示，与传统成本核算的"传统情况①"不同的是，实际操作中，作业成本法更强调成本动因分析。

在图 6-7 中"传统情况②"以及作业成本法这两种情况下，均用到了资源动因和工序（作业）动因，这样就实现了"间接费用按成本动因（双动因分摊）覆盖末梢成本触发点"。

如图 6-7 中"传统情况②"所示，"工序中心"归集成本较粗，容易收集，与明细产品之间的路径较远，中间还隔着一层机组（作业中心），故不容易说清楚家底。

图 6-7 中"作业成本法"下的"作业中心"已经为划小了的成本核算单元，成本更细，与明细产品之间的路径更贴近，更能揭示成本家底的好与坏。

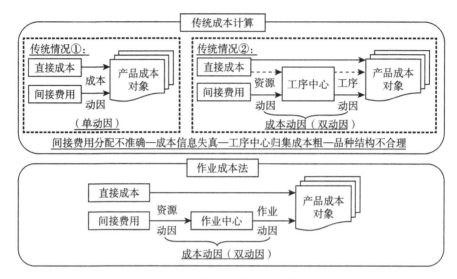

图 6-7 作业成本计算与传统成本计算的区别简图

这里，所谓成本动因，就是费用分摊的依据，即将与各项作业的成本密切相关的数量数据作为分摊的基准，分为资源动因和作业动因。

例如，就零部件成本来说，订购单上的数量、订购零部件种类数等通常可作为成本动因（分摊依据）来考虑。又如，劳动保护费，通常以人数作为成本动因来考虑较合理。

制造费用是产品成本中的必要组成部分，除直接材料费、直接人工费等以外的间接费用（制造费用）都不能直接计算到产品上，需要分摊才能形成各种产品应负担的制造费用成本。

在传统成本计算中，大多数企业为了简化处理，各项间接费用仅以生产工时或产量单一指标作为资源动因和工序动因，并未根据资源成本和与产品生产密切相关的影响因素分别分析动因。

这种简化的核算方法歪曲了不同产品之间的成本，且得出的成本指标不能如实反映不同产品生产耗费的基本面貌。而作业成本法可以改变这一现状。为解决此问题，作业成本法采用了两个基本途径：

一是缩小制造费用的分配范围，由全厂或全生产车间改为由若干个"作业"分别进行分配。

二是增加分配标准，由单标准分配改为多标准分配，按引起制造费用发生的多种资源动因进行分配。

作业成本法在成本核算上突破产品这个界限，让成本核算深入到作业层次。作业成本法以作业为单位，把企业消耗的资源按资源动因分配到作业，以收集作业成本，并将作业成本再按作业动因分配到产品，让成本计算按产品对象化的过程大大明细化了，从而提高了成本的可归属性。作业成本法又将分摊至有关产品的依据中靠人为臆断的比重缩减到最低限度，从而提高了成本核算信息的准确性。

作业成本法不仅提高了成本核算的准确性，而且在两方面体现了成本管理的有效性：

一是在准确的成本信息的基础上继承了传统成本法下的成本管理方法。

二是引入了作业管理的观点，创立了新的成本管理方法——作业分析法。

由于传统的成本信息系统一般仅满足财务报告的需要，其提供的信息对企业的决策和管理的相关性不大，所以不能直接作为管理方法而采用，需要进一步加工；即便能够采用，传统成本信息的准确性不高，也同样降低了成本管理和成本决策的有效性。

作业成本法深入"作业"层次，提供有关企业产品成本的明细资料，它改变的是成本管理方法的信息基础，这样不仅可以保证成本信息的准确性，同时还可让成本管理方法在较低层面获得相关的成本信息，传统成本管理方法在新成本信息的支持下，提高了成本管理的有效性。

作业成本法把成本管理重心从"产品"转移到"作业"上来，通过对所有的作业活动（作业中心）进行动态反映，借助信息系统提供的更及时相关的信息，把成本核算和成本管理结合起来，更好地发挥成本的决策、计划和控制作用。

作业成本法，与传统成本法相比，无论是成本核算的准确性、成本管理的有效性，还是对企业整体管理水平的促进作用，都更胜一筹。

6.2.1.1 两种成本计算系统的研究范围

作业成本计算与传统成本计算系统的最大区别在于：抛弃成本中心（工序）"一锅粥"式的成本归集，将费用直接"靶向定位"分配给作业中心，即直接将资源费用通过资源动因分摊给作业中心。这样就将着眼点放在对成本进行追根寻源上。

首先，成本是由作业所引起的，对价值链的分析应首先从产品生产的作业环节开始。

其次，作业的执行以至完成，实际消耗多少资源，这些资源是如何实现价值转移的，就更加直观了。

6.2.1.2 两种成本计算系统的异同点

1. 计算程序方面

作业成本法是两阶段的程序。

首先，将制造费用通过资源动因分摊计入作业基础的作业中心（机组）成本池中。

其次，和传统成本法一样，要分摊给各产品或各项目，但用到的分摊动因不一样：

（1）传统成本法根据工序动因将归集于成本中心的成本分配至各产品或各项目，成本动因在某种程度上可以理解为工序动因而不是作业动因。

（2）作业成本法是将作业中心的成本通过作业动因分摊至产品。

2. 各成本项目的计算方面

作业成本会计对直接成本的核算和传统成本计算方法并无不同，但是制造费用的核算是两者的区别关键。

传统成本计算法对间接费用的分配，一般是简化采用生产工时或产量进行制造费用的分配，但间接费用是由各种因素引起的，而并非全由工时或产量因素决定，因此仅用与工时或产量相关的成本动因对这些费用进行分配，势必会歪曲成本信息。

作业成本法首先是确定间接费用分配的合理基础——作业，先通过资源动因将间接费用分配至作业中心，然后找出作业动因再分摊至产品。具有相同性质的作业动因组成若干个作业成本池，一个作业成本池所汇集的成本可以按其具有代表性的作业动因进行作业成本的分配，使之归属于各个相关产品。

6.2.2 核算延伸：结合目标成本法靶向定位

《管理会计应用指引第 300 号——成本管理》第一章"总则"第五条规定："企业应结合自身的成本管理目标和实际情况，在保证产品的功能和质量的前提下，选择应用适合企业的成本管理工具方法或综合应用不同成本管理工具方法，以更好地实现成本管理的目标。综合应用不同成本管理工具方法时，应以各成本管理工具方法具体目标的兼容性、资源的共享性、适用对象的差异性、方法的协调性和互补性为前提，通过综合运用成本管理的工具方法实现最大效益。"

从如图 6-8（独创）所示横向维度，即作业成本分析评价维度来看，现代成本管理转型为"市场倒逼"型的管理。"市场倒逼"是指产品按照顾客需要，以需定销、以销定产。产品按顾客需要的时间准时生产出来并准时发送。这就需要根据市场倒逼提前制定成本的靶向目标。

【例 6-7】以电焊（焊接）作业为例，假设主要消耗电费。电焊作业中心涉及两款产品的焊接。总电费目标要层层分解：先根据资源动因分配电费目标给此电焊作业中心，再根据作业动因分配电费目标给两款产品；实际作业时，实际电费根据资源动因分配给此电焊作业中心，电焊作业中心再根据作业动因分配实际电费给两款产品。这样就形成了实际与用电目标的结合，实现了靶向定位进行控制。两者比较后即可形成作业中心维度和产品维度的业绩考评。

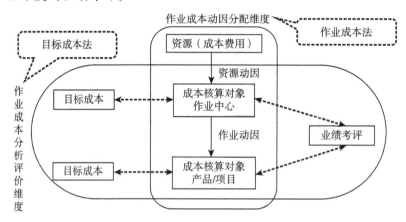

图6-8　作业成本法解密靶向定位

目标成本法是一种以市场为导向，对有独立制造过程的产品进行利润计划和成本管理的方法，目的是在产品生命周期的研发和设计阶段设计好产品的成本，而不是试图在制造过程中降低成本，属于事前控制；但在事中、事后控制方面不是很突出，必须结合作业成本法。

作业成本法以"作业"为中心，反映成本发生的前因后果，选用适当的成本动因，以运动变化的状态反映作业的发生，因此在事中、事后控制方面做得比较好。

作业成本法可将两者很好地结合，既能实现对成本对象的事前、事中和事后的控制，也能为管理层制定经营方针和考核经营情况提供全面准确的决策依据。

图6-8横向维度可以理解为"PDCA闭环管理"中的P（计划）、C（检查）、A（行动）。

从如图6-8所示的纵向维度，即作业成本动因分配维度来看，作业成本法实质上就是一种资源的分配，具体表现为成本靶向目标的"完成度"，责任成本分解后的"承接性"。

作业中心实质上是责任中心。通过作业成本核算，既达到了责任成本控制的目的，也达到了成本监督的作用。纵向维度可以理解为"PDCA闭环管理"中的 D（执行）、C（检查）。

将目标成本法与作业成本法结合在一起的思路就是用目标成本指标的层层分解落实到作业层次来控制作业，用作业分析与考核的结果修正目标成本计划，使目标成本管理与作业成本管理形成一个 PDCA 闭合循环系统以实现成本的持续改善。

目标成本法与作业成本法异曲同工的地方是：我在第 1 章中所述的"十字形定位"概念中，横向看是"延伸两端，瞻前顾后"，即向前端延伸跟预算挂钩，向后端延伸跟利益挂钩。先有和利益挂钩的成本考核评价指标，再有成本预算标准；先有成本预算标准，再有成本核算的适度匹配；有了成本核算的适度匹配，分析评价和绩效考核就有了依据。

6.2.3 倒逼生产模式契合倒逼成本管控的发挥

作业成本法是适应新技术革命的要求，与适时制生产管理系统相辅相成、配合运用的一种成本会计系统。它通过分析成本动因，在资源消耗与最终产出之间架起一座桥梁，以便提供更准确的成本信息，为从根本上降低成本指明方向。作业成本法为企业"倒逼成本"提供了更好的执行平台。

倒逼目标成本管控，如果结合了适时生产系统，就可以更好地实现控制目标。

那么，什么是准时制？其对传统成本会计有何影响呢？

准时制（just in time，JIT）是指产品按照顾客需要，以需定销、以销定产。产品按顾客需要的时间准时生产出来并准时发送，要达到此目标，组件要能准时送入总装，部件要能准时进入组装，零件要能准时进入部装，原材料要能准时进入生产线转为零件。这种倒流水式的"拉动方式"完全区别于传统的以产定销"推进方式"，它代表了在"卖方市场"向"买方市场"转变下，企业管理适应新环境的一种转型。

准时制要求小批量生产、小批量运送，工序间仅留有很少的在制品（称为零库存），不允许向后工序传送不合格品（称为零瑕疵），要保障生产的连续性和产品100%合格，必须进行全面质量管理。

准时制放弃了传统的随机抽样的质检方法，采取100%检验，同时更注重质量控制小组的作用，进行全过程控制。

日本企业的不合格品率不是用百分之几，而是用千分之几、万分之几来衡量的。随后准时制成为西方经济发达国家（美国、加拿大和西欧国家）企业广泛应用的一种生产管理系统。

1. 传统生产系统与准时生产系统的区别

（1）传统生产系统：前工序的产品是后工序的原材料，前工序的单位成本是后工序的原料单价。

由原材料仓库向前工序供应原材料→把它们加工成半成品→转入前工序的半成品仓库→由前工序的半成品仓库向后工序供应半成品→后工序继续进行深加工。如此由前向后顺序推移，直至最终完成全部生产程序，转入产成品仓库，等待对外发运销售（见本书第3章"图解存货分久必核、核久必分的折腾过程"）。

由此可见，在传统的推动式的生产系统中，前工序居于主导地位，后工序只是被动地接受前工序转移下来的加工对象，继续完成其未了的加工程序。推行这种生产系统，在生产经营的各个环节存在大量原材料、半成品库存就成为不可避免的结果。

（2）准时生产系统：准时生产系统则与传统生产系统相反，它是采取"倒逼生产、倒逼成本"的方式。

企业要以顾客订货所提出的产品数量、质量和交货时间等特定要求作为组织生产的基本出发点，是以最终满足顾客需求为起点，通过由后向前进行逐步推移来全面安排生产任务，前工序生产数量、质量要求和交货时间只能根据后工序提出的具体要求来进行。

这种倒逼生产的模式，非常契合倒逼成本的发挥。因此，倒逼成本如果结合"准时生产系统"就可以更好地实现成本控制目标。

2. 准时制对传统成本会计的影响

准时制要求成本会计揭示与生产成本有关的成本动因。而这一点，恰恰是传统成本计算方法无能为力的。

实际上，从20世纪80年代开始，国际上对传统成本会计的批评已日益增多。这主要是因为在传统成本计算方法下，制造费用一般按直接人工小时或机器小时等与生产数量相关的标准来分配。但只要对制造费用的明细账加以分析便会发现，许多制造费用与生产数量的多少并无直接关系。

例如，设备调整费用仅与设备调整次数或时间有关，而与生产数量的多少无关。因此将这类与生产数量无关的费用按与生产数量相关的标准分配，必然会歪曲产品成本信息。

国外企业实践经验表明，一种行之有效的改革方法是推行作业成本会计。

如图6-6所示，作业成本法取消了成本中心"一锅粥"式的成本归集，直接将费用"靶向定位"分配给作业中心。

作业成本法能很好地解决费用的归集和分配问题，让产品成本计算更加准确、合理，并给现代成本管理带来新的活力。

3. 准时制下成本计算的特点

准时制下成本计算的特点可以归纳为以下三点。

（1）成本的可归属性更强。在准时制下，由于企业采用单元式制造，因此所有与该单元经营直接相关的成本，包括那些传统上被认为是间接费用的折旧、修理费等都构成产品的直接成本。

（2）产品成本与期间成本趋于一致。在准时制下，由于要求供、产、销各环节实现"零存货"，因此本期产品将不受上期生产经营水平的影响，本期发生的生产费用就是本期所生产产品的成本，由此而得到的成本信息实际上与期间成本的性质趋于一致。

（3）产品成本构成发生了变化。在准时制下，生产管理计算机化、自动化，引起产品成本中直接人工成本所占比重大大减少，制造费用所占的比重大大提高。此外，制造费用的构成内容变得更复杂。制造费用的这些变化影响了产品成本计算的准确性。因此，产品成本计算的重点应集中在制造费用的核算上。

6.2.4 蛋糕店的"倒逼成本"与准时生产系统

某钢铁企业设计了"在线用户自助查询"和"互联网云商+营销"功能，用户在网上买钢材下单后，可以在线甚至用手机 App 及时了解合同的排产情况、生产进度等信息。

为便于直观地理解，这里把用户买钢材比作"在开放式蛋糕店里买蛋糕"模式。

【例6-8】用户到开放式蛋糕店买蛋糕下单。

先选大小规格：是要 8 寸、10 寸的，还是 12 寸的？

然后选择主材种类：是巧克力蛋糕、慕斯蛋糕，还是黑森林蛋糕？

接下来选择附加材料种类：需要水果，还是坚果？

最后是个性化的选择：是生日蛋糕、宴会蛋糕，还是结婚纪念蛋糕？

用户在等待蛋糕成品的过程中，可以看到蛋糕师傅做到哪一个步骤了，如放置了哪些材料、有没有放入烤箱都能看得清清楚楚。这就是定制化倒逼生产的过程。

蛋糕店的"倒逼成本"体现在哪里？

蛋糕的单位价格锁定，单位利润锁定，最后倒逼出来的蛋糕成本就是蛋糕师傅在制作蛋糕时所要注意控制的目标成本，否则蛋糕先批量生产出来，却不一定是用户需要的，可能卖不掉，这就造成了材料等成本的浪费。

按照:"价格 – 利润 = 成本"思路来控制成本。

而不是按照:"价格 – 成本 = 利润"思路来控制成本。

这时,目标成本有了,接下来是如何核算实际成本的问题。

每个蛋糕订单的制作作业所耗用的成本就可以看作作业成本,核算方法的本质就是作业成本法,即把成本结转或分摊到每一个蛋糕上的方法。

经过比较目标成本和实际成本,分析差异原因,提出改进措施,"考核"面包师傅。这样,成本管控的效果就出来了。

综上所述,准时生产系统与传统生产系统的区别,实际上可以理解为营销学中的"以产定销的生产观念"和"以客户为中心,市场要什么就生产什么,以需定销甚至定制化的市场营销观念"之间的区别。

鉴于本书的成本核算主题,下面仅从纵向维度展开。

6.3 模拟情景:作业成本法核算

6.3.1 分摊结转路径及成本核算举例

如图 6-9 所示,某企业通过甲作业中心(机组)专门生产 A 产品,通过乙作业中心(机组)专门生产 B 产品。与工序成本中心不同,作业成本中心与产品的路径更加贴近。

作业成本法与传统成本法的主要区别,就是作业成本法抛弃了成本中心(工序)"一锅粥"式的成本归集,将资源费用直接"靶向定位"分配给作业中心(机组),形成作业中心(机组)发生的各项成本这样一个步骤;然后再通过作业中心(机组)将其各项成本按作业动因分摊至最终产品,而不是直接由主工序成本中心分摊至最终产品。

【例 6-9】如图 6-10 所示,甲、乙两个作业中心(机组)身上发生 3 项资源费用(资源消耗),即维修费 100 元、检查费 340 元、机械作业费 280 元。

如何将已知的维修费、检查费、机械作业费三项费用的总成本(资源费用) 720元分摊给甲、乙两个作业中心（机组）？这就需要一个分摊依据，而这个依据，可以称为"资源动因"。

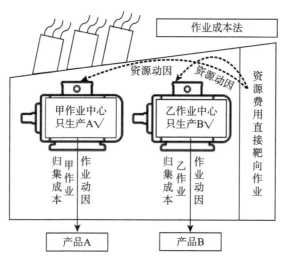

图6-9 作业成本法分摊结转路径简图

（金额单位：元）

费用 （资源消耗）	金额	资源动因	作业量			单位作业成本	作业成本合计	
			合计	甲作业中心生产A	乙作业中心生产B		甲作业中心生产A	乙作业中心生产B
维修费	100	维修消耗量	10	6	4	10	60	40
检查费	340	检查项目	20	10	10	17	170	170
机械作业费	280	作业时间	7	4	3	40	160	120
合计	720	—	—	—	—	—	390	330

甲、乙作业成本结转至产品		A产品（2件）		B产品（1件）	
		总额	单位成本	总额	单位成本
直接材料费		300	150	220	220
直接人工费		400	200	280	280
间接制造费用	维修费	60	30	40	40
	检查费	170	85	170	170
	机械作业费	160	80	120	120
	制造费用小计	390	195	330	330
合计		1 090	545	830	830

图6-10 作业成本法下的成本分摊及明细产品成本简表

1. 间接制造费用的归集、分摊

将共用性分摊的制造费用 720 元按资源动因（较合理的分摊依据）分配到作业中心（机组）上。

维修费先在归口管理部门暂时归集过渡，之后假设维修费与作业中心（机组）的维修消耗材料数量紧密相关（维修人工方面，假设为本公司员工自行修理），则分摊依据按照甲作业中心（机组）和乙作业中心（机组）维修消耗材料数占比相对合理。将维修耗材量作为维修费的资源动因，即按60%∶40% 的比例将维修费总金额 100 元分摊给甲作业中心（机组）60 元和乙作业中心（机组）40 元。步骤为先在发生部门归集过渡，再分摊至作业中心，具体分录如下。

（1）部门归集维修费用总额（同传统成本法）分录为：

借：制造费用——维修费——设备部门　　　　　　　　100
　　贷：应付账款——维修耗材各供应商名称等　　　　　　100

（2）将维修费总额根据资源动因占比分摊至作业中心（机组），分录为：

借：制造费用——维修费——甲作业中心（机组）　　　60
　　制造费用——维修费——乙作业中心（机组）　　　40
　　贷：制造费用——维修费——设备部门　　　　　　　　100

检查费先在归口管理部门暂时归集过渡，之后假设检查费与甲、乙两个作业中心（机组）的检查项目数紧密相关，则资源动因（分摊规则或依据）按照甲作业中心（机组）和乙作业中心（机组）检查项目占比相对合理，即按 50%∶50% 的比例将检查费总金额 340 元分摊给甲作业中心（机组）170 元和乙作业中心（机组）170 元。步骤为先在检查费归口管理部门归集过渡，再分摊至作业中心。

（3）归口管理部门归集检查费用总额分录为：

借：制造费用——检查费——质检部门　　　　　　　　340
　　贷：应付账款——提供检查的供应商名称等　　　　　　340

（4）将检查费总额根据资源动因占比分摊至作业中心（机组），分录为：

  借：制造费用——检查费——甲作业中心（机组） 170

     制造费用——检查费——乙作业中心（机组） 170

   贷：制造费用——检查费——质检部门   340

机械作业费先在归口管理部门暂时归集过渡，之后假设机械作业费与作业（设备）的作业时间紧密相关，则资源动因（分摊规则或依据）按照甲作业中心（机组）和乙作业中心（机组）检查项目占比相对合理，即按4∶3的比例将机械作业费总金额280元分摊给甲作业中心（机组）160元和乙作业中心（机组）120元。步骤为先在机械作业费归口管理部门归集过渡，再分摊至作业中心。

（5）归口管理部门归集机械作业费用总额分录为：

  借：制造费用——机械作业费——某归口管理部门 280

   贷：应付账款——提供检查的供应商名称等   280

（6）将机械作业费总额根据资源动因占比分摊至作业中心（机组），分录为：

  借：制造费用——机械作业费——甲作业中心（机组） 160

     制造费用——机械作业费——乙作业中心（机组） 120

   贷：制造费用——机械作业费——某归口管理部门 280

2. 产品成本分配结转

将甲、乙作业中心（机组）的作业成本按直接成本和间接制造费用两个路径结转至产品。

直接材料费和直接人工费根据A、B两种产品对应的发生额分别抛给A产品和B产品。

（1）直接材料费分录为：

  借：生产成本——直接材料费——A产品 300

     生产成本——直接材料费——B产品 220

　　　　贷：应付账款——材料供应商名称等　　　　　　520
（2）直接人工费分录为：
　　借：生产成本——直接人工费——A产品　　　　400
　　　　生产成本——直接人工费——B产品　　　　280
　　　　贷：应付职工薪酬——工资、奖金等　　　　　680

间接制造费用根据分摊至作业中心（机组）的结果，从作业中心（机组）再依据产品间的作业动因（工时等依据）结转给产品。

本例简化为甲、乙作业中心（机组）与A、B产品一一对应，即本例资源动因就是作业动因。

如果单一机组对应多种产品，则需要根据作业动因进行产品间的分摊。

（3）本例结转给A产品和B产品的分录为（结转"存货"分录略）：
　　借：生产成本——制造费用——A产品　　　　　390
　　　　生产成本——制造费用——B产品　　　　　330
　　　　贷：制造费用——维修费——甲作业中心（机组）　　60
　　　　　　制造费用——维修费——乙作业中心（机组）　　40
　　　　　　制造费用——检查费——甲作业中心（机组）　　170
　　　　　　制造费用——检查费——乙作业中心（机组）　　170
　　　　　　制造费用——机械作业费——甲作业中心（机组）　160
　　　　　　制造费用——机械作业费——乙作业中心（机组）　120

6.3.2　两种核算方法分录的差异性比较

在间接费用成本核算账务处理的分录上，就可以看出作业成本法核算和传统成本法核算的差异性。

【例6-10】为了说明成本核算账务处理上的差异，继续以上文作业成本法的例子（见图6-10）作为基础，不妨来看看如图6-10所示的间接费用例子转化为传统成本法下的成本核算，即转化为如图6-11所示的例子。

本例中使用的传统成本核算方法，先根据资源动因将间接费用分摊至成本中心⊖（本例假设仅有一个成本中心，无须资源动因分摊，所以粗放就体现在这个地方），再从成本中心以一定的工序动因作为分摊依据，将间接费用分摊至明细产品。

（金额单位：元）

间接费用	金额	分摊依据（工序动因）	工时（小时）			单位工时成本	传统成本合计	
			合计	A产品	B产品		A产品	B产品
维修费	100	各产品工时	5	3	2	20	60	40
检查费	340	各产品工时	5	3	2	68	204	136
机械作业费	280	各产品工时	5	3	2	56	168	112
合计	720	—	—	—	—		432	288

间接费用直接结转至产品（无须先通过作业再结转）		A产品（2件）		B产品（1件）	
		总额	单位成本	总额	单位成本
直接材料费		300	150	220	220
直接人工费		400	200	280	280
间接制造费用	维修费	60	30	40	40
	检查费	204	102	136	136
	机械作业费	168	84	112	112
	制造费用小计	432	216	288	288
合计		1 132	566	788	788

图 6-11 传统成本法下的成本分摊及明细产品成本简表

与作业成本法需要先根据资源动因将成本分摊至作业活动（作业中心），再按作业动因分摊至产品相比，传统成本法的分摊较粗放，结果相对失真，但从难易程度来看相对简单。

下面来看一看传统成本法是如何进行账务处理的。

1. 间接制造费用的归集、分摊

传统成本核算方法首先将共用性分摊制造费用（资源费用）720元，按照费用归口管理部门进行暂时归集，之后以工序工时作为资源动因分摊到成本中心上，本例简化为假设只有一个成本中心。最后再以产品工时（生产各产品占用资源的时间）作为工序动因，将成本中心费用直接分配

⊖ 如无特别说明，成本中心特指主工序成本中心，以下同。

到各产品上。传统成本法核算分配至产品的分摊依据在某种程度上可以理解为工序的成本动因而不是作业动因。本例的工序动因,就是各产品工时占比。

如图 6-11 所示,生产 A 产品的工时为 3 小时,生产 B 产品的工时为 2 小时,即各费用在 A 产品和 B 产品间的分摊比例(工序动因)为 3∶2。本例仅为理解方便,在实际情况中各费用的产品工时占比可能会不一致。

(1)维修费先在归口管理部门暂时归集过渡,之后按资源动因分摊给成本中心,最后按工序动因分摊给明细产品。

1)归口管理部门归集维修费过渡分录为:

借:制造费用——维修费——设备部门　　　　　　100
　贷:应付账款——维修耗材各供应商名称等　　　　100

2)将设备部门的维修费按资源动因分摊给成本中心,本例假设只有一个成本中心,维修费全部 100% 分摊结转给此成本中心,分录为:

借:制造费用——维修费——某成本中心　　　　　100
　贷:制造费用——维修费——设备部门　　　　　　100

3)分摊结转完毕后,再按 A 产品、B 产品生产工时占比从成本中心分摊至明细产品。

如图 6-11 所示,本例已知按 3∶2 的比例将维修费金额 100 元分摊给 A 产品 60 元和 B 产品 40 元。具体分录如下:

借:生产成本——制造费用——A 产品　　　　　　60
　　生产成本——制造费用——B 产品　　　　　　40
　贷:制造费用——维修费——某成本中心　　　　　100

(2)检查费先在归口管理部门暂时归集过渡,之后按资源动因分摊给成本中心,最后按工序动因分摊给明细产品。

1)归口管理部门归集检查费过渡分录为:

借:制造费用——检查费——质检部门　　　　　　340
　贷:应付账款——提供检查的供应商名称等　　　　340

2）将质检部门的检查费按资源动因分摊给成本中心，本例假设只有一个成本中心，检查费全部 100% 分摊结转给此成本中心，分录为：

借：制造费用——检查费——某成本中心　　　　340
　　贷：制造费用——检查费——质检部门　　　　340

3）分摊结转完毕，再按 A 产品、B 产品生产工时占比从成本中心分摊至明细产品。

如图 6-11 所示，本例已知按 3∶2 的比例将检查费总金额 340 元分摊给 A 产品 204 元和 B 产品 136 元，分录为（结转"存货"分录略，以下同）：

借：生产成本——制造费用——A 产品　　　　204
　　生产成本——制造费用——B 产品　　　　136
　　贷：制造费用——检查费——某成本中心　　　　340

（3）机械作业费先在归口管理部门暂时归集过渡，之后按资源动因分摊给成本中心，最后按工序动因分摊给明细产品。

1）归口管理部门归集机械作业费过渡分录：

借：制造费用——机械作业费——某归口管理部门　　　　280
　　贷：应付账款——提供检查的供应商名称等　　　　280

2）将归口管理部门的机械作业费按资源动因分摊给成本中心，本例假设只有一个成本中心，机械作业费全部 100% 分摊结转给此成本中心，分录为：

借：制造费用——机械作业费——某成本中心　　　　280
　　贷：制造费用——机械作业费——某归口管理部门　　　　280

3）分摊结转完毕，再按 A 产品、B 产品生产工时占比从成本中心分摊至明细产品。

如图 6-11 所示，本例已知按 3∶2 的比例将机械作业费总金额 280 元分摊给 A 产品 168 元和 B 产品 112 元，分录为：

借：生产成本——制造费用——A 产品　　　　168
　　生产成本——制造费用——B 产品　　　　112

贷：制造费用——机械作业费——某成本中心　　　　280

上述分录做完以后，如图 6-11 所示，从 A 产品和 B 产品的所有成本构成明细表可看出：通过传统成本法核算出来 A 产品单位成本为 566 元 / 件，B 产品单位成本为 788 元 / 件。

与图 6-10 比较：通过作业成本法核算出来的 A 产品单位成本为 545 元 / 件，B 产品单位成本为 830 元 / 件。两者的成本核算结果有着较大的差异。

产生差异正是因为传统成本法和作业成本法在核算步骤和分摊依据上的不同，也就是成本核算对象不同、成本动因不同，导致数据偏差较大。

2. 列表对比传统成本法和作业成本法的差异

从表 6-2 中可以比较清楚地看出两者在成本核算上的差异。

表 6-2　传统成本法和作业成本法在成本核算上的差异

比较项目	传统成本法	作业成本法
直接成本结转至产品	✓	✓
间接费用按部门归集	✓	✓
部门归集的间接费用再归集到主工序成本中心	✓	✗
先通过制造费用归集后再结转至生产成本	✓	✓
最后一步均按成本动因分摊前工序间接费用（作业中心或主工序成本中心）至产品	✓	✓
工序成本中心按资源动因分摊至作业中心	✗	✗
作业中心各作业项目按作业动因分摊至明细产品	✗	✓
工序成本中心按工序动因分摊至明细产品	✓	✗
直接按产品工时或其他相关依据分摊间接费用至产品	✓	✗
按作业动因分摊间接费用	✗	✓

分录上的差异就更加直观了，见表 6-3。

表 6-3　传统成本法与作业成本法的成本核算差异（分录）

传统成本法	作业成本法
借：生产成本——直接材料费——A 产品 　　生产成本——直接人工费——A 产品 贷：应付账款——材料供应商名称等 　　应付职工薪酬——工资、奖金等	借：生产成本——直接材料费——A 产品 　　生产成本——直接人工费——A 产品 贷：应付账款——材料供应商名称等 　　应付职工薪酬——工资、奖金等

(续)

传统成本法	作业成本法
借：制造费用——维修费——某归口管理部门 　　制造费用——检查费——某归口管理部门 　　制造费用——机械作业费——某归口管理部门 　贷：应付账款——各供应商名称	借：制造费用——维修费——某归口管理部门 　　制造费用——检查费——某归口管理部门 　　制造费用——机械作业费——某归口管理部门 　贷：应付账款——各供应商名称
如下分录或有或无： 借：制造费用——维修费——主工序成本中心 　　制造费用——检查费——主工序成本中心 　　制造费用——机械作业费——主工序成本中心 　贷：制造费用——维修费——某归口管理部门 　　　制造费用——检查费——某归口管理部门 　　　制造费用——机械作业费——某归口管理部门	借：制造费用——维修费——甲作业中心 　　制造费用——维修费——乙作业中心 　　制造费用——检查费——甲作业中心 　　制造费用——检查费——乙作业中心 　　制造费用——机械作业费——甲作业中心 　　制造费用——机械作业费——乙作业中心 　贷：制造费用——维修费——某归口管理部门 　　　制造费用——检查费——某归口管理部门 　　　制造费用——机械作业费——某归口管理部门
借：生产成本——制造费用——A产品 　　生产成本——制造费用——B产品 　贷：制造费用——维修费——主工序成本中心 　　　制造费用——检查费——主工序成本中心 　　　制造费用——机械作业费——主工序成本中心	借：生产成本——制造费用——A产品 　　生产成本——制造费用——B产品 　贷：制造费用——维修费——甲作业中心 　　　制造费用——维修费——乙作业中心 　　　制造费用——检查费——甲作业中心 　　　制造费用——检查费——乙作业中心 　　　制造费用——机械作业费——甲作业中心 　　　制造费用——机械作业费——乙作业中心

6.4　500强电信企业的作业成本法核算案例

尽管作业成本法源于制造业，但从服务业间接费用占较大比例的特点来看，作业成本法在电信企业有更大的实施空间，因为作业成本法与传统成本法的差别主要在于对间接费用的分摊，作业成本法更加合理、更加保真。

作业成本法将间接费用各项成本总额直接归集或分摊至作业活动（作业中心），然后再分摊至产品；而传统成本法或先归集至成本中心后再分摊至产品，或不经过成本中心直接分摊给产品。所以，作业成本法的核心思想就是需要划小成本核算单元。如果需要上升至"阿米巴"经营，它的基础就是：划小核算单元。

划小核算单元，对某些用传统成本法核算的企业来说，是伤筋动骨的事情。因为这些企业传统的"成本体质"已经固化了，积重难返。这意味着如果将传统成本法核算调整为作业成本法核算，必然需要经历"脱胎换骨"般的成本再造和改革。机构设置要变，核算办法要变，信息系统要重新设计、重新开发。而且现阶段企业的成本核算办法够用，很难切换到作业成本法。因此作业成本法并非对每个企业都适用，目前来看，主要是电信企业、家电企业、科技类的公司会普遍用作业成本法核算成本。

过去在垄断状态下，电信企业成本核算更多是为了进行经济核算，而不是为市场导向的产品决策和盈利性分析服务。因此，采用传统成本核算法，甚至不用细化到产品成本就可维持。但是，随着电信业从垄断到竞争的转变，倒逼企业不得不转变成本核算方式，因为原有核算成本制度已越来越难以适应市场的变化和成本竞争力的要求。

6.4.1 电信企业为什么能用作业成本法核算

（1）领导开始重视成本的真实性。领导不重视，工作难开展。高层领导的大力支持为作业成本法的成功实施提供了保证。例如，某电信企业就以集团发文的形式强制推行作业成本核算方法。

（2）市场竞争倒逼的结果。在激烈的市场竞争环境下，成本控制的压力随着电信运营商竞争的加剧而越来越大，传统核算方法已不能满足企业的需求，无法对产品决策和定价进行指导。而作业成本法恰恰可以满足电信企业面对市场变化的成本核算需求。

（3）内部业务倒逼的结果。多种电信业务共用同一网络这一特点，使得传统成本法下网络成本分摊困难。网络利用率和用户量是影响电信产品单位成本的重要因素，而作业成本法能更加准确和多维度地进行成本核算。

（4）决策的需要。电信企业的间接费用很多，直接成本较少，大部分网络资源是共用的，导致成本核算困难。电信产品具有高度相关性，业务捆绑比较多,所以营销费用分摊至单一产品非常困难。传统成本法并不能很好地适用于间接费用所占比重较大的企业,造成企业成本信息失真;相反,作业成本法能解决传统成本法在这方面的不足,可以较好地适应高比例间接费用的企业成本核算,满足经营者的决策需要。

(5)人员素质较高。电信企业高素质的管理人员和财务人员保证了作业成本法的实施。

6.4.2 电信企业划小成本核算单元

作业成本法首先就要求划小核算单元。划小电信企业内部核算单元,就可以明确资源使用主体;在数据口径和标准统一基础上就可以对考核单元进行精细化管理;最终可以防止电信企业各级部门盲目要资源,从而提高资源的使用效益。

以下就以电信企业"成本核算单元划小"的作业成本法核算实例来进行说明。

如图 6-12 所示,某 500 强电信企业通过经营单元划小和业务核算单元划小两个维度进行成本精细化管理。

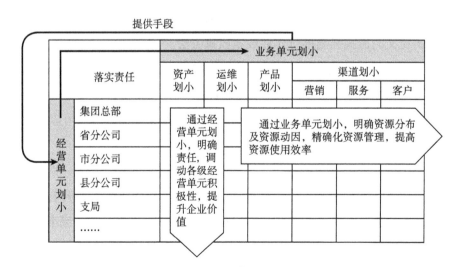

图 6-12　划小核算单元的含义

需要从经营单元划了和业务单元划了两个维度共同推进成本精细化管理。

1. 经营单元划小，就是为了保证积极性和组织效率

本书第 1 章曾提到，如何解决组织内部积极性不高和效率低的问题呢？靠的就是放权和划小核算单元。因此某 500 强电信企业经营单元的划小，一方面是为了落实责任，另一方面是为了调动积极性。

2. 业务单元划小，就是实现作业成本法的具体落实手段

经营单元划小了以后，经营单元的各项业务就需要同步匹配性地划小，即管理者作为责任人需要通过各项业务的具体管理，来实现自己经营单元的目标；经营单元划小是前提，业务单元划小是手段。业务单元划小包括资产划小、运维划小、产品划小、渠道划小。而在这些业务单元划小的内容中，作业成本法最终体现为说清楚了最小经营单元（各区县分公司或营业厅）的各项产品的各个明细成本。

作业成本法在 500 强电信企业中运用的最终成本报表的体现方式是：一张各区县分公司或营业厅的各个明细产品的明细成本构成表。

6.4.3 电信企业的"成本池"解密

电信企业的成本结构分为资产成本和运营成本。

资产成本包括折旧和资本成本两个部分。折旧主要包括三种类型固定资产的折旧：网络专用固定资产折旧、共用固定资产折旧、管理专用固定资产折旧。资本成本是债权人和股东所要求的回报。资本成本的计算，主要是用于确定营运资本和固定资产账面净值的融资成本。

运营成本分为直接费用、共用性费用和期间费用。直接费用包括工资、职工福利费、低值易耗品摊销等。共用性费用是指应由企业各业务部门共同承担的费用，包括修理费、动力费、水电费、取暖费等。期间费用包括财务费用、管理费用和销售费用。

从业务成本计算出单位成本是确定各业务资费的依据。但从企业成本中分离出业务成本，一直是一个难以解决的问题。共用性费用和期间费用也需要分摊到产品中。直接成本从理论上来说不需要分摊，但实际上如果作为前端直接成本打包成共用性费用到后端需要结转了，就可能会涉及分摊的问题了。

以下解密某 500 强电信企业的成本池成本是如何核算的。

1. 付现成本

各分子公司付现成本包括人工成本、营销费用、网络运行成本和管理费用及其他付现成本等。

（1）人工成本：责任部门为人力资源部，由其负责提供分摊明细清单。

1）工资及薪酬：指工资、社保、住房公积金等，按人员归集，再按人员归属对应到区县分公司或营业厅。核算科目为：人工费用——工资、人工费用——其他人工成本——住房公积金/社会保险费/职工福利费/职工教育经费/工会经费/独生子女保健费/辞退福利等。

2）劳务租赁费：指劳务派遣人员的人工成本，也按人员归集，再按人员归属对应到区县分公司或营业厅。核算科目为：人工费用——劳务租赁费。

（2）营销费用：责任部门为市场部，由其负责提供分摊明细清单。

1）广告费、宣传费、展览费等：通过报账归集，再分摊至区县分公司或营业厅。核算科目为：营业成本——销售费用——广告费/宣传费。

2）客户维系费：指客服费剔除各类终端补贴，通过报账归集，再分摊至区县分公司或营业厅。核算科目为：营业成本——销售费用——客户维系费。

3）佣金：指社会渠道佣金及手续费、代收话费手续费等，按渠道（代理网点）归集，再对应到区县分公司或营业厅。核算科目为：营业成本——销售费用——佣金。

4）营业外包支出：指农村统包、区县分公司或营业厅业务外包、城镇统包等，按人员归集，再按人员归属对应到区县分公司或营业厅。核算科目为：营业成本——销售费用——营业外包支出。

5）集中话务外包：指电话外呼业务外包等，通过报账归集，再分摊至区县分公司或营业厅。核算科目为：营业成本——销售费用——集中话务外包。

6）渠道建设支出：指渠道支撑费用，如装修、房租、运营补贴等，通过报账归集，再分摊至区县分公司或营业厅。核算科目为：营业成本——销售费用——渠道建设支出。

7）手机终端补贴：指含新增客户及客户服务费中的终端补贴，按客户归集，再按客户对应到区县分公司或营业厅。核算科目为：营业成本——销售费用——手机终端补贴。

8）宽带终端及机顶盒补贴：指有线宽带终端补贴、机顶盒补贴，按客户归集，再按客户对应到区县分公司或营业厅。核算科目为：营业成本——销售费用——宽带终端补贴/机顶盒补贴。

（3）网络运行成本：责任部门为网络部，由其负责提供分摊明细清单。

1）网络维护物料支出：指网络维护的物耗，按维护班组的服务对象归集到区县分公司或营业厅。核算科目为：网络运行成本——网络维护物料支出。

2）房屋、运输及通用资产维护：指房屋、运输、通用及其他资产修理费，支局层主要是运输设备的修理费，通过报账归集，再分摊至区县分公司或营业厅。核算科目为：网络运行成本——房屋维修/运输设备维修/通用资产维修。

3）网络维护外包支出：指网络维护保养的外包费用，按维护外包人员的服务对象归集到区县分公司或营业厅。核算科目为：网络运行成本——网络维护外包支出。

4）网络运营的低值易耗品：通过报账归集，再分摊至区县分公司或营业厅。核算科目为：网络运行成本——低值易耗品。

5）能源费用：指水、电、动力、取暖费等，通过划小数据，即各区县分公司或营业厅表计归集。核算科目为：网络运行成本——能源消耗及业务支撑。

（4）管理费用及其他付现成本：指车辆使用及租赁费、物业租赁支出、物业管理费、会议费、招待费、差旅费、员工交通费等，均按各区县分公司或营业厅实际发生归集。责任部门为办公室，由其负责提供分摊明细清单。

2. 非付现成本

各分公司非付现成本包括宽带端口占用费、财务费用、折旧摊销等。

（1）宽带端口占用费：指模拟成本，是宽带端口数与端口单位成本乘积，通过资源管理系统将宽带端口归集，据此计算宽带端口占用费，再按客户数对应到区县分公司或营业厅。责任部门为网络部，由其负责提供分摊明细清单。

（2）财务费用、折旧摊销等：均按各区县分公司或营业厅实际发生归集。责任部门为财务部。

6.4.4 电信企业作业成本法核算举例

在举例之前，大家需要先了解一下电信企业的主要资源动因分类、作业中心的分类和作业动因的设计情况。根据前述的成本池设置情况以及资源动因选择原则，电信企业主要资源动因归纳见表6-4，电信企业作业中心分类见表6-5。

表 6-4　电信企业主要资源动因汇总表

资源	动因名称	动因单位	动因内容
网络成本	网络元素面积	米^2	各作业中心面积
	网络元素资产折旧	元	各作业中心资产折旧明细表
	网络元素租赁费	元	各作业中心租赁条数
专项作业成本	号码资源费	个	各作业中心号码个数
	SIM 卡制作费	张	各作业中心 SIM 卡张数
网络运行维护作业成本	网络元素接入作业	台	各作业中心接入设备数量
	网络元素传输作业	千米	各作业中心传输线路长度

(续)

资源	动因名称	动因单位	动因内容
网络运行维护作业成本	网络元素互联作业	个	各作业中心互联节点数
	网络互通管理	MB	各作业中心互流量
	网络优化	次	各作业中心优化次数
	网络流量管理	分钟	各作业中心高峰期时长
营销成本	营销雇员人数	人	各作业中心参与营销人数
	展销场所面积	米²	各作业中心展销耗用门面费
	促销活动	次	各作业中心促销开展次数
人工成本	工资及福利费	元	各作业中心员工工作时间
综合支持成本	事件发生次数	次	各作业中心审计费、捐赠费
	工作人员	人	各作业中心雇用参与的人数
作业中心费用	清扫整洁费	米²	各作业中心面积占比分摊
	办公费	人	各作业中心人数占比分摊

电信企业的作业中心分为前端、后端和支撑三大类别，这三大类别中具体包括的主要作业详见表 6-5。

表 6-5　电信企业作业中心分类表

作业中心	分类详情
前端作业	研发中心、营销策划、营业厅服务中心、呼叫服务中心
后端作业	网络建设中心，网络运行维护中心
支撑作业	企业管理与支撑中心

对电信企业而言，网络的运行维护是成本管理的重点，通常网络运行维护成本相对较高，所以网络运行维护中心是一个主要的后端作业中心。

【例 6-11】下面以业务单元的"运维划小"为例，将网络运行维护中心进一步划小为各个子作业中心，说明电信企业是如何一步一步通过作业成本法进行核算的。已知条件见表 6-6。

表 6-6　运行维护作业划小情况表　　　　　　　　（单位：元）

资源费用	运行维护中心总费用	作业中心		
		管道电缆维护中心	设备维护中心	运维管理中心
人工费	20 000			
维修费	10 000			
折旧费	5 000			

1. 确认作业

网络运行维护主要作业为管道电缆维护、设备维护、运行维护管理，因此根据此主要作业，我们将网络"运行维护中心"再进一步划小为三个子作业中心：管道电缆维护中心、设备维护中心、运维管理中心。

2. 归集资源费用（资源消耗）

作业中心建成以后，需将资源费用（资源消耗），即"运行维护中心"的"成本池"里的各项成本费用，根据已经确定的资源动因，分摊至"运行维护中心"下面各个"子作业中心"的"成本池"中。

本例在不影响主旨理解的前提下，为了简化数据，方便举例，资源费用（资源消耗）仅有"人工费""维修费""折旧费"。需要说明的是，本例中，因运行维护中心人员完成各个子作业中心作业，并未给各子作业中心分别配备岗位，为运行维护中心人员共同完成。因此，运行维护中心的人工费属于间接费用，无法直接对应到作业中心，需要分摊至作业。

表6-6中"运行维护中心"归集的费用总额如下：

人工费总额为20 000元

维修费总额为10 000元

折旧费总额为5 000元

此时，电信企业财务信息系统后台设计自动做账（抛账）的原理核算分录如下：

借：分摊成本——人工费——运行维护中心　　20 000
　　分摊成本——维修费——运行维护中心　　10 000
　　分摊成本——折旧费——运行维护中心　　 5 000
　贷：应付职工薪酬——工资、社会保险费等　　　　　20 000
　　　应付账款——维修耗材各供应商名称等　　　　　10 000
　　　累计折旧　　　　　　　　　　　　　　　　　　 5 000

3. 资源动因分析

分析资源动因的目的是找一个相对合理的分摊依据，把资源费用（资源消耗）从粗的费用归集中心分摊给作业中心。

在本例中，人工费按照各个作业中心的人工工时来分摊相对合理，维修费按照各个作业中心的维修消耗量占比分摊相对合理，折旧费按照各个作业中心资产清单的折旧表分摊相对合理。具体分摊作业量见表 6-7。

表 6-7　运行维护作业划小及资源动因情况表　　（金额单位：元）

资源费用	运行维护中心总费用	资源动因	作业量				单位作业成本
			管道电缆维护中心	设备维护中心	运维管理中心	合计量	
人工费	20 000	工时	20	15	15	50	400
维修费	10 000	维修耗材量	10	6	4	20	500
折旧费	5 000	资产折旧	1 500	3 000	500	5 000	1

4. 资源费用（资源消耗）分摊至作业中心

根据表 6-7 的各作业中心作业量占比，将资源费用（资源消耗）总额分摊至各个作业中心，形成作业成本。分摊结果见表 6-8。

表 6-8　资源费用分摊至作业中心的分摊结果　　（金额单位：元）

资源费用	运行维护中心总费用	资源动因	作业成本合计			
			管道电缆维护中心	设备维护中心	运维管理中心	合计量
人工费	20 000	工时	8 000	6 000	6 000	20 000
维修费	10 000	维修耗材量	5 000	3 000	2 000	10 000
折旧费	5 000	资产折旧	1 500	3 000	500	5 000

根据表 6-8 的计算结果，电信企业财务信息系统后台设计自动做账（抛账）的原理核算分录如下：

借：分摊成本——人工费——管道电缆维护中心　8 000
　　分摊成本——人工费——设备维护中心　　6 000
　　分摊成本——人工费——运维管理中心　　6 000
　　贷：分摊成本——人工费——运行维护中心　　　20 000

借：分摊成本——维修费——管道电缆维护中心　5 000

　　　分摊成本——维修费——设备维护中心　　3 000

　　　分摊成本——维修费——运维管理中心　　2 000

　　贷：分摊成本——维修费——运行维护中心　　　　10 000

借：分摊成本——折旧费——管道电缆维护中心　1 500

　　　分摊成本——折旧费——设备维护中心　　3 000

　　　分摊成本——折旧费——运维管理中心　　500

　　贷：分摊成本——折旧费——运行维护中心　　　　5 000

5.作业动因分析

作业中心的各项费用通过资源动因确认好了以后，就需要按照作业动因再分摊到产品上。电信行业的特点是大部分网络元素层的成本可以根据其功能直接分配到产品、客户或者网络产品，需要分摊的主要有两种情况：一种是系统资源共享类的基础作业设施发生的相关费用需要分摊，另一种是网络元素用于服务多项网络产品的，如光缆等既可以用于通话业务，也能够用于上网业务，则需要根据光缆用途分摊到各电信产品中。

对本例产品名称及数据做技术处理，假设电信企业产品为3G某业务和4G某业务两款产品。电信企业的作业及作业动因分析详见表6-9。

表6-9　电信企业的作业及作业动因分析表

作业中心	作业	作业动因
营业厅服务中心	业务受理	对应产品受理次数
	咨询受理	对应产品受理次数
	投诉处理	对应产品受理次数
产品运维作业中心	管道电缆维护中心	对应产品电缆管道故障次数
	设备维护中心	对应产品用户端口数
	运维管理中心	产品对应用户数

先确定各作业中心与产品紧密相关的作业动因，并以此作为产品间的分摊依据，具体如下：

（1）管道电缆维护的作业动因，选择对应产品电缆管道故障次数作为依据分摊至产品较为合理。

（2）设备维护的作业动因，选择对应产品用户端口数作为依据分摊至产品较为合理。

（3）运维管理的作业动因，选择产品对应用户数作为依据分摊至产品较为合理。

为方便举例，对以下作业动因分摊数据做简化处理，见表6-10。

表6-10 作业动因分摊比例表

电信产品 \ 作业动因 \ 作业中心	管道电缆维护中心 故障次数（次）	设备维护中心 用户端口数（个）	运维管理中心 用户数（人）
3G某业务	4	80	25
4G某业务	6	20	15
合计	10	100	40

6.作业中心的作业成本分摊至产品

根据表6-10中的作业动因数据，将作业中心的人工费、维修费、折旧费这三个作业成本分摊至3G某业务、4G某业务这两种电信产品上。分摊结果详见表6-11。

表6-11 作业中心成本分摊至产品成本明细表　　　　　（单位：元）

	成本对象	管道电缆维护中心	设备维护中心	运维管理中心	合计
人工费	∑作业成本	8 000	6 000	6 000	20 000
	3G某业务	3 200	4 800	3 750	11 750
	4G某业务	4 800	1 200	2 250	8 250
维修费	∑作业成本	5 000	3 000	2 000	10 000
	3G某业务	2 000	2 400	1 250	5 650
	4G某业务	3 000	600	750	4 350
折旧费	∑作业成本	1 500	3 000	500	5 000
	3G某业务	600	2 400	312.5	3 312.5
	4G某业务	900	600	187.5	1 687.5
费用合计	3G某业务	5 800	9 600	5 312.5	20 712.5
	4G某业务	8 700	2 400	3 187.5	14 287.5

根据表 6-11，将作业中心的作业成本分摊至产品，电信企业财务信息系统后台设计自动做账（抛账）的原理核算分录如下。

（1）将管道电缆维护中心作业成本按"作业动因占比"分摊至两种产品：

借：产品成本——分摊成本——3G 某业务　　　　　5 800
　　　产品成本——分摊成本——4G 某业务　　　　　8 700
　贷：分摊成本——人工费——管道电缆维护中心　　8 000
　　　分摊成本——维修费——管道电缆维护中心　　5 000
　　　分摊成本——折旧费——管道电缆维护中心　　1 500

（2）将设备维护中心作业成本按"作业动因占比"分摊至两种产品：

借：产品成本——分摊成本——3G 某业务　　　　　9 600
　　　产品成本——分摊成本——4G 某业务　　　　　2 400
　贷：分摊成本——人工费——设备维护中心　　　　6 000
　　　分摊成本——维修费——设备维护中心　　　　3 000
　　　分摊成本——折旧费——设备维护中心　　　　3 000

（3）将运维管理中心作业成本按"作业动因占比"分摊至两种产品：

借：产品成本——分摊成本——3G 某业务　　　　　5 312.5
　　　产品成本——分摊成本——4G 某业务　　　　　3 187.5
　贷：分摊成本——人工费——运维管理中心　　　　6 000
　　　分摊成本——维修费——运维管理中心　　　　2 000
　　　分摊成本——折旧费——运维管理中心　　　　500

以上将三个间接费用——人工费、维修费、折旧费分别分摊至 3G 某业务和 4G 某业务两款产品。作业成本核算完之后，不仅已经知道了各作业中心的成本明细情况，也得出了产品明细成本构成，同时还得出了每种产品每个作业中心的成本明细表。

产品的分摊费用明细再加上其他的直接成本，可以得出产品总成本，产品总成本除以产量，即为电信产品单位成本。

6.5　500强家电企业的作业成本法核算应用案例

过去国内家电企业利用低成本优势在市场上夺得众多订单，但随着市场竞争加剧和产品同质化，加之成本上升，企业盈利水平受到了限制。企业面临较大的成本压力，诸多变化使得现有模式下的成本核算体系已不能很好地适应企业如今发展的需要，企业迫切需要更有效的成本核算与管理体系来适应变化，以提供更加准确可靠的成本信息，为成本的控制和成本决策提供保真的信息。

6.5.1　家电企业为什么能用作业成本法核算

（1）领导开始重视成本的真实性。由于家电行业竞争日益加剧，家电企业盈利水平并不乐观，所以领导开始感到巨大的压力，加上外部手段有限，因而只能向内寻求新的成本管理方法，而领导的选择就是更能说清楚成本实际来龙去脉的作业成本法。

（2）市场竞争倒逼的结果。家电企业面临市场环境这一重大的难题恰恰是作业成本法所能解决的，所以，作业成本法对家电企业来说非常适合。

海尔公司在"划小核算单元"这一点上，是一个经典的案例。海尔公司通过划小核算单元提升了投资效益，结合投资额度考核收入、利润，实现了按效益配置资源。

（3）决策的需要。作业成本法能够适应家电企业产品成本结构的变化，满足经营者的决策需要。传统成本法并不能很好地适用于间接费用所占比重大的企业，企业成本信息容易失真；相反，作业成本法能解决传统成本法的不足，可以较好地适应高比例间接费用的企业成本核算。

自动化生产减少人工后，家电企业的固定资产所占比重较大，人工费用所占比重较小，生产的产品品种也很多，传统成本核算存在数据失真现象，误差较大。

（4）信息化的基础好。家电企业具备应用作业成本法所需的计算机管理和内部控制环境条件。作业成本法中成本对象与成本动因的多样性，导致企业在作业成本法应用过程中需要收集、处理大量的作业数据信息，如此繁杂的数据信息仅仅依靠人工对其进行加工处理和分析远远不够，而是需要借助计算机网络来提高数据处理的效率，实现数据共享。在先进的 ERP 环境下，各类作业能以数据形式实时传递到数据库中，因此家电企业强大的数据库，特别是 ERP 系统为作业成本法的实施提供了必要的硬件条件，卓越绩效管理和全面预算管理的推行为作业成本法的应用创造了环境条件。

（5）人员素质较高。家电企业高素质的管理人员和财务人员保证了作业成本法的实施。

6.5.2 家电企业作业成本法核算举例

【例 6-12】下面以冰箱生产的作业成本核算为例来说明某家电企业是如何运用作业成本法核算的。为便于理解和保密，我们对举例所用数据进行了技术处理而不影响对主旨的理解。

表 6-12 显示：某家电企业冰箱生产车间当期发生折旧费 200 000 元，发生维修费 50 000 元，发生劳动保护费 20 000 元。此冰箱生产车间需要经过七个生产流程，共生产两种型号的冰箱，分别为 A 型冰箱和 B 型冰箱。除此之外，其他明细成本未知。下面逐步介绍通过资源动因将冰箱生产车间上述费用分摊至作业中心，再通过作业动因将作业中心成本分摊至产品的过程。

表 6-12　家电企业冰箱生产作业成本明细表　　　　（单位：元）

资源费用		内胆成型中心	装配中心	发泡中心	总装中心	充注中心	质检中心	打包中心	合计
折旧费	作业成本								
	A 型冰箱								200 000
	B 型冰箱								

（续）

资源费用		内胆成型中心	装配中心	发泡中心	总装中心	充注中心	质检中心	打包中心	合计
维修费	作业成本								
	A型冰箱								50 000
	B型冰箱								
劳动保护费	作业成本								
	A型冰箱								20 000
	B型冰箱								
费用合计	A型冰箱								
	B型冰箱								

熟悉产品的生产流程，是作业成本法实施的基础。生产冰箱所用到的主要作业活动如下。

1. 主要作业活动作为作业中心

家电企业的作业有很多种，通常应当对重点作业进行分析。通过整理分析企业成本核算资料，依照本企业作业成本法应用原则，把原来计入制造费用的七项主要活动认定为作业。根据冰箱生产工艺流程，并结合实际情况，划分出内胆成型、装配、发泡、总装、充注、质检和打包这七种主要作业，不同产品在生产工艺上的区别，使得对这些作业的资源耗用量也不尽相同。运用作业成本法进行成本核算时，还需建立作业中心，根据已划分的七项主要作业，产品生产车间一共设立七个作业中心，分别是内胆成型中心、装配中心、发泡中心、总装中心、充注中心、质检中心和打包中心。

（1）内胆成型中心：从"钣金车间提供侧板、底板"到"保压"，主要包括左右侧板、底板、线路成型，以及喷塑及焊接等重要作业。

（2）装配中心：从"箱壳拼接"到"撕胶带"，除去"发泡"，主要包括箱体的预装和门体的组装这两大作业。

（3）发泡中心：就是用发泡机由发泡枪头向箱体注入发泡料。

（4）总装中心：从"涂706胶水"到"机窝管路整形"，除去"充注"，主要包括部件安装、焊接、加压、管路成型与整形等重要作业。

（5）充注中心：从"抽真空"到"加液"，"抽真空"是除去水蒸气和不凝性气体，在充入制冷剂前，保证系统的干燥、干净、无泄漏。"加液"是指充注制冷剂，根据冷柜系统各部件需要（主要为毛细管的长度），确定充注量，由加液机注入。

（6）质检中心：检测产品在一定环温下的制冷表现，如接地电阻、绝缘电阻、泄漏电流和电气强度等安全指标的检测。另外，制冷剂在工作循环中压力变化大，渗透能力强，容易泄漏，这就要求制冷管路的密封性良好，因而需要对其进行检测。

（7）打包中心：从"清洗门及内胆"到"打包"，对产品进行清洗、包装，最后封箱，送入仓库。

2. 归集作业中心成本池费用

建立作业中心后需要确认作业成本，并计量各作业消耗的资源费用（资源消耗），通过对各个作业中心中的具体作业归集到的所有资源耗费进行加总，就得到了该作业中心的成本费用。

该企业的资源主要包括：原材料、人工、机器设备和厂房设施。

在生产产品的过程中耗费的资源主要包括：原材料、机物料消耗、工资与福利费、低值易耗品、固定资产折旧费、设备维修费、水电气汽等能源消耗、租赁费、办公费、劳动保护费、技改费、运输费及其他。

其中与作业成本相关的资料，有的直接来源于原成本系统，有的则需另行计算。在这一步中，还需要确认各个作业中心的成本动因消耗量，即成本动因量。

3. 确定资源动因

成本动因是导致成本发生、变动的原因。成本动因的选择尤为重要，其适当与否，与作业成本法后续工作能否顺利展开息息相关。合适的成本动因，能准确地反映作业中心成本发生的原因，则成本被歪曲的可能性大大减少，从而体现出作业成本法相对于传统成本法的优势。成本动因包括资源动因和作业动因。

为方便举例，仅选择折旧费、维修费、劳动保护费三个间接费用作为资源消耗，分析各自资源消耗的资源动因（见表6-13），以备分摊给内胆成型、装配、发泡、总装、充注、质检和打包这七种主要作业中心。

表6-13 资源动因表（成本中心→作业中心）

间接费用	折旧费	维修费	劳动保护费
资源动因	设备折旧清单	维修耗材量	作业人数

资源消耗项目（间接费用）——折旧费：资源动因为各个作业中心设备的折旧清单。根据固定资产系统的固定资产折旧明细表底稿，以各作业中心设备的当期折旧额分摊折旧费至各作业中心。

资源消耗项目（间接费用）——维修费：因与作业中心（机组）的维修消耗材料数量紧密相关（维修人工方面，假设为本公司员工自行修理），则资源动因就按照各作业中心的维修消耗材料数占比分摊维修费至各作业中心。

资源消耗项目（间接费用）——劳动保护费：以作业人数占比作为资源动因来分摊劳动保护费至各作业中心。劳动保护费是指确因工作需要为雇员配备或提供工作服、手套、安全保护用品、洗衣粉等劳保用品、清凉饮料等防暑降温用品等所发生的支出。

4. 分配资源消耗项目各费用至各作业中心

为方便举例，本书对相关原始数据进行了技术处理，但不影响对主旨的理解。

生产车间先行归集相关间接费用过渡，以备进一步分摊至作业成本。其中，生产车间归集折旧费总额为 200 000 元、生产车间归集维修费总额为 50 000 元、生产车间归集劳动保护费总额为 20 000 元。

按各间接费用资源动因分摊至各作业中心的结果详见表6-14。

表 6-14 作业中心与资源动因分配费用表

作业中心	折旧费		维修费		劳动保护费	
	资源动因量（元）	作业成本（元）	资源动因量（个）	作业成本（元）	资源动因量（人）	作业成本（元）
内胆成型中心	30 000	30 000	20	10 000	10	2 000
装配中心	40 000	40 000	10	5 000	30	6 000
发泡中心	20 000	20 000	5	2 500	15	3 000
总装中心	50 000	50 000	30	15 000	20	4 000
充注中心	30 000	30 000	20	10 000	10	2 000
质检中心	10 000	10 000	5	2 500	5	1 000
打包中心	20 000	20 000	10	5 000	10	2 000
合计	200 000	200 000	100	50 000	100	20 000

家电企业财务信息系统后台设计自动做账（抛账）的原理核算分录如下。

（1）折旧费先按照生产车间费用归集，暂时过渡。之后折旧费以各作业中心设备的折旧清单作为资源动因，分摊至各作业中心。

1）生产车间归集折旧费用总额，分录为：

借：制造费用——折旧费——生产车间　　200 000
　　贷：累计折旧　　　　　　　　　　　　　　　200 000

2）将折旧费总额从生产车间根据作业资源动因分摊至各作业中心，分录为：

借：制造费用——折旧费——内胆成型中心　　30 000
　　制造费用——折旧费——装配中心　　　　40 000
　　制造费用——折旧费——发泡中心　　　　20 000
　　制造费用——折旧费——总装中心　　　　50 000
　　制造费用——折旧费——充注中心　　　　30 000
　　制造费用——折旧费——质检中心　　　　10 000
　　制造费用——折旧费——打包中心　　　　20 000
　　贷：制造费用——折旧费——生产车间　　　　200 000

（2）维修费先按照生产车间费用归集，暂时过渡，之后维修费以维修耗材量作为资源动因，分摊至各作业中心。

1）生产车间归集维修费总额，分录为：

借：制造费用——维修费——生产车间　　　　50 000
　　贷：应付账款——维修耗材各供应商名称等　　　　50 000

2）将维修费总额从生产车间根据资源动因分摊至各作业中心，分录为：

借：制造费用——维修费——内胆成型中心　　10 000
　　制造费用——维修费——装配中心　　　　5 000
　　制造费用——维修费——发泡中心　　　　2 500
　　制造费用——维修费——总装中心　　　　15 000
　　制造费用——维修费——充注中心　　　　10 000
　　制造费用——维修费——质检中心　　　　2 500
　　制造费用——维修费——打包中心　　　　5 000
　　贷：制造费用——维修费——生产车间　　　　50 000

（3）劳动保护费先按照生产车间费用归集，暂时过渡，之后劳动保护费以各个作业中心作业人数作为资源动因，分摊至各作业中心。

1）生产车间归集劳动保护费总额，分录为：

借：制造费用——劳动保护费——生产车间　　20 000
　　贷：应付账款——劳动保护费各供应商名称等　　　　20 000

2）将劳动保护费总额从生产车间根据资源动因分摊至各作业中心，分录为：

借：制造费用——劳动保护费——内胆成型中心　2 000
　　制造费用——劳动保护费——装配中心　　　6 000
　　制造费用——劳动保护费——发泡中心　　　3 000
　　制造费用——劳动保护费——总装中心　　　4 000
　　制造费用——劳动保护费——充注中心　　　2 000
　　制造费用——劳动保护费——质检中心　　　1 000
　　制造费用——劳动保护费——打包中心　　　2 000

贷：制造费用——劳动保护费——生产车间　　　　　20 000

5. 作业中心成本分摊至明细产品前，先确定作业动因作为产品间的分摊依据

作业中心成本分摊至产品的作业动因见表6-15。

表6-15　作业中心分摊至产品的作业动因表

作业中心	作业内容	作业动因
内胆成型中心	成型	A型、B型冰箱产品的机器工时（小时）
装配中心	装配	A型、B型冰箱产品的人工工时（小时）
发泡中心	发泡	A型、B型冰箱产品的有效容积（升）
总装中心	总装	A型、B型冰箱产品的机器工时（小时）
充注中心	充注	A型、B型冰箱产品的加液容积（升）
质检中心	质检	A型、B型冰箱产品的检验工时（小时）
打包中心	打包	A型、B型冰箱产品的机器工时（小时）

选择生产过程中与A型冰箱和B型冰箱产品紧密相关的"作业动因"作为分摊依据，具体如下。

（1）内胆成型作业包括左右侧板、底板、线路成型、喷塑、焊接等主要由机器完成，因此选择机器工时作为各产品的作业动因。

（2）装配作业主要是箱体的预装和门体的组装，由机器和人工共同完成，但在该作业中，人工的工作量较机器多，为简化起见，选择人工工时作为各产品的作业动因。

（3）发泡作业使用发泡机，由发泡枪头向箱体注入发泡料，每种产品注入多少取决于箱体的有效容积，发泡作业的成本归集也比较容易，因此选择有效容积作为各产品的作业动因。

（4）总装作业包括部件安装、焊接、加压等，其成本包括大型设备的折旧费及维修费等。总装作业的成本动因有很多种，但总装成本池中的大多数成本是由设备发动机器时所引起的，为了统计方便，选择机器工时作为总装作业分摊至各产品的作业动因。

（5）充注作业即充注制冷剂，根据冷柜系统各部件需要（主要为毛细

管的长度），确定一定的充注量，由加液机注入。同发泡作业一样，充注作业费用归集较容易，因此选择加液容积作为分摊至各产品的作业动因。

（6）质检作业中最重要的是制冷性能的检测，由人工和一些质量检测仪器完成，其费用直接由检验部门结转而来且检验费用主要是由对产品所花费的检验时间引起的，所以，应当选择检验工时作为分摊至各产品的分摊依据。

（7）打包作业是对产品进行包装、封箱，靠人工和打包机来完成，这里的人工主要负责检查机器是否有异样，配送打包所需物品等次要作业，为了简化计算，选择机器工时作为打包作业分摊至各产品的作业动因。

6. 分配作业中心成本费用至产品并计算产品成本

这一步实质上就是将各作业中心成本费用分配到成本对象（见表6-16），根据作业动因分摊比例表的各作业中心两种型号冰箱的作业动因占比，把作业中心各资源消耗成本金额分摊至两种产品，结果见表6-17。

表6-16 作业动因分摊比例表

作业中心	内胆成型中心	装配中心	发泡中心	总装中心	充注中心	质检中心	打包中心
作业动因	机器工时（小时）	人工工时（小时）	有效容积（升）	机器工时（小时）	加液容积（升）	检验工时（小时）	机器工时（小时）
A型冰箱	5	6	30	13	12	3	2
B型冰箱	5	4	20	12	8	2	2
合计	10	10	50	25	20	5	4

表6-17 作业中心成本分摊至产品成本明细表 （单位：元）

	资源费用	内胆成型中心	装配中心	发泡中心	总装中心	充注中心	质检中心	打包中心	合计
折旧费	作业成本	30 000	40 000	20 000	50 000	30 000	10 000	20 000	200 000
	A型冰箱	15 000	24 000	12 000	26 000	18 000	6 000	10 000	111 000
	B型冰箱	15 000	16 000	8 000	24 000	12 000	4 000	10 000	89 000
维修费	作业成本	10 000	5 000	2 500	15 000	10 000	2 500	5 000	50 000
	A型冰箱	5 000	3 000	1 500	7 800	6 000	1 500	2 500	27 300
	B型冰箱	5 000	2 000	1 000	7 200	4 000	1 000	2 500	22 700

(续)

资源费用		内胆成型中心	装配中心	发泡中心	总装中心	充注中心	质检中心	打包中心	合计
劳动保护费	作业成本	2 000	6 000	3 000	4 000	2 000	1 000	2 000	20 000
	A 型冰箱	1 000	3 600	1 800	2 080	1 200	600	1 000	11 280
	B 型冰箱	1 000	2 400	1 200	1 920	800	400	1 000	8 720
费用合计	A 型冰箱	21 000	30 600	15 300	35 880	25 200	8 100	13 500	149 580
	B 型冰箱	21 000	20 400	10 200	33 120	16 800	5 400	13 500	120 420

根据表 6-17，将作业中心成本分摊至产品成本，家电企业财务信息系统后台设计自动做账（抛账）。

（1）将内胆成型中心作业成本按"作业动因占比"分摊至两种产品，分录为：

借：生产成本——制造费用——A 型冰箱　　21 000
　　生产成本——制造费用——B 型冰箱　　21 000
　贷：制造费用——折旧费——内胆成型中心　　　30 000
　　　制造费用——维修费——内胆成型中心　　　10 000
　　　制造费用——劳动保护费——内胆成型中心　　2 000

（2）将装配中心作业成本按"作业动因占比"分摊至两种产品，分录为：

借：生产成本——制造费用——A 型冰箱　　30 600
　　生产成本——制造费用——B 型冰箱　　20 400
　贷：制造费用——折旧费——装配中心　　　　40 000
　　　制造费用——维修费——装配中心　　　　5 000
　　　制造费用——劳动保护费——装配中心　　6 000

（3）将发泡中心作业成本按"作业动因占比"分摊至两种产品：

借：生产成本——制造费用——A型冰箱　　　　　15 300
　　生产成本——制造费用——B型冰箱　　　　　10 200
　　贷：制造费用——折旧费——发泡中心　　　　　　　20 000
　　　　制造费用——维修费——发泡中心　　　　　　　 2 500
　　　　制造费用——劳动保护费——发泡中心　　　　　 3 000

（4）将总装中心作业成本按"作业动因占比"分摊至两种产品，分录为：

借：生产成本——制造费用——A型冰箱　　　　　35 880
　　生产成本——制造费用——B型冰箱　　　　　33 120
　　贷：制造费用——折旧费——总装中心　　　　　　　50 000
　　　　制造费用——维修费——总装中心　　　　　　　15 000
　　　　制造费用——劳动保护费——总装中心　　　　　 4 000

（5）将充注中心作业成本按"作业动因占比"分摊至两种产品，分录为：

借：生产成本——制造费用——A型冰箱　　　　　25 200
　　生产成本——制造费用——B型冰箱　　　　　16 800
　　贷：制造费用——折旧费——充注中心　　　　　　　30 000
　　　　制造费用——维修费——充注中心　　　　　　　10 000
　　　　制造费用——劳动保护费——充注中心　　　　　 2 000

（6）将质检中心作业成本按"作业动因占比"分摊至两种产品，分录为：

借：生产成本——制造费用——A型冰箱　　　　　 8 100
　　生产成本——制造费用——B型冰箱　　　　　 5 400
　　贷：制造费用——折旧费——质检中心　　　　　　　10 000
　　　　制造费用——维修费——质检中心　　　　　　　 2 500
　　　　制造费用——劳动保护费——质检中心　　　　　 1 000

（7）将打包中心作业成本按"作业动因占比"分摊至两种产品，分录为：

借：生产成本——制造费用——A型冰箱　　　　　13 500
　　生产成本——制造费用——B型冰箱　　　　　13 500
　　贷：制造费用——折旧费——打包中心　　　　　　　20 000

制造费用——维修费——打包中心　　　　　　　　　　5 000

制造费用——劳动保护费——打包中心　　　　　　　2 000

以上将三个间接费用——折旧费、维修费、劳动保护费分别分摊至 A 型冰箱和 B 型冰箱。作业成本核算完之后，不仅已经知道了各作业中心的成本明细情况，也得出了产品明细成本构成，同时还得出了每种产品每个作业中心的成本明细表，一举三得。

产品的间接费用明细再加上产品消耗的材料、直接人工等直接成本，可以得出产品总成本，产品总成本除以产量，即为产品单位成本。

表 6-18 仅列示了间接费用的单位成本，未考虑直接成本。

表 6-18　折旧费、维修费、劳动保护费三项费用计算的产品单位成本表

费用	产品	总成本合计（元）	产量（台）	间接费用单位成本（元/台）
折旧费、维修费、劳动保护费合计	A 型冰箱	149 580	398	376
	B 型冰箱	120 420	412	292

为便于理解，本书成本核算过程中的分摊结转未使用"分配率"的概念。当然也可使用分配率，其结果和直接计算占比分摊总费用是一致的。

6.5.3　与原传统成本法核算的比较

前文说传统成本法核算是按成本动因将间接费用分摊至产品，而作业成本法先通过资源动因分摊至作业中心，再通过作业动因分摊至产品。如果上述举例内容调整为按传统成本法核算，即间接费用按产量占比作为成本动因分摊至产品，则在生产车间成本层面就将这些间接费用按产量占比分摊至 A 型冰箱和 B 型冰箱两种产品上，见表 6-19。

表 6-19　传统成本法按成本动因将生产车间成本分摊至产品　（金额单位：元）

生产车间归集	产量（台）	折旧费总额	维修费总额	劳动保护费总额	三项费用合计	单位成本（元/台）
		200 000	50 000	20 000	270 000	
A 型冰箱	398	98 272	24 568	9 827	132 667	333
B 型冰箱	412	101 728	25 432	10 173	137 333	333

比较两种成本核算方式下产品的间接费用单位成本差异见表 6-20。

表 6-20　传统成本法与作业成本法下间接费用单位成本差异　　（单位：元）

产品	作业成本法下间接费用单位成本	传统成本法下间接费用单位成本	差异
A 型冰箱	376	333	-43
B 型冰箱	292	333	41

成本差异额产生的主要原因就在于两种成本核算方法对于制造费用分配的不同，传统成本核算方法把成本动因（如产量）当成对所有制造费用（如内胆成型、装配、发泡、总装、充注、质检和打包）进行分配的依据。

实际上，从表 6-20 中数据的差异可以看出，产品生产过程中分别耗用的各种费用在相应的费用总额中所占比重是不同的。用产量这种单一指标来分配制造费用显然是不太科学的，结果造成产量较低的 A 型冰箱分配的制造费用较少，低估了产品成本；而产量较高的 B 型冰箱分配的制造费用较多，高估了产品成本。差异产生的原因如图 6-7 所示。

通过以上分析可以看出，在家电企业中，用作业成本法和传统成本法计算出的产品成本存在差异，传统成本法扭曲了不同产品之间的成本，不能够提供可靠的产品成本信息，相比之下，作业成本法较为科学细致地分配了制造费用，且产品与成本发生的路径更贴近，从而能够全面准确地反映出不同产品成本的真实面貌。

第 7 章

500 强企业的成本核算实操解密

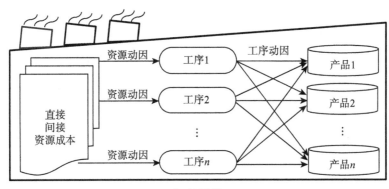

本章导览

7.1 500 强企业成本核算概况

7.1.1 钢铁企业概述

钢铁企业的成本核算分为"主工序"成本核算和"辅助工序"成本核算。工序单元的核算,是站在成本中心维度上而不是明细产品成本维度上的核算。根据钢铁企业成本核算"十字形定位"的概念,工序单元的成本核算满足对外报表披露需求。

明细产品成本维度的核算需要另一套系统（SAS系统），实现从主工序成本中心进一步把成本分摊至产品。在"十字形定位"的概念中，产品层面的核算定位为满足内部明细成本管理需求。

如图7-1所示，某500强钢铁企业采用长流程工艺，建造周期短，工序繁多，是典型的分步制造工业。因为制造流程异常繁杂，一般的分步法成本制度很难适用，所以此钢铁企业使用"分步法的PLUS版"。

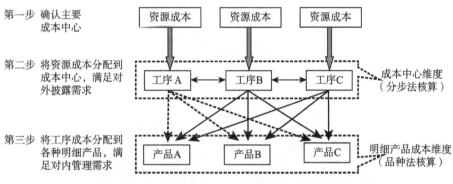

图7-1 某500强钢铁企业成本核算细化递进维度

"分步法的PLUS版"即标准成本管理制度，其主要特点如下。

（1）标准成本管理制度的成本核算过程是"标准成本（事先布局）+ 差异分摊 = 实际成本"，而不是"实际成本 - 标准成本 = 差异"，即事前先根据历史经验数据制定并全盘布局标准，事中计算统计出差异并动态实时控制，事后分摊结转最终差异得出实际核算结果。

（2）引入作业成本法的成本动因，做标准成本法的事情。这样就可以在各项成本标准的制定上突破传统成本变动只跟产量挂钩的观念，找到影响成本变动最直接和最根本的原因。

（3）多个明细产品的工序前端，是通用通材，如铁水、钢坯形态的存在。根据订单在后端工序进行微调后，产品才显现出最终产品形态。成本是在成本中心维度（工序层面）先归集，然后再通过一定的工序动因（分配依据），将主工序成本中心的成本分摊给多个明细产品。这个按工序动因分配分摊的动作更多地发生在工序的中后端。

（4）标准成本管理制度是钢铁企业成本管理实现价值最大化的核心。

7.1.2 造船企业概述

造船企业的成本核算，是在生产设计阶段就已经开始以最终订单产品为成本核算对象归集成本，具体为分装中间品核算和总装最终产品核算的结合，如图 7-2 所示。

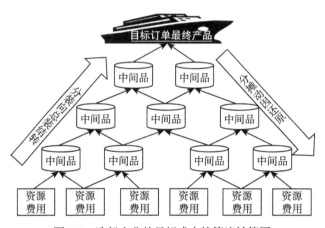

图 7-2 造船企业的目标成本核算流转简图

造船企业的目标订单最终产品就是一艘船或一个修船工程的项目号。成本核算直接按项目号归集分装环节结转来的成本和总装环节发生的成本。

单船的直接成本为发生的专项成本，直接归集至产品。例如，最终总装环节的切割焊接、涂装等成本。

单船的间接费用为分装中间品环节成本和总装环节发生的"共用成本"，主要为辅助部门或工序同时发生多艘船的共用性费用，需要靠分摊分配给最终产品。例如，设备维修、运输等费用。

造船企业的成本设计为：单船的专项成本直接归集给最终产品（单船）；间接费用通过部门或辅助工序成本中心先归集成本后，再按成本动因（较多是按项目综合发生工时）分摊给最终产品项目号。

造船企业的特点是流程工艺短和建造周期长，是典型的分批制造工业。正因为造船行业的流程短、时间长，中间品核算环节具有一定的复杂性，所以造船企业的成本核算制度可以理解为"分批法的 PLUS 版"，即用目标成本法进行成本管理。

为避免散而宽泛，以聚焦主旨，本章重点介绍管理相对先进的钢铁企业成本核算，以长流程工艺的成本核算为例进行深入介绍，主要涉及以下几个问题：

（1）为什么钢铁企业要开展标准成本核算？有利条件（优势）是什么？创新点在哪里？效果又有哪些？

（2）以案例说明钢铁企业的成本核算过程。

（3）以案例说明钢铁企业成本核算"十字形定位"面向分析的因素分析法。

7.2 主工序和辅助工序成本核算

7.2.1 揭示长流程的主工序成本核算

以某 500 强钢铁企业最赚钱的"汽车用钢板"产品为例。通用、福特、大众等汽车厂家均会采购钢铁企业所生产的汽车用钢板这个产品，用于生产汽车车身外壳。钢铁企业的生产单元，分为主工序生产单元和辅助工序（生产）单元。所谓主工序，就是产品主线生产工序，如图 7-3 所示。从炼铁厂生产铁水产品工序开始，一直到汽车板厂生产汽车用钢板产品工序为止，大致经历了炼钢厂、热轧厂、冷轧厂等产品主线工序，构成了主工序链。这些以矿石→铁水→钢坯→热轧板→冷轧板→汽车板为主线的产品生产工序，叫作"主工序"，相对应的成本核算为"主工序"成本核算。

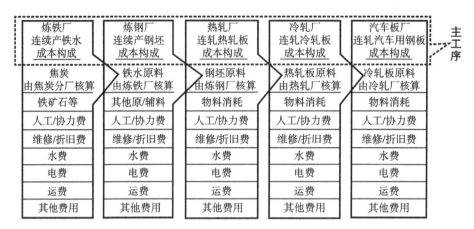

图 7-3 某 500 强钢铁企业"分步法的 PLUS 版"成本核算结转流程简图

了解业务有助于理解成本核算,这里再用下面一段文字来回顾一下"钢铁是怎样炼成的",即 500 强钢铁企业最赚钱的汽车用钢板是如何生产出来的。

【例 7-1】如图 7-3 所示,炼铁厂就是把氧化态的铁(如铁矿石)变成纯铁,所以炼铁反应是还原反应。

还原剂是什么?是焦炭。所以先要生产焦炭。

焦炭从哪里来?从煤中提炼。

需要多少吨矿石、多少吨煤,才能变成 1 吨铁水?需要大约 1.6 吨(60% 左右品位)的矿石,加上 0.4 吨的煤,才能变成 1 吨铁水,即 2 吨原材料变成 1 吨铁水产品。

炼完铁水,铁与钢之间有什么不同?碳含量不同。

炼钢是什么反应?就是把多余的碳去掉。怎么去掉?用氧,让碳氧化,所以炼钢是氧化反应。炼钢决定了产品的成分,所以炼钢时需要添加一些合金。至此,主体产品存货质量不会有太大变化了,开始了后续的成材历程。

炼完钢了,钢坯为什么要热轧?因为只有加热到 900 摄氏度以上,才能把铁的变形抗力大幅度降低,要把 20～35 厘米厚度的钢坯变成 3～5 毫米厚度,这么大幅度的变形量在冷轧厂是无法实现的,必须把它加热后才能完成。热轧厂热轧就是加热之后轧制。

热轧之后是冷轧，冷轧就是在常温下轧制。轧完之后的材料是不具备可加工性的，只能进行简单的折弯，所以要做退火处理，目的是获得相应的变形能力和强度，然后才能生产出冷轧板和汽车用钢板。

以上是工艺，接下来看成本核算和存货结转。

焦炭分厂生产焦炭的所有生产成本会结转到炼铁厂的原料里，也就是结转成为生产铁水需要的焦炭原料成本。另外还会发生一串成本，才能生产出铁水。

炼铁厂生产铁水的所有成本会结转到炼钢厂的原料里，也就是结转成为生产钢坯所需要的铁水原料成本。另外还会发生一串成本，才能生产出钢坯。

炼钢厂生产钢坯产品的所有成本会结转到热轧厂的原料里，也就是结转成为生产热轧板所需要的钢坯原料成本。另外还会发生一串成本，才能生产出热轧板。

热轧厂生产热轧板产品的所有成本会结转到冷轧厂的原料里，也就是结转成为生产冷轧板的原料成本。另外还会发生一串成本，才能生产出冷轧板。

冷轧厂生产冷轧板产品的所有成本会结转到汽车板厂的原料里，也就是结转成为生产汽车用钢板的原料成本。另外还会发生一串成本，最终生产出了汽车用钢板。

经过各个工序的一系列结转后，铁水的成本就层层结转（转移或者流转）传递到了最终产品——汽车用钢板的生产成本上。

在分析主工序链的成本时，如果涉及其他工序（前工序或辅助工序）分摊和结转过来的成本产生了异常，各主工序只负责揭示差异，而分析差异原因的职能归属于其他工序。

【例7-2】在图7-3中，财务部长期派驻炼铁厂的驻厂财务负责核算和分析炼铁厂铁水产品的单位成本。驻厂财务负责焦炭核算，也负责铁矿石的消耗核算，但不负责铁矿石的价格核算（为采购部结转过来）。除此之外，图 7-3 中所列示的其他成本项目如人工 / 协力费、水费、电费、运费、维修 / 折旧费，均不是由归口炼铁厂驻厂财务进行核算，而是由这些成本项目归口管理的部门或辅助工序统一进行核算。实际上，派驻到各工序单元的财务人员的手工核算职能已弱化，通过一体化财务信息系统实现了自动做账（抛账）。所以，驻厂财务的主要职能在于成本的跟踪、差异的揭示、成本分析和控制，而不是成本核算。

炼钢厂的驻厂财务，负责核算和分析炼钢厂的钢坯产品单位成本。其中，除了负责炼铁厂结转过来的铁水、其他原料辅料的消耗核算以外，图 7-3 中所列示的其他成本项目如人工 / 协力费、水费、电费、运费、维修 / 折旧费，均不是由归口炼钢厂驻厂财务进行核算，而是由这些成本项目归口管理的部门或辅助工序统一进行核算。

热轧厂的驻厂财务，负责核算和分析热轧厂的热轧板产品单位成本。其中，除了负责钢坯原料的消耗核算以外，图 7-3 中所列示的其他成本项目如人工 / 协力费、水费、电费、运费、维修 / 折旧费，均不是由归口热轧厂驻厂财务进行核算，而是由这些成本项目归口管理的部门或辅助工序统一进行核算。

以此类推，冷轧厂、汽车板厂的成本核算及归口责任也是如此。

7.2.2　揭示辅助工序成本核算

"辅助工序"的成本结转和还原现象，比较有意思。

所谓辅助工序，就是为"主工序"提供能源、设备、运输等生产或支持服务的流程相对短的工序，对应的成本核算为辅助工序成本核算。辅助工序也可以理解为共用性工序。

成本核算的特点是全部主工序、辅工序全覆盖，如图 7-4 所示，设备部负责所有主工序及辅助工序的维修业务及维修成本核算，自备电厂负责所有主工序及辅助工序的用电和电费成本核算，自备水厂负责所有主工序及辅助工序的用水和水费成本核算，运输部负责所有主工序及辅助工序的运输业务和运输成本核算。

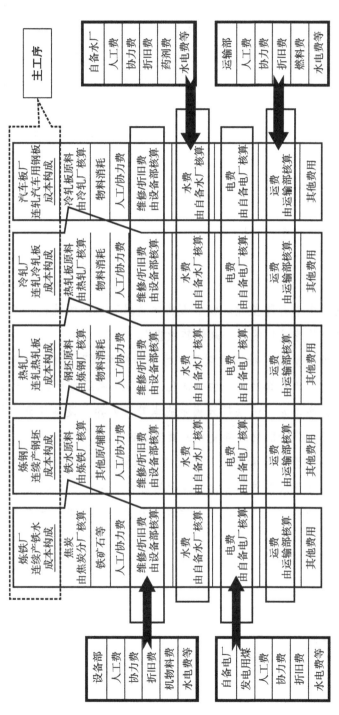

图7-4 某500强钢铁企业主工序与辅助工序成本核算示意简图

【例 7-3】 某钢铁企业属于工业企业，用水用电量比较大。所以为了不影响民用，该企业就自己建造了专门的发电厂和自来水厂，即自备电厂、自备水厂，专供钢铁企业自身生产的用水用电。如果生产有富余，则剩余的水和电产能还能供应给民用。

这里比较容易混淆的是有关成本项目的成本核算及分析的归属问题。主工序当中，以钢铁企业炼铁厂为例，如图 7-4 所示。

炼铁厂的焦炭成本，由炼铁厂生产，所以由炼铁厂负责核算和分析。

炼铁厂的铁矿石消耗，是指生产 1 吨铁水产品需要消耗多少吨铁矿石。炼铁厂负责核算和分析。

炼铁厂的铁矿石价格不是由炼铁厂核算和分析的，而是由负责采购铁矿石的部门负责归口做账（通过一体化采购信息系统自动做账）和分析的，炼铁厂只揭示成本升降差异。铁矿石成本是采购部摊给炼铁厂的成本，因为铁矿石单价是炼铁厂的"外来结转数据"。

炼铁厂的维修费、折旧费属于"外来结转数据"，由设备部驻扎在炼铁厂的驻厂设备员核算后统一由一体化财务信息系统自动做账（抛账），结转到各个主工序单元，炼铁厂只揭示成本升降差异。设备部负责归口分析各主工序维修费、折旧费差异变化的真实原因。

炼铁厂的水费、电费属于"外来结转数据"，分别由财务部驻扎能环部、自备电厂财务人员核算并由一体化财务信息系统自动做账（抛账），结转到各个主工序单元，炼铁厂只揭示成本升降差异。能环部自备水厂、自备电厂负责归口分析各主工序水费、电费差异变化的真实原因。

炼铁厂的运费属于"外来结转数据"，由财务部驻扎运输部的财务人员核算并由一体化财务信息系统自动做账（抛账），结转到各个主工序单元，炼铁厂只揭示成本升降差异。运输部负责归口分析各主工序运费差异变化的真实原因。

7.2.3 非工序单元外来数据的结转

【例7-4】炼铁厂的人工费、协力费也属于"外来结转数据",如图7-5所示。

炼铁厂连续产铁水成本构成	炼钢厂连续产钢坯成本构成	热轧厂连轧热轧板成本构成	冷轧厂连轧冷轧板成本构成	汽车板厂连轧汽车用钢板成本构成	主工序
焦炭 由焦炭分厂核算	铁水原料 由炼铁厂核算	钢坯原料 由炼钢厂核算	热轧板原料 由热轧厂核算	冷轧板原料 由冷轧厂核算	
铁矿石等	其他原/辅料	物料消耗	物料消耗	物料消耗	
人工/协力费	人工/协力费	人工/协力费	人工/协力费	人工/协力费	人力资源部
维修/折旧费 由设备部核算	维修/折旧费 由设备部核算	维修/折旧费 由设备部核算	维修/折旧费 由设备部核算	维修/折旧费 由设备部核算	
水费 由自备水厂核算	水费 由自备水厂核算	水费 由自备水厂核算	水费 由自备水厂核算	水费 由自备水厂核算	
电费 由自备电厂核算	电费 由自备电厂核算	电费 由自备电厂核算	电费 由自备电厂核算	电费 由自备电厂核算	
运费 由运输部核算	运费 由运输部核算	运费 由运输部核算	运费 由运输部核算	运费 由运输部核算	
其他费用	其他费用	其他费用	其他费用	其他费用	

图 7-5 非工序单元外来结转数据——人工费、协力费结转示意简图

刚才提到的设备部、自备水厂(属能环部)、自备电厂、运输部等辅助单元,属于生产单元,是作为工序成本中心的存在。而炼铁厂的人工费、协力费归口人力资源部。与辅助工序单元不同,比较特殊的是:人力资源部不属于辅助单元,不属于生产单元,不是成本中心。因此,人工费、协力费属于炼铁厂的"非工序单元外来结转数据",由人力资源部驻扎在炼铁厂的劳资人员核算后统一由钢铁企业一体化财务信息系统自动做账(抛账),人力资源部负责归口分析人工费、协力费波动变化的真实原因。

以上是以炼铁厂为例说明有关成本项目的成本核算及分析的归属问题。除了炼铁厂以外,炼钢厂、热轧厂、冷轧厂、汽车板厂等主工序单元

有关成本项目的成本核算及分析的归属问题，和炼铁厂是一致的。

由此可以看出，钢铁企业每个主工序及辅助工序的驻厂（部）财务人员的工作职责主要就是成本分析和揭示差异，而不是核算。因为主工序及辅助工序成本核算是前端业务部门通过数据接口录入后，由一体化财务信息系统自动完成的，从而大大精简了财务人员的工作。

7.3 逐渐"逼"出来的成本核算

某 500 强钢铁企业的成本核算以公历每个月为一个成本计算期，根据实际生产量和为生产而发生的各种料、工、费的实际耗用进行核算，反映综合成本和各部门成本完成情况。成本核算参照执行财政部 2015 年 11 月颁布的《关于印发〈企业产品成本核算制度——钢铁行业〉的通知》（财会〔2015〕20 号）的相关规定，遵守成本开支范围和开支标准，严格划清本期成本与下期成本、半成品成本与产成品成本、可比产品成本与不可比产品成本的界限，不能任意提前或延后成本费用的负担期，分清基建项目费用和生产成本的界限，基建和生产的共用性费用按一定的比例分摊。钢铁企业现阶段主要推行的标准成本管理制度（也有部分单元局部使用目标成本法、作业成本法的现象）有一个历史演化的过程，随着管理的深入和完善，原有的成本制度已不再适应变化，从某种角度来看，某 500 强钢铁企业使用标准成本管理制度是被"逼"出来的。

7.3.1 被磨合出来的新成本制度

如图 7-6 所示，某 500 强钢铁企业对于成本核算制度的探索，是在成本实践的历史沿革中不断打破过去旧的成本制度，逐渐探索新成本制度的过程。

该钢铁企业早年间推行的"综合消耗额管理"制度存在一些问题，所以"责任成本管理"制度随之产生。

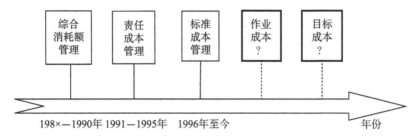

图 7-6 某 500 强钢铁企业打破旧成本制度，探索新成本制度的历程

1. 责任成本管理的"利与弊"

责任成本是指按照责任者的可控程度所归集的应由责任者承担的成本，责任成本管理是现代管理中把"责任"和"成本"这两个主题紧密地结合起来的一种科学的管理形式，是降低成本、提高经济效益的有效管理手段。

虽然钢铁企业原来曾经实行的"责任成本管理"制度带来了成本管理的改进，但在实践中，经过时间的考验，逐渐暴露了很多弊端，主要有以下几点。

第一，成本主体划分较粗，尚未完全形成全员成本管理格局。
第二，成本核算与成本控制的结合有待加强。
第三，成本核算方法与钢铁企业的整体管理格局有一定的差距。
第四，由于没有强大的网络数据库系统支撑，成本信息缺乏及时性。
第五，成本责任考核奖惩缺乏标准化、规范化。

2. 标准成本管理制度被推上历史舞台

由于责任成本管理在推行实践中存在诸多弊端，要求企业成本管理必须创新，必须进一步发展与完善。正是在此背景下，适应钢铁企业的成本制度——标准成本管理制度，随后被推上历史舞台。

7.3.2 快速理解"标准成本＋差异分摊"的标准成本管理制度

标准成本管理制度一般适用于能够取得较稳定历史数据作为标准的制

造行业。标准成本法可以理解为"分步法的 PLUS 版",即比分步法更适合处理长流程、烦琐复杂工艺下的成本核算问题。

钢铁企业标准成本管理制度实现了对成本可以达成事前、事中和事后控制的效果。

事前:按照"标准成本 + 末梢成本触发点标准"将成本标准全盘布局完毕。

事中:拿实际核算出来的成本与标准成本相减并根据差异预警动态实时调整以实现事中控制。

事后:月末将最终差异根据成本动因分摊至工序或明细产品。这一步完成之后,就可以运用因素分析法来计算差异、找出产生差异的原因,从而分析并加以改善。

钢铁企业成本核算步骤为半成品和产成品的产出、原料耗用及销售,平时依标准存货成本计价,月终结账接受差异分摊以实际存货成本计价;采用"标准成本(事先布局)+ 差异分摊 = 实际成本",而不是采用"实际 − 标准 = 差异"的步骤核算,即先核算标准,再核算差异。

差异的计算分为以下两步:

(1)动态跟踪和计算差异,分析差异产生的原因、追查责任、纠正,进行动态预警,并实时调整生产。

(2)期末将最终差异按照成本动因分摊至主工序成本中心或明细产品,完成差异的核算。差异通过设置专门科目进行归集。

"实际成本核算制度"的成本动因(分摊成本的依据)与标准成本法的成本动因选择应该是一致的;不同的是,标准成本法的成本动因主要是在"差异分摊"时用到,而标准成本是事先[⊖]已经根据历史经验数据制定并全盘布局完毕的预算数据。

⊖ 事前,一般为年初或上年年末,日常也可动态调整。

标准成本法的核算步骤为"标准成本（事先布局）+差异分摊=实际成本"。

7.3.3 都不敢玩作业成本法

某500强钢铁企业和某500强造船企业，一家用标准成本法（可以理解为"分步法的PLUS版"）核算成本，一家用非标准成本法，即目标成本法（也可以理解为"分批法的PLUS版"）来核算成本。所以，两类企业虽然同属制造业，但两家未全面推行作业成本法。"不敢玩"这个词可能不贴切，应该说实行"作业成本法"的客观条件与时机尚不成熟。

为聚焦主题，这里还是以管理相对先进的某500强钢铁企业为例，解释为什么不能全面推行作业成本法。标准成本管理制度（目前实行）和作业成本法之间的比较见表7-1。

表7-1　某500强钢铁企业特色的标准管理成本制度和作业成本法的比较

比较项目	钢铁企业特色的标准成本管理制度	作业成本法	评述
成本核算方法	实际成本核算以半成品和产成品为对象，先以成本中心进行费用归集，通过成本的分离与结转，最终归集到产品上，计算结果相对准确。产品标准成本计算引进"成本动因"，其实质与作业成本法基本一致	实际成本核算以作业为基本的成本归集、计算对象，并将其作为产品成本计算的基础，计算结果较为准确，其基本原则是"作业消耗资源，产品消耗作业"	进行成本系统设计时，遵循"简化成本核算，重在管理"的原则，强调实际成本核算的服务对象为对外报表，用于损益计算
成本管理	1. 成本管理制度（体系） 2. 强调成本管理的持续改进，以及事前、事中控制及事后的差异分析 3. 多样化的成本动因（附加成本标准）让成本控制更加深入 4. 设置成本中心，强调成本中心的设置与组织机构基本一致	1. 成本管理制度（体系） 2. 强调成本管理的持续改进，以及事前、事中控制，旨在消除不增值作业，提高增值作业效率 3. 多样化的成本动因让成本管理深入到作业层面 4. 设置作业成本中心，强调作业成本中心的设置与组织机构一致	基本一致
成本预算编制	主原料成本预算按明细产品的原料标准编制。附加成本按成本动因下的各项成本标准编制	以作业的成本动因为基础编制成本预算	两者并无本质区别

（续）

比较项目	钢铁企业特色的标准成本管理制度	作业成本法	评述
成本差异揭示	主要揭示每一成本项目的差异	揭示每一作业的成本差异	需要分析隐藏在每一费用差异后面的原因
降低成本的途径	通过事前、事中成本控制及事后的差异分析，形成PDCA循环，重点在于对成本实绩的改进	1. 作业消除 2. 作业选择 3. 作业减低 4. 作业分享	两者并无本质区别，但作业成本法更直观

可以看出钢铁企业"先天的成本体质"固化了成本底盘，这也决定了如需改变则要对业务、财务架构、流程及系统进行涅槃重生般的痛苦手术，才能实现作业成本法的效果。细化不是说不能达到，而是需要投入大量人力、物力、财力，全面推行作业成本法可能会得不偿失。现在的成本管理制度也够用、能玩得转、进行得下去。

1. 全面推行作业成本管理需做的前提工作

某500强钢铁企业的标准成本制度通过事前分析、事中控制、事后反馈、绩效评价，形成一系列PDCA循环，达到成本控制的目的。标准成本管理制度关注的是成本结果。作业成本法通过追踪成本发生的动因，动态地反映作业链的成本，分析作业成本发生的合理性，不断优化流程组合，挖掘成本潜力。钢铁企业如全面实施作业成本法恰好可以弥补标准成本制度在过程控制上的不足，推动成本管理进一步向精细化方向发展。但是，某500强钢铁企业全面推行作业成本管理还需具备以下几个前提。

（1）加强基础数据的收集，不断完善业务系统的功能。作业成本管理需要收集大量的明细基础数据。目前，这些数据要么分散在各业务系统，要么无法收集。加强收集和整合基础数据，既是实施作业成本法的先决条件，也是成本精细化管理的基础。

（2）财务人员与业务人员的合作，达到管理会计所要求的"业财融合"效果。作业成本法的实施一方面需要财务人员熟练掌握业务流程，对作业成本发生的合理性做出准确的判断，另一方面需要业务人员具有作业成本意识，在掌握作业成本法相关知识的基础上，积极参与本部门作业成本管理的系统设计、数据提供以及事后业务分析，进一步加强部门内部的成本控制。

（3）优化作业动因的选择。作业动因的选择是推行作业成本法的关键，也是推行作业成本法的难点。钢铁企业内部影响成本发生的因素非常多。为充分发挥作业成本法的作用，同时达到管理和效益的统一，需找出与实耗资源相关程度较高且易于量化的成本动因。这也需要业务人员的积极参与。

（4）加强作业流程控制，细化产品成本。钢铁企业产品品种繁多，明细产品品种多达数十万个，而且交叉物流复杂，增加了作业成本法推进的难度。如何将作业链和价值链相结合，进一步细化产品成本，为产品定价提供更准确的成本数据支持，正好体现出作业成本法对公司产品价格决策的指导意义，是钢铁企业实施作业成本法所面临的重要课题。

2. 目前推行作业成本法存在的困难

（1）细化产品成本困难。产品品种繁多，物流复杂，如何将作业链和价值链相结合来细化产品成本，真正体现作业成本法对公司产品价格决策的指导意义是目前钢铁企业面临的一大困难。例如，需要说清楚生产某产品的机组具体准确的耗电量，就要加电表；否则，依旧要靠分摊。

（2）作业动因的选择困难。作业动因的选择是推行作业成本法的关键。钢铁企业内部影响成本发生的因素非常多，如何保证其相对的合理性、准确性，值得进一步研究。

在明细产品之间分摊间接制造成本是庞大而复杂的工作，选择较为合理的成本动因对产品成本的准确性有重要的影响。

【例7-5】下列费用合理的成本动因的改变。

（1）轧制费用。成本动因为原按产量（吨）占比分摊，合理选择应为按机时能力或轧制长度（公里数）占比分摊。

（2）涂镀材料。成本动因为原按产量（吨）占比分摊，合理选择应为按表面积或涂层体积占比分摊。

（3）轧制油。成本动因为原按产量（吨）占比分摊，合理选择应为按表面积占比分摊。

（4）运输费。成本动因为原按产量（吨）占比分摊，合理选择应为按公里数占比分摊。

…………

（3）基础数据收集困难。作业成本法需要收集大量的明细基础数据。目前，这些数据要么无法收集，要么分散在各业务系统。如何提高数据的收集和整合效率以分摊成本和衡量绩效，是实施作业成本法的先决条件。

（4）与业务人员的合作要求高。

（5）面对成本系统的大量数据，确定一个有效的成本分析模式非常重要，成本中心绩效衡量仅仅是个开始。

（6）在产品的设计阶段，在技术部门确定产品 BACKLOG（产品加工路径）时如何选择成本最优方案，就已决定产品成本的 90%。另外，在编制预算时，要根据预算产能中重点产品能否以产品设计的最经济、合理的加工路径来考虑前后工序的投入产出关系，而不仅仅根据上年品种结构细化，以剔除上年成本的不合理因素。

（7）在新的企业观和成本观下，如何在所有作业环节上尽可能降低消耗、寻求最有利的产品，以促进生产经营整个价值链的水平得以不断提高，值得思考。

7.3.4 被逼降成本，叫"倒逼成本"

我曾工作过的 500 强企业在应对市场不景气时提出了"倒逼目标成本"的管控思路。倒逼现象的出现，是因为市场变化了。

为什么要搞倒逼目标成本管理？

1. 领导重视的结果

正是因为市场不景气,对外没有办法,眼睛只能向内:在成本上做文章。

这个时候,领导不得不开始重视成本。之所以要搞成本管理,是因为领导要落实这件事,领导不重视,就落实不了。战略落地在世界500强企业里一般为自上而下,由权威人士拍板,否则容易推来推去,相互扯皮。

2008年金融危机后,很多企业受影响,利润大幅下降。精简机构、精减人员,就是很多企业为应对危机所做的事情。这就是市场倒逼、领导重视的结果。

2. 精细化的结果

以前成本管理很粗放,企业还能运营得下去。现在看来不行了,必须精打细算,所以就需要进行内部成本的精细化管理。内部成本管理一细化,很多问题就暴露出来了。

落实成本目标、成本责任以后,以前说不清的,现在就要说清楚。一说清楚,发现不对了,暴露了,原来的做法已经玩不下去了,就必须进行战略调整。

3. 学人家的结果

【例7-6】世界500强企业打破原有思维禁锢,也开始实施成本倒逼。成本倒逼的行为在境外企业、境内私企中是司空见惯的。因为市场经济下企业以价值为导向,一旦经济环境出现风吹草动,由于成本上升的驱赶,必然会将成本倒逼作为手段之一。

例如,早在2016年,高房价等高成本因素使得华为手机终端总部迁出深圳,这正是基于成本考虑的产业链重构。

企业"生产—运营—研发"等部门在不同区域或国家重新布局,是再正常不过的企业成本管控措施,很多情况是成本倒逼的结果。这种情形,与20世纪80年代制造企业生产基地从日本、我国香港特别行政区和台湾地区迁往包括深圳在内的东南沿海地带是一个道理。

当然也不乏由于成本倒逼迁往国外的案例，如富士康逐步撤出布局于中国的制造基地，迁往东南亚国家，也正是部分基于成本倒逼的考虑。⊖

实际上，模仿正是因为看到了人家好的结果。这里，不光是成本倒逼存在模仿，商业模式也存在模仿，例如：小米模仿耐克，阿里巴巴模仿亚马逊，腾讯模仿 Facebook，联想模仿 IBM，均是成功的案例。

国外企业市场不景气时的做法，就是搞倒逼成本，如采取裁员、砍费用、精简机构、兼并重组等。

因此 500 强企业也提出了"追求目标成本下降的过程中，通过全员、全面、全流程的系统倒逼，发掘成本改善点并加以固化，形成长效机制"。

4. 标准成本管理体系下的倒逼目标成本核算

钢铁企业在标准成本管理体系下的倒逼目标成本核算，就是先算利润，再算成本；先算后工序成本，再算前工序成本。具体步骤为：生产部门按照销售合同以成本最优的原则安排生产线生产→辅助部门根据生产部门的生产安排，倒推自己的生产安排→财务部门通过测算的利润，按目标成本对每月成本进行倒推→生产部门、辅助部门贯彻目标成本→财务部门通过成本核算，弹性评价成本完成情况，进行后评估→各厂部通过目标成本管理寻找改进空间，固化改进成果，通过修订成本标准持续提升成本竞争力。

倒逼成本的框架，就是按照"价格－利润＝成本"思路来控制成本，而不是按"价格－成本＝利润"思路来控制成本。

其中的成本核算，就是在倒逼目标成本的框架下采用"标准成本（事先布局）+差异分摊=实际成本"的核算模式。

7.4 解密：钢铁企业成本核算过程

钢铁企业的成本核算方法可以理解为"分步法的 PLUS 版"（即标准成本法）。标准成本是在一定的环境和条件下根据科学的方法预先制定的，

⊖ 资料来源于上海证券报。

是衡量实际成本高低的一种成本尺度。计算标准成本的方法,叫标准成本法。标准成本核算主要有两大特点:

一是利用了作业成本法的成本动因思想,套用到标准成本法里来进行成本标准和差异的分摊,而不是只用"总成本只与产量相关"这个单一的分摊依据了。

二是半成品和产成品的产出、原料耗用及销售平时依标准存货成本计价,月终结账时接受差异分摊以实际存货成本计价;采用"标准成本(事先布局)+差异分摊=实际成本"的步骤核算,而不是采用"实际−标准=差异"的步骤核算。

【例7-7】某500强钢铁企业成本核算过程简图,如图7-7所示。

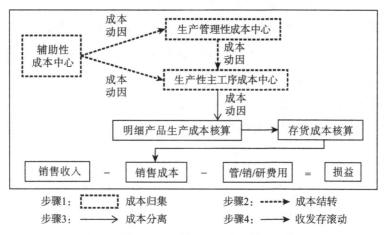

图7-7 某500强钢铁企业成本核算过程简图

辅助性成本中心(共用性成本中心)根据成本动因(分摊规则或依据),将其归集好的成本分摊给生产管理性成本中心和生产性主工序成本中心。生产管理性成本中心归集的成本再通过成本动因分摊给生产性主工序成本中心,之后生产性主工序成本中心再根据成本动因分摊给明细产品。产品通过存货成本核算结转至利润表影响损益,或继续留在存货和生产成本里不影响损益。

7.4.1 工序中心层面的简化和明细产品层面的强化

钢铁企业目前全面推行"作业成本法"的条件与时机还不成熟，现阶段主要使用标准成本管理制度，但是结合运用了作业成本法的成本动因，进行标准成本的制定。成本核算的对象主要针对成本中心（产线），并未全面细化到更小的作业中心（机组）单元。说得更直观些，就是只细化到了工序和生产线，没有细化到生产线上的每个机组。

原因很简单：成本核算的对象分类越细，能直接跟踪并量化到该对象上的费用种类就越少，剩下的全要靠分摊。如果需要分摊的费用越多，那么拍脑袋的成分也会越多，越容易失真。实际成本的高低取决于人为确定的标准，其准确性受分摊标准的影响就很大。

因此，现阶段钢铁企业用标准成本决策，实际成本按中间半成品和产成品（即产品线存货系统作为成本中心分摊层面的核算对象，满足对外披露的需求）进行归集，避免了实际成本核算的复杂性和波动较大的影响，减少了分摊次数，也就相对简化了成本核算。

如果需要进行明细产品的核算，则纳入数据仓库层面去再次分摊，进一步核算明细产品，满足对内管理的需求，如图 7-8 所示。

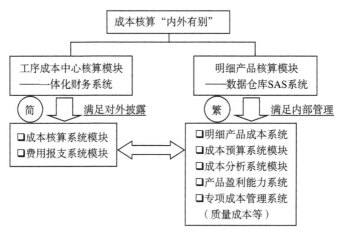

图 7-8 某 500 强企业成本核算的繁简分级示意图

产品线存货核算系统在主工序成本中心层面进行核算。依产品线汇集各半成品和产成品生产、领用、发货及其他影响存货增减变化的交易，以作为成本系统分摊生产成本（原料成本部分）的基础，并以此计算产品存货成本，如图 7-9 所示。

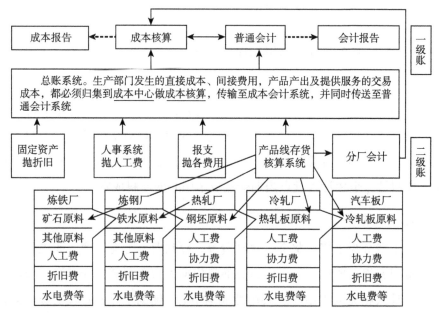

图 7-9　某 500 强企业主工序成本中心对外报表披露层面成本核算简图

7.4.2　成本动因揭示成本变化的根本原因

钢铁企业的标准成本管理制度在各项成本标准的设定上，打破了传统的成本变动只与产量有关的单一观念，吸收了先进的作业成本法核心思想——作业成本动因，目的是充分把握影响指标的主要因素，让成本分配更加贴近现实情况，使用于决策的信息相关性也得到强化。

【例 7-8】

（1）涂油漆的产品，油漆消耗根据单位面积制定标准更加合理，而不是以"平均单位产品消耗量 × 产量"来制定标准。

（2）甲、乙、丙三种产品的成材率，根据甲成材率、乙成材率、丙成材率分别制定标准，而不是以甲、乙、丙三者的综合成材率来作为标准。

（3）煤气加热的消耗，加热厚、薄材料消耗煤气量的偏差很大，所以要分别制定厚的材料煤气消耗量标准、薄的材料煤气消耗量标准，而不是厚、薄材料混合起来加权平均定一个煤气消耗量标准。

7.4.3 实际成本核算基础数据的采集

1. 原料

矿石、煤炭、石料、铁合金等原料按领用量，并考虑损耗率折算后计入各受益成本中心。对已入库尚未结算的原料按暂估价计价，原料发料成本以加权平均法计算。年末，根据原料实际盘点数量调整原料账面库存量，原料盈亏金额计入盘点当期受益成本中心的原料成本。

2. 人工费

人工费分为工资、奖金、福利费等。福利费、工会经费、职工教育经费等按国家规定比例提取。由财务部门依据人力资源部门的工资奖金汇总表分配计入相关成本中心。共用性成本中心（辅助工序）的人工费依据相关成本动因分摊至主工序成本中心。

3. 修理费

（1）检修材料、领用备件、备件修复、备件制作等按"谁发生，谁承担"的原则，根据领用单和修理责任部门的确认单，依实际金额直接计入确认的各受益成本中心。

（2）专业修理委外协力根据合同确认的计价计费原则，由修理费归口责任部门确认具体金额和受益成本中心，将费用计入确认的各受益成本中心。

（3）按量计价的检修项目，由修理费归口责任部门确认实际工作量和受益成本中心，结合检修定额单价，将费用计入确认的各受益成本中心。

（4）修理费为进行内部修理的内部人工费用，纳入修理费归口责任部门的人工费，不在修理费中核算。

（5）运输部门、自备电厂、自备水厂等辅助工序的设备修理由财务部门根据各辅助工序转来的实际发生金额计入各受益成本中心。

4. 燃料费用

（1）回收燃料。公司内部生产过程中所回收的煤气等燃料，其成本按内部制定的标准回收价格计算。

（2）外购燃料。公司使用的主要燃料除上述自产燃料外，外购燃料的成本按购入价格加计运杂费计算。

（3）燃料热值。为合理计算燃料成本及衡量各生产单元的管理绩效，以国家规定的标准热值折算燃料用量。外购燃料委托专业公司检验，测定实际热值。

（4）燃料调度。为有效利用燃料，所有燃料由能源归口管理部门统一调度，其他工序服从调度以避免能源浪费。各工序的耗用量以能源归口管理部门统计为准，按标准价格结转至各受益成本中心，再分摊相应差异。

5. 公用设施费

（1）外购水电。外购水电含自来水公司的自来水、区供电局的电及市电网的电。自来水、区供电局的电的价格以地区公布的价格为准；市电网的电的价格以公司与市电力公司的协议价为准；自来水成本、区供电局的电成本、电网的电成本均由能源归口管理部门先行负担后，再结转至受益成本中心。

（2）自产气体。自产气体含蒸气、氧气等，生产自产气体发生的各项费用计入产生气体单元的成本，并最终结转计入能源归口管理部门，同时冲减产生气体单元的成本；能源归口管理部门的气体成本按品种、用量结转至受益成本中心。

（3）公用设施费的分摊依据为能源归口管理部门统计的受益成本中心

的耗用量，按标准价格结转公用设施费至各受益成本中心，再分摊相应成本差异。

6. 辅助材料

辅助材料按实际领用量及实际结算价格计入相应受益成本中心。

7. 服务费用

服务费用如作业外协、劳务外协等由各成本组按实际发生额计入有关受益成本中心。

8. 一般厂务费

（1）折旧费由财务部门依规定的折旧率计提，按固定资产与受益成本中心的对应关系，汇总折旧费用，做成本账务处理。对于能直接区分成本中心的折旧费用，则直接计入各受益成本中心；对于不能直接区分的折旧费用，依据成本动因分摊计入相应的受益成本中心。

（2）邮电费、印刷费、宣教费、差旅费、资料费、设计制图费等由财务部门按实际发生额计入有关受益成本中心。

（3）办公用品费、劳防用品费由财务部门按实际领用数量及金额计入各受益成本中心。

（4）其他一般厂务费由财务部门按实际发生额计入或结转至有关受益成本中心。

7.4.4 核算过程的先差异后实际

钢铁企业的成本核算步骤按"标准成本（事先布局）+差异分摊＝实际成本"，而不是按"实际成本－标准成本＝差异"的步骤。

1. 实际成本核算的对象

钢铁企业的成本核算主要以半成品、产成品、副产品为成本核算对象。分类原则如下：

（1）半成品是指各工序产出需供后工序继续加工的中间产品，一般无法直接对外销售。如图7-10所示，焦炭、铁水、钢坯等为半成品。

（2）产成品是指已按用户要求加工完毕且已准备发货的产品，一般可以直接对外销售。如图7-10所示，热轧板、冷轧板、汽车用钢板等直接对外销售而不再继续加工时，则为产成品；但作为后工序原料时，热轧板、冷轧板则为半成品。

（3）副产品是指各工序在生产主要产品以外附带产出的一些非主要产品，包括焦炉荒煤气、高炉水渣、高炉干渣等，可用于循环利用或作为建筑材料的原料等。

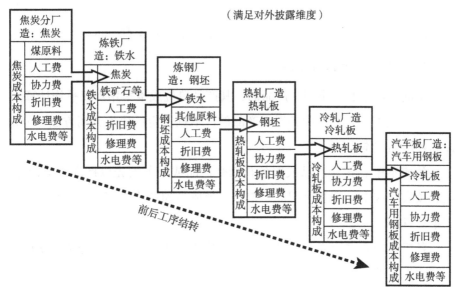

图7-10　某500强钢铁企业成本核算对象为半成品、产成品、副产品工序

2. 半成品和产成品的计量与计价

（1）半成品和产成品产出量计算。如图7-10所示，前工序的产量，原则上是后工序的领用量。焦炭产量即为送炼铁厂生产铁水的原料量；铁水产量依据炼钢厂造钢坯实际过磅称量的铁水耗用量；钢坯产量为热轧厂制造热轧板实际称量的钢坯耗用量；热轧板产量为冷轧厂生产冷轧板实际

过磅称量的热轧板耗用量；冷轧板产量为汽车板厂制造汽车用钢板实际过磅称量的冷轧板耗用量。

（2）半成品和产成品销售量计算根据合同规定，分别按理论重量或实际重量计算。

（3）半成品和产成品的产出、原料耗用及销售的计价，平时依标准存货成本计价，月终结账时接受差异分摊以实际存货成本计价；采用"标准成本（事先布局）+ 差异分摊 = 实际成本"的步骤核算，而不是采用"实际成本 − 标准成本 = 差异"的步骤核算。

（4）钢铁类产品重分类损失及处理损失：依"损失量 × 标准成本"计入消耗该原料的成本中心；损失量有原料回收的，依"损失量 × 该原料与回收原料的标准价格差异"计入消耗该原料的成本中心。

3. 实际成本核算的方法

不同成本中心产出同一产品的，其产品单位成本采用加权平均计算。

同一成本中心产出两种以上产品的，依据一定的成本分离方法，分别计算各产品成本。

各成本中心转让产品或服务与接受产品或服务均先以标准成本计算，然后按实际成本计算和分配成本差异。半成品和产成品存货成本采用实际成本计算。

各成本中心之间成本差异的结转均按"标准成本 + 差异分摊 = 实际成本"的步骤进行，如图 7-11 所示。

成本中心费用分摊原则是：依据成本中心的性质选择最合适的分摊比例，分摊给接受其服务的成本中心。

半成品成本差异等于本期差异加期初差异。半成品成本差异分摊的一般原则是"谁受益，谁承担"，如图 7-11 中①→⑨过程所示，"成本动因"考虑了以成本中心最终产品产量占比作为分摊"承担该半成品成本差异"的依据。

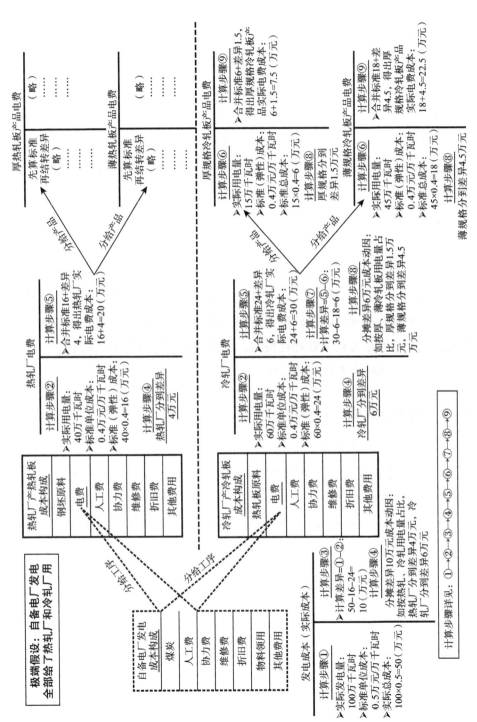

图 7-11 成本核算示意理解用T形账沙盘推演图(标准成本＋差异分摊＝实际成本)

4. 成本月末结账

（1）资料来源。成本系统相关的应用系统将成本资料传输至成本系统界面后，由成本系统自动更新相关档案，除资料更正是由成本系统输入外不做重复输入。

（2）成本资料截止点。成本系统每月结账资料截止点是以每月最后一日的资料为准，相关应用系统抛账资料截止点也以上述时间为基准。

（3）资料检核。对于成本资料处理，为防止错误资料的输入而影响成本计算的正确性，各项成本资料发生应就源检核其成本中心及成本科目，以确保资料无误。

（4）成本结账。成本结账作业是以会计年度为基础，分月进行结账作业。每一结账程序处理前，均应打印普通会计与成本系统资料平衡检核表，核对平衡后再继续进行处理。结账完成后应打印成本报表、成本绩效报表、成本明细账及相关管理性报表。结账完成后保留各项结账记录，并将本月期末数结转为下月的期初数。

7.4.5 钢铁企业成本核算推演实例

1. 工序间的成本结转

【例7-9】某钢铁企业投建自备电厂，自己发电供应给自己用。这里为理解主旨，简化列举一个工序间成本结转的极端情况，即自备电厂发的全部电量只供应给如图7-12所示的热轧厂和冷轧厂两个后工序使用。

这里已知自备电厂的实际发电量为100万千瓦时，实际单位成本为0.5万元/万千瓦时，发电总成本为50万元。这50万元全部要结转分摊给热轧厂和冷轧厂两个后工序。但并不是将这50万元总成本直接乘以分摊比例后分摊给热轧厂和冷轧厂，而是先标准，后差异，即按照"标准成本＋差异分摊＝实际成本"的核算步骤进行处理。

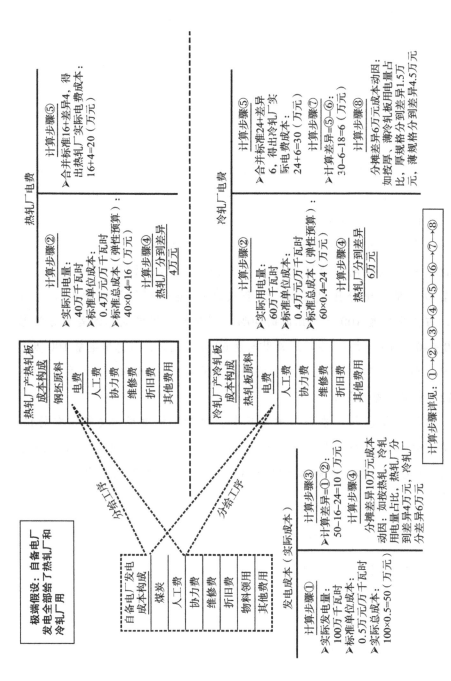

图7-12 成本核算示意理解用T形账沙盘推演图（标准成本＋差异分摊＝实际成本）

已知热轧厂和冷轧厂的用电量分别为 40 万千瓦时和 60 万千瓦时，刚好是自备电厂总发电量 100 万千瓦时全部用光。这时，预算单价已知，为年初已经制定好的 0.4 万元 / 万千瓦时，因此需要先计算"弹性预算"= 实际用电量 × 预算单价，分别算出热轧厂的弹性预算 =40×0.4=16（万元），冷轧厂的用电成本的弹性预算 =60×0.4=24（万元），如图 7-12"计算步骤②"所示。

这时，自备电厂实际发电总成本 50 万元已知，热轧厂和冷轧厂电费总预算 16+24=40（万元）已知，总差异就知道了，为 50-40=10（万元），如图 7-12"计算步骤③"所示。

接下来就需要分摊 10 万元差异到热轧厂和冷轧厂两个后工序。分摊比例就是按照电量领用量占比分摊（视为合理的资源动因，如按热、冷轧板产量占比分摊也可以，但会失真）。热轧厂领用电量 40 万千瓦时，占总电量 100 万千瓦时的 40%，则热轧厂用电成本的差异分摊额 =10×40%=4（万元）；冷轧厂领用电量 60 万千瓦时，占总用电量 100 万千瓦时的 60%，则冷轧厂用电成本的差异分摊额 =10×60%=6（万元），如图 7-12"计算步骤④"所示。

弹性预算已知，差异分摊额已知，根据"标准成本（事先布局）+ 差异分摊 = 实际成本"公式，计算热轧厂实际用电成本 =16+4=20（万元），冷轧厂实际用电成本 =24+6=30（万元），如图 7-12"计算步骤⑤"所示。

2. 产品间的成本结转

【例 7-10】在热轧厂和冷轧厂两个工序的用电成本核算完毕之后，就需进一步分摊给工序的各个明细产品。这里为简化举例，只看冷轧厂用电成本在其产品间的分摊。假设极端情况为：冷轧厂只生产"厚规格冷轧板产品"和"薄规格冷轧板产品"。

那么，标准成本法是如何将冷轧厂用电成本分摊到其工序的"厚规格冷轧板产品"和"薄规格冷轧板产品"中的呢？

在工序间的成本结转中，已经核算出冷轧厂实际用电成本为30万元。这个实际用电成本即为继续结转的基础数据，如图7-13"计算步骤⑤"所示。

冷轧厂共有两种产品。其中，"厚规格冷轧板产品"实际用电量为15万千瓦时、"薄规格冷轧板产品"实际用电量为45万千瓦时。年初已经制定好的标准单位成本依然是0.4万元/万千瓦时，则弹性预算分别为"厚规格冷轧板产品"用电成本弹性预算=15×0.4=6(万元)，"薄规格冷轧板产品"用电成本弹性预算45×0.4=18(万元)，如图7-13"计算步骤⑥"所示。

这时，冷轧厂实际用电成本30万元已知，厚、薄规格冷轧板产品用电成本总预算6+18=24(万元)已知，总差异就知道了，为30-24=6(万元)，如图7-13"计算步骤⑦"所示。

接下来就需要分摊6万元差异到厚、薄规格冷轧板两种产品。分摊比例就是按照耗电量占比分摊（视为合理的工序动因，如按厚、薄冷板的产量占比分摊也可以，但会失真）。其中，"厚规格冷轧板产品"耗用电量15万千瓦时，占总用电量60万千瓦时的25%，则热轧厂用电成本的差异分摊额=6×25%=1.5（万元）；"薄规格冷轧板产品"耗用电量45万千瓦时，占总用电量60万千瓦时的75%，则冷轧厂用电成本的差异分摊额=6×75%=4.5(万元)，如图7-13"计算步骤⑧"所示。

弹性预算已知，差异分摊额已知，根据"标准成本（事先布局）+差异分摊=实际成本"公式，则"厚规格冷轧板产品"实际用电成本=6+1.5=7.5（万元）；"薄规格冷轧板产品"实际用电成本=18+4.5=22.5（万元），如图7-13"计算步骤⑨"所示。

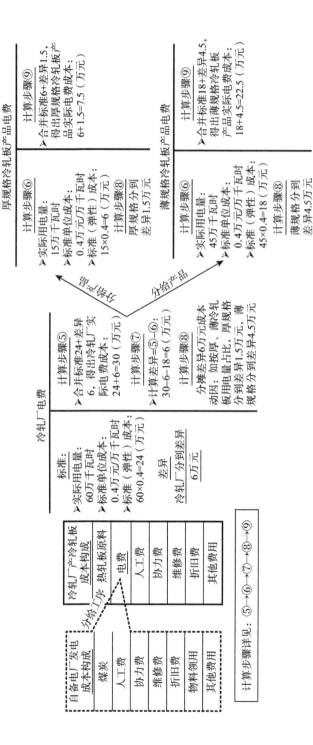

图 7-13 成本核算示意理解用 T 形账沙盘推演图（标准成本＋差异分摊＝实际成本）

7.5 "兼顾内外、延伸两端"的标准成本核算及评价

本节尝试阐述钢铁企业"标准成本"制度体系的内涵及其评价。通过列举成本核算为绩效衡量评价、成本动因分析评价(煤气消耗、发电机发电水耗)所服务的案例,阐述钢铁企业标准成本核算制度评价体系对钢材生产的成本、工序质量、成本竞争力的影响以及对现场的指导作用。

7.5.1 500强企业成本核算的定位

钢铁企业成本核算与成本核算中的"十字形定位",如图7-14所示。

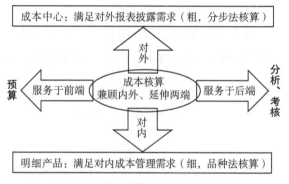

图7-14 成本核算的"十字形定位"

成本核算对外核算至成本中心(工序)层面满足披露需求,对内核算至明细产品层面满足内部成本管理需求。

标准成本核算制度适用于产品相对稳定、生产规模大的制造业,国外企业如美钢联、浦项制铁,国内企业如台湾中钢目前均采用这一管理制度。钢铁企业严格执行标准化作业制度,按标准进行生产组织,有标准的生产工艺和标准的计算机管理信息系统(整体产供销系统)以及高素质的员工队伍,这些是实施标准成本核算制度的有利条件。

某钢铁企业是典型的分步法核算企业,但是用传统的"分批法"或"分步法"等其他成本核算方法又无法完全满足企业大规模、长流程生产

和复杂工艺对成本管理的需求,而全面推行"作业成本法"的条件与时机尚不成熟。因此,该钢铁企业结合自身特点选择了"分步法成本制度的 PLUS 版",即标准成本核算制度。

但该钢铁企业并不满足于现状,为了实现深化、细化的成本管理,它采用了"末梢成本触发点"标准管理,从而形成了企业独有的"标准成本＋末梢成本触发点"的标准成本核算制度定位。

钢铁企业的标准成本核算制度是指围绕企业内部各成本发生点的标准成本相关指标(主要是"末梢成本触发点"标准)设计的成本核算体制,是将成本的前馈控制、反馈控制、核算功能及决策功能有机结合起来而形成的一种成本控制体系。

钢铁企业推行标准成本核算制度的方法,用四句话概括就是:制定标准,指导生产,核算分析,反馈改善。闭环管理下标准成本核算制度的方法如图 7-15 所示。

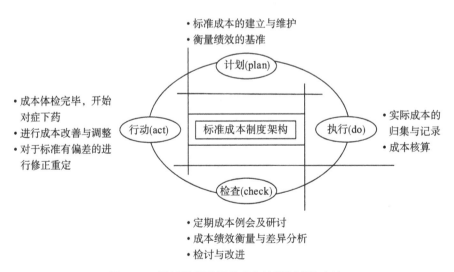

图 7-15 闭环管理下标准成本核算制度的方法

钢铁企业的标准成本核算制度得以实施和发展,很重要的一个原因就是钢铁企业早就开发了具有世界先进水平的产品——"整体产供销"计算机网络系统，集数据采集、分析、预测功能于一身，具备较完善的内部核算网络架构，对各生产单元可以达到动态实时跟踪的程度。

7.5.2 成本核算为考核服务的缘起

钢铁企业的成本核算是面向成本分析和考核而设计的，这样就让成本核算和利益挂钩了，也让管理目标可以承接和落地。

这样的设计，就是要表达一个观点：不与利益或绩效挂钩的成本管理是短命的。

根据成本核算的"十字形定位"概念，成本核算向前端服务于成本预算，向后端服务于分析和考核设计。成本核算向两端延伸才能发挥作用，为成本管理服务。成本核算帮助成本管理实现目标，让成本管理扮演战略落地工具这样一个角色。

1. 成本核算为成本管理服务，为分析和考核服务

在成本管理这一战略前提下，成本核算为成本管理服务，为分析和考核服务。成本管理工作的开展就是企业管理活动的一项核心内容，开展成本管理工作，就要求：

第一，把成本管理体系建立起来，没有做成本预算的就先做成本预算，然后根据预算配套设计成本核算。用成本预算和核算配合来分析成本差异，找到漏洞，以实现成本管理的目的。

第二，做了成本预算和成本核算以后，再把成本管理（成本预算）向两端延伸，一端和主抓成本的战略前提挂钩，并以预算为价值化载体，和计划连接；另一端和绩效评价连接，和薪酬挂钩。

2. 上下同欲和倒逼文化

很多企业管理者，在公司成本管理目标执行的过程中，可能总是喜欢搞"宣贯"。对管理者来说，还要设计一个制度：让员工拼命地挣销售提成，结果是公司销售收入上去了；让员工拼命地挣计件工资，结果是公司产量上去了；让员工拼命降成本拿合理化建议成本奖，结果是公司成本大幅下降。

所谓"主观为自己，客观为公司"，上述制度才能把大家引向"以战略为导向，心往一处想，劲往一处使"。

如果要长效实现企业的成本削减，就需要形成所谓"上下同欲"的成本文化。

有一个有效的方法，就是与个人收入绩效挂钩。在企业中，不触动利益的制度是无效的。企业定了很多成本管理制度却没有触动利益，所以大家无所谓，只有触动利益的制度才有用。

对于具体挂钩的方法，企业可以考虑将绩效奖分开，假设 50% 可以作为考评奖励，另外 50% 可以作为成本改善的奖励；然后成本改善奖又可以从"与部门"降本业绩挂钩和"与企业"总体成本改善业绩挂钩这两个方面去打分。用这个方法就可以动态实现成本绩效的所谓"阳光薪酬"。

这样，企业就容易"倒逼"出一个"成本没削减，收入就削减"的成本文化。

7.5.3 末梢成本触发点

"末梢成本触发点"标准又被称为"计划值"。

为什么叫"计划值"呢？有句话叫："计划告诉我们干什么活儿，预算告诉我们花什么钱。"业务必须先量化，财务才能价值化。正因为"业务触发了成本"，所以"计划值"就是业务的量化指标标准，就是业务的"末梢成本触发点"标准。钢铁企业称之为"计划值"。但"计划值"较晦涩难懂，我取名为"末梢成本触发点"标准。

吨钢耗电量、吨钢原材料单耗、吨钢耗氧量、产能、收得率、效率、能源类、设备维修费类指标均为"末梢成本触发点"指标。

标准成本核算制度和"末梢成本触发点"标准管理是公司两个层面的

管理，为公司的生产、经营和决策等提供各种基础服务，均按精度管理的思想进行管理。

标准成本侧重于价值管理，指标较粗，成本管理点相对"末梢成本触发点"少，主要用于成本中心的绩效衡量和经营决策，可以指导作业区（班组）进行"末梢成本触发点"指标的价值化分析，了解指标在成本控制中价值的重要程度。

"末梢成本触发点"标准是各项管理的基准值，有着很强的指标收集、制定和修订功能，侧重于生产、能源、设备、质量等标准值管理，指标细，不同的"末梢成本触发点"指标（如单耗指标等）可以有不同的精度，可以为科学的成本标准制定提供有利基础。

如图7-16所示，"末梢成本触发点"服务于标准成本，为标准成本提供控制手段；标准成本指导"末梢成本触发点"，为其应用提供了舞台。

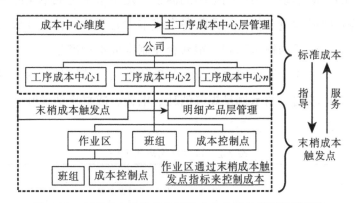

图7-16 末梢成本触发点为标准成本的细化管理提供可能

7.5.4 核算标准修订案例

钢铁企业成本核算的设计特点大致有以下几个：

- 考虑工序间的层层结转，即考虑前工序产品是后工序的原料。
- 各个主工序成本中心谁生产谁核算。
- 事前先根据历史经验数据制定并全盘布局标准，事中计算统计出差异并动态实时控制，事后分摊结转最终差异得出实际核算结果。
- "末端成本触发点"指标需要与标准成本相对应、匹配和看齐。

钢铁企业实行"对成本中心的标准成本进行绩效衡量评价考核；对作业区、班组的'末梢成本触发点'标准（如单位消耗等细化标准）进行精度评价考核，两者互补，粗细结合"的成本评价体系架构，它是以健全的标准成本制度为基础，结合"末梢成本触发点"管理体系，以管理创新和技术进步为动力，推进成本的持续改良，并对成本实行全过程控制及评价，以此全面提升产品的成本竞争力。

虽未全面推行作业成本法，但钢铁企业标准成本制度在设计中实际已经融入了作业成本法的理念，引入了"成本动因"的设定。

钢铁企业成本中心是成本归集的最小单位，是由一个或数个相同活动体所组成的；成本动因为影响成本的因素，是用来决定成本实际发生数的最恰当的时间或数量单位，它是依各个成本中心活动的性质及成本习性决定的最佳或最简便的衡量基础。钢铁企业制定成本标准是以成本动因概念作为指导的，一改传统的仅以产量为基础的做法，特别是在附加成本标准的确定上。比较明显的示例是煤气消耗、电耗、成材率消耗和运输车辆汽油消耗标准的制定，见表 7-2。

表 7-2 成本动因应用示例

项目对比	成本动因			
	煤气消耗	电耗	成材率消耗	运输车辆汽油消耗
以往做法	立方米／吨钢	千瓦时／吨钢	综合原料单耗（成材率的倒数）	油耗／吨
成本动因分析	影响均热炉煤气消耗多少的主要原因是分不同锭型的冷锭或热锭的加热量	影响电耗高低的原因很复杂，它与生产或不生产有关，也与生产多少有关	影响线材综合原料单耗高低的主要原因是分规格的产品产量	
现行做法	不同坯型、锭型冷热锭量分别制定	停轧时间、轧制各锭型耗量分别制定	对现行品种规格进行合理分段，科学制定各规格品种的原料消耗标准	车辆油耗主要与行驶路程有关，同时也与车型有关

(续)

项目对比	成本动因			
	煤气消耗	电耗	成材率消耗	运输车辆汽油消耗
现行做法的优点	剔除了冷锭率对煤气消耗业绩评价的影响，此应用也在班组的业绩排行榜中使用；有利于在现场分析那些影响指标上升或下降的根本原因	剔除了作业率及不同品种对电消耗业绩评价的影响，此应用也在班组的业绩排行榜中使用；有利于在现场分析那些影响指标上升或下降的根本原因	剔除不同规格产量品种对原料消耗业绩评价的影响，此应用也在线材各班组的业绩排行榜中使用；有利于在现场分析那些影响指标上升或下降的根本原因	汽车大队不同，车种行驶公里所允许的汽油消耗数为：$y=\sum aX+b$ 式中，a 是百公里油耗（标准定额）(1/100 公里)；X 是实际行驶公里；b 是非生产用车和不能以公里数反映燃油消耗的铲车煤油使用量（为定量，由业务部门给定）

【例7-11】剔除了价格影响的评价案例。

1. 前提条件

成本中心：冷轧厂某产线。

成本项目：对"辅助材料——轧辊"成本项目进行评价。

当月冷轧板产量：40万吨。

轧辊，可以理解为"擀面的擀面杖"，厚的钢板相当于"面"，轧辊作为"擀面杖"，把厚的钢板压成薄的钢板，所以轧辊的硬度很高。厚钢板轧成薄钢板有关消耗、价格数据见表7-3。

表7-3 厚钢板轧成薄钢板有关消耗、价格情况表

标准		实际	
轧辊价格	轧辊单耗（核算结果）	轧辊价格	轧辊单耗（核算结果）
21元/千克	0.60千克/吨钢	18元/千克	0.65千克/吨钢

2. 差异揭示

轧辊总差异=（400 000吨×18元/千克×0.65千克/吨钢）-（400 000吨×21元/千克×0.60千克/吨钢）=-360 000元（有利差异，即比标准下降）。

总差异率=（-360 000元/5 040 000元）×100%=-7.14%。

其中：价格总差异=400 000吨×0.65千克/吨钢×（18元/千克-21

元/千克）=-780 000元（有利差异，即成本比标准下降）。

其中：消耗总差异=400 000吨×21元/千克×（0.65千克/吨钢-0.60千克/吨钢）=420 000元（不利差异，即成本比标准上升）。

3. 绩效衡量

从上述总差异的揭示看，该成本中心成本是下降的，但该差异中包含了采购部门的业绩，不完全是该成本中心的业绩，因此需要用绩效衡量将差异揭示的外部因素剔除，仅评价成本中心的工作业绩。

该成本中心绩效：消耗总差异 = 产量 × 标准价格 ×（实际单耗－标准单耗）=400 000吨×21元/千克×（0.65千克/吨钢-0.60千克/吨钢）= 420 000元。

4. 评价

虽然总成本下降，但这不是该成本中心取得的，而是采购部门的贡献，该成本中心的可控成本是上升的，其工作是差的，是需要改进的，查出原因后，就可以对症下药，改良操作方法，对相关的责任人进行考核，避免再次发生此类现象。

【例7-12】 剔除了产品结构影响的评价案例。

1. 前提条件

对某成本中心某月的某两台发电机组的工业水消耗进行评价。

发电机组在发电的时候要用到"工业水"去冷却机组。"工业水"不同于民用的"自来水"，相当于机器喝的"自来水"。发电过程中会用到大量的"工业水"，见表7-4。

表7-4　两台发电机组的工业水消耗情况表

项目	单位	1号发电机	2号发电机	小计
预算工业水单耗	吨/万千瓦时	40.00	8.00	37.50
预算产量	万千瓦时	1 400.00	120.00	1 520.00
预算工业水用量	万吨	5.60	0.10	5.70
实际产量	万千瓦时	1 270.00	150.00	1 420.00

（续）

项目	单位	1号发电机	2号发电机	小计
标准工业水用量	万吨	5.08	0.12	5.20
实际工业水用量	万吨	5.26	0.00	5.26
弹性预算工业水单耗	吨/万千瓦时	40.00	8.00	36.62
实际工业水单耗	吨/万千瓦时	41.39	0.10	37.04

2. 差异揭示

各机组预算综合工业水单耗=5.70×10 000吨/1 520万千瓦时=37.50吨/万千瓦时。

各机组实际综合工业水单耗=5.26×10 000吨/1 420万千瓦时=37.04吨/万千瓦时。

总差异=37.04-37.50=-0.46吨/万千瓦时（有利差异，即水耗比预算标准下降）。

但是本差异中含有结构差异对单耗的影响。产量和结构同时影响成本并不能反映此成本中心实际的业绩情况。为反映实际产量下工业水的消耗，就必须剔除预算结构带来的影响。剔除结构后实际应消耗的工业水=5.20万吨，以此口径来衡量实际情况，避免了结构因素对工业水单耗评价的影响。

各机组按照预算结构、实际产量下的工业水单耗=5.20×10 000吨/1 420万千瓦时=36.62吨/万千瓦时（弹性预算）。

实际与弹性预算差异=37.04-36.62=0.42吨/万千瓦时（不利差异，即水耗比标准上升）。

结构差异=36.62-37.50=-0.88吨/万千瓦时。

总差异=实际与弹性预算差异+结构差异=0.42+（-0.88）=-0.46吨/万千瓦时。

3. 评价

虽然总消耗下降，但这不是该成本中心取得的，而是由于预算中1号、2号发电机能耗结构的影响，实际上，该成本中心的工业水消耗是上升的,需要改进。

成本动因是用以"决定成本发生数"最适当的时间或数量单位,它是依据钢铁企业各成本中心活动的性质及成本习性决定最佳或最简洁的成本指标(评价基础)的。

【例7-13】热轧厂煤气消耗案例。

1. 以往的做法

单位:热轧厂吨钢煤气消耗(立方米/吨钢)。

从炼钢厂传来的钢坯(钢块)原料,需要到热轧厂先加热,再轧制。因为加热后才容易变形,从厚尺寸轧到薄尺寸,把钢坯(钢块)轧成热轧板。加热钢坯(钢块),就要用煤气,所以热轧厂生产产品"热轧板"的成本构成中就会有一个"煤气"成本。

成本动因分析:如图7-17所示,影响热轧厂煤气消耗量的主要因素是加热钢坯(钢块)的厚薄度,加热厚钢坯和薄钢坯所消耗的煤气量是不一样的,厚钢坯需要消耗更多的煤气,薄钢坯消耗较少的煤气。以前加热所有厚、薄钢坯的"吨钢煤气消耗"为92~158立方米/吨钢(见图7-17中四根柱子),年平均水平为105立方米/吨钢,于是就按年度平均值制定了单一的煤气消耗标准值(末梢成本触发点标准):106立方米/吨钢。这样,如果要按厚钢坯和薄钢坯分别评价,用此单一"末梢成本触发点"指标,显然两者评价结果的精度都不好。

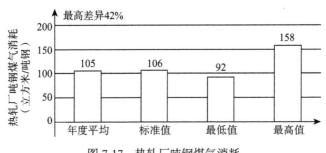

图7-17 热轧厂吨钢煤气消耗

2. 现在的做法

措施：对厚钢坯、薄钢坯分别制定煤气消耗标准。

3. 评价

剔除了厚钢坯占比多的时候对煤气消耗业绩评价的影响，此应用也在班组的业绩排行榜中使用，有利于在现场分析那些影响指标上升或下降的根本原因。通过对厚钢坯、薄钢坯分别制定消耗标准，使现场绩效衡量更加科学化。差异率除重大异常因素外，均比较稳定，精度基本控制在±10%以内。

总之，以前预算指标的标准定得比较粗，经过改进，根据现场实际情况制定更细的标准，更符合现场实际。细化的预算指标通过匹配细化的成本核算实行分析评价，这样可使精度大幅提高。

7.6　成本核算结果促成500强企业分析案例

成本核算向后端延伸是为成本分析服务的。成本分析最终会形成报告，这个报告一般是用于给领导汇报的最终格式。

通过成本核算和成本分析，财务人员能够找出业务人员发现不了的一些问题。

【例7-14】全球最大的钢铁联合企业安赛乐米塔尔集团创始人是拉克希米·米塔尔。安赛乐米塔尔集团的"会计、财务"分两块。

"会计记账"：通过其全球财务共享中心操作，如出纳、资金收付、审单、基础会计等简单重复的工作，都剥离出来外包了。企业里面没有这些财务岗位。

"成本分析"：其财务里面更重要的一项工作称为"understand cost"，就是必须协助高管去理解成本。会有很多的分析，如分析不同的品种、不同的毛利。

安赛乐米塔尔集团的每一笔业务均要求降成本，所以每一笔业务的背后，均有财务的数据支撑：销售背后有成本分析支撑销售定价；采购背后有成本分析支撑供应商分类、采购品种分类，也决定了最后的采购策略。

安赛乐米塔尔集团现在做到了1个人记账、4个人做分析。反过来看，我国还是有很多企业大概是1个人做分析、4个人在记账。

企业若要更有效地降低成本，就需要进行成本分析。

成本分析的目的就是让企业管理者理解成本。成本分析中不能都是财务术语，专业性不能太强，否则业务人员看不懂。这就要求财务分析报告一定要言简意赅、图文并茂。财务人员要让业务人员看得懂；财务人员讲的话，也要让对方听得懂。

怎样才能让企业管理者看得懂成本分析呢？这就需要一定的分析技巧——深入分析问题。

【例7-15】我在两家500强企业均做过成本分析。十多年来，感觉自己就在干这样一件事情：每个月、每半年、每一年都要写出来几稿成本分析报告和PPT给公司领导看。

每个月的月初，先把成本数据核算做账（抛账）；成本核算数据结果出来以后，进行测试和数据的分析。数据分析只是一个粗糙、未经加工的东西，还需要组织语言，形成文字，甚至形成PPT，最终形成一份成本分析报告，给领导看、给管理者看、给股东看。

成本核算后如果不去分析，就只是满足了外部报表披露的需要。而成本分析，恰恰是满足内部成本管理的需要。因此，企业经常借助"比较前后两年的成本核算结果"进行分析。

毫不客气地说，成本核算属于基础工作，在未来终究会被机器替代，财务核算的岗位将会面临挑战。财务人员的价值体现和岗位不可替代性更容易在成本分析水平上体现出来。

下面就以某500强企业的实际案例讲一讲如何通过"比较前后两年的

成本核算结果",利用成本因素分析法深入分析成本。

这个方法可能跟其他书上写的不一样,大家不妨看一看。

7.6.1 "比了才有用"中比的是什么

成本核算结果本身无决策价值,比一比后才会有。表 7-5 为某 500 强企业根据核算结果编制的基础数据分析底稿,目的是为最终成本分析报告提供数据源服务。《成本比较分析底稿模板》的编制依据就是企业的成本核算结果——成本报表。

表 7-5 成本比较分析底稿模板

去年产量:×××(需要收集)　　　　　　　　今年产量:×××(需要收集)

比较内容	去年实际、今年实际分别列示				差异			结构影响
	单耗	单价	单位成本	总成本	单耗影响	价格影响	差异合计	
单耗类:原材料	计算	买价或结转价	计算	需要核算	计算	计算	计算	计算
单耗类:辅助材料	计算	买价或结转价	计算	需要核算	计算	计算	计算	计算
单耗类:能源介质	计算	买价或结转价	计算	需要核算	计算	计算	计算	计算
单耗类:燃料费……	计算	买价或结转价	计算	需要核算	计算	计算	计算	计算
变动成本消耗类小计		加权计算	计算	计算	计算	计算	计算	计算
费用类:人工费	/	/	计算	需要核算				计算
费用类:修理费	/	/	计算	需要核算				计算
费用类:协力费	/	/	计算	需要核算				计算
费用类:折旧费	/	/	计算	需要核算				计算
费用类:差旅费	/	/	计算	需要核算				计算
费用类:公务用车费	/	/	计算	需要核算				计算
费用类:会议费	/	/	计算	需要核算				计算
费用类:办公费……	/	/	计算	需要核算				计算
固定成本费用类小计			计算	计算	计算	计算	计算	计算
单位成本合计			计算	计算	计算	计算	计算	计算

从表 7-5 可以看出,成本分析要用到的成本核算数据为每项成本构成项目的总成本,因为成本核算的基础数据主要就是涉及产量、消耗量、总成本。

此外，各成本项目被区分成了变动成本消耗类、固定成本费用类，这样就为计算产品**边际贡献**做了一定的基础数据储备。之后根据这些已知的核算基础数据计算出单耗量、单位成本金额，以及各因素对单位成本及总成本的影响金额。

所以在表 7-5 中，不仅要计算每个成本项目的成本差异，还要进一步找到成本差异背后的终极原因，即还要计算单耗差异、价格差异、结构差异对成本的影响，以及费用差异、规模变化等因素对成本的影响。

其中，单耗类的数据来源是业务系统的"消耗量统计数据"和"产量报表"。

单耗属于"末梢成本触发点"指标，是一个业务量的概念，而不是价值的概念，需要先算出单耗，配上单价才能价值化。

【例 7-16】虽然这里举的是生活化的简单例子，但不影响理解主旨。假设一个人一天吃三顿饭，一人一天的"吃饭成本项目"单耗就是 3 顿/人，是一个量的概念。假设每顿饭的单价为 50 元/顿，则单位成本就是一个价值化的指标，即一个人一天的"吃饭"单位成本 =3 顿/人 ×50 元/顿 =150 元/人。

单耗的计算过程为：

  单耗 = 某消耗类项目的消耗总量 / 最终核算对象的产量

单耗类计算中的价格来源是采购合同的签约购买价格或某单耗类项目的直接购买价格。如果涉及内部多工序之间的结转，则前工序的产品是后工序的"原料"，前工序核算的单位成本结转为后工序单耗类原料成本项目的单价。

  单耗 × 单价 = 某消耗类项目的单位成本

  某消耗类项目的单位成本 × 产量 = 某消耗类项目的总成本

除了一些一体化财务信息系统较先进的企业，很多企业成本核算系统的账上往往只体现某消耗类项目的总成本，而没有单耗等指标。例如，消耗量和产量一般只会在凭证分录的"备注"中体现，或在其成本核算做账基础底稿中体现。

除了单耗类的成本项目以外，还有费用类的项目，见表7-5中"费用类"。

费用类的项目，除了合同以按量计价结算（如按量计价的协力费），一般为总成本发生额的概念，而没有单耗和单价的概念。

费用类的来源一般为：

（1）有日常报支（直接付现支用）的汇总并分摊结转至产品生产成本的结果，如差旅费、办公费、会议费等。

（2）有根据费用的计提分摊并结转至产品生产成本的汇总结果，如人工费、折旧费等。

（3）有按实际合同履行计入费用并分摊结转至产品生产成本的汇总结果，如修理费、协力费、公务用车费等。

（4）其他来源。

7.6.2　不跨行业就体会不出的成本奥秘

我工作过的两家企业，一家是炼钢企业，一家是造船企业，都是体量巨大、工艺复杂的巨型制造业航母。这段近20年跨行业的一线成本工作经历让我可以充分、深入了解不同行业的成本核算。

我发现：如表7-5所示，这种评价单耗影响、价格影响等因素分析的方法，一般适用于炼钢企业标准成本法下的成本核算结果分析，不适用于造船企业非标准成本法或定额法（目标成本法）下的成本核算结果分析。

标准成本法下（如炼钢企业），因周而复始做同样或类似的事情，历史经验数据有效性、可比性更强，有可形成标准的"应该成本"。因此，分析产品的单耗和价格因素等影响，是有意义的。

非标准成本法下（如造船企业），一般为客户定制化产品，订单一事一议，难以参照标准。如果分析单耗或者价格影响，将缺乏历史经验数据，在可比性方面会有所欠缺。因此，非标准成本法或定额法（目标成本法）下，一般不用因素分析法，用得较多的就是成本项目的差异分析；改进的差异分析还可能会分析价格差异和效率差异。

本书讨论典型的标准成本法下，实际核算结果之间的成本因素分析[⊖]，暂不讨论相对简单的非标准成本法及定额法下的成本分析。

7.6.3　成本核算数据的同比因素分析

这里举一家 500 强企业真实的分析案例模板，看看该企业是如何利用成本核算数据的比较进行成本分析的。

这家企业非常重视成本管理。我常说：企业对成本是否重视，其中一个显性的标志，就是"是否有成本分析会制度"。如果一个企业一年开不了几次成本分析会，那它的成本就是烂在锅里的肉，并且不知道是什么肉。只有发现问题，才能解决问题。成本分析制度，其实就是企业的"成本体检"。

【例 7-17】如图 7-18 所示为某 500 强企业的一张成本分析 PPT（因涉及保密，我们对数据做了技术处理，不影响理解主旨）。

这张 PPT 对"今年"和"去年"的企业利润实绩进行了同比（期间跨度一致）分析，并对差异进行了因素分解，从而揭示出差异产生的真正原因。

假设：这家企业某年产品实际毛利为 800 亿元，比上一年实际毛利上升 48 亿元。其中销售、采购市场减利 40 亿元（销售价格增利 90 亿元，原料价格减利 130 亿元），生产制造环节增利 88 亿元（生产制造成本各因素根据成本核算实际数据分析得出）。

⊖ 成本因素分析是对成本差异进一步进行分解，找到根本原因，具体为：分析单耗的影响、价格的影响、费用的影响、规模因素的影响、存货成本变动的影响等。

生产制造环节成本的差异分析分别为：销量影响毛利减少 80 亿元（销售量减少了）、消耗影响毛利减少 20 亿元（消耗变大了）、规模影响毛利减少 50 亿元（产量减少了）、原料结构影响毛利减少 10 亿元（贵的原料用得多了）、费用影响毛利减少 10 亿元、产品结构影响毛利增加 60 亿元（贵的产品卖得多了）、库存及其他影响毛利增加 198 亿元（存货等成本减少了）。

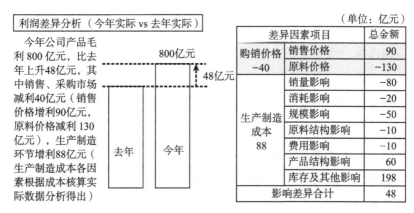

图 7-18　某 500 强企业利润差异的因素分析——多因素分析法

这些生产制造成本中的各个因素连同购销价格因素影响全部揭露出来以后，合计影响利润增加了 48 亿元。这样，就可以把差异升降的原因说得非常明白，大家一看就懂。

在图 7-18 中，成本分析主要体现为生产制造成本影响毛利增加 88 亿元，这一部分的消耗、规模、原料结构、费用因素就是针对成本核算分析出来的内容。反过来，你可以这样理解：消耗影响减少利润 20 亿元，就是指消耗因素影响成本增加了 20 亿元；规模影响减少利润 50 亿元，就是指规模影响成本增加了 50 亿元；原料结构影响减少利润 10 亿元，就是指原料结构影响成本增加了 10 亿元；产品结构影响利润增加 60 亿元，就是指产品结构影响成本减少了 60 亿元……所以，通过本例所表示的成本核算今年实际和去年实际比较，利用因素分析，就可以将生产制造环节实际成本变化以及对利润的影响分析得清清楚楚。

7.6.4 快速理解成本因素分析法

【例7-18】接下来就逐一举例详细讲一讲成本因素分析法到底是怎么回事，为了便于理解，先列举大家比较熟悉的例子来大致说明。

1. 单耗因素的影响——消耗类的分析

例如：卖奶茶，奶粉就是单耗类的，跟产量呈正比关系，属于变动成本；设备折旧和店员工资不是消耗类的。

一辆汽车，汽油就是单耗类的，保险费和修理费不是消耗类的。

钢铁厂炼铁，矿石就是单耗类的，跟产量呈正比关系，属于变动成本。

2. 产品如用多个单耗类的原材料、辅料、水电等则会出现结构影响

例如：卖奶茶，既用奶粉，又用鲜奶；鲜奶贵，奶粉便宜；两个都是消耗类的，那么如果贵的鲜奶用多了就产生结构影响。

一辆汽车，既用93号汽油，又用95号汽油；95号汽油贵，用多了就产生结构影响。

钢铁厂炼铁，既用国外矿石，又用国内矿石；国外矿石贵，用多了就产生结构影响。

3. 价格因素的影响

例如：卖奶茶，奶粉本月比上月涨（跌）价了就会产生价格因素影响。

一辆汽车，汽油本月比上月涨（跌）价了会带来价格因素的影响。

钢铁厂炼铁，矿石涨（跌）价了会带来价格因素的影响。

4. 费用因素的影响

例如：卖奶茶，奶茶店的设备折旧和店员工资如果前后两年变化了，就属于费用因素的影响。

一辆汽车，保险费和修理费如果今年与去年相比变化了，就属于费用因素影响。

钢铁厂生产钢铁产品发生的人工费和折旧费的变化就属于费用影响。

5. 规模因素的影响

例如：卖奶茶，每天1 000杯需要4个人来做，每天1 500杯如果加把劲努力一下也能4个人做下来。但是，到了每天2 000杯的话，4个人就怎么做都做不完了，必须由5个人来做才行。那么增加1个人的工资就是规模产生的影响。

6. 库存因素的影响

例如：卖奶茶，如果原来奶粉便宜时采购多了，没用完，这时又进了一批高价奶粉还是没有用完的话，那么库存结构变化就会导致库存成本发生变化，这就会对奶茶店的总成本造成影响。又如，如果今年奶粉涨价了，今年就不采购奶粉了，用的是去年以最低价格采购的奶粉，就会造成库存影响成本下降。

了解完因素分析法主要分析哪些内容以后，500强企业利用因素分析法环比分析前后两年成本核算数据，具体是怎样计算出来的呢？接下来，一步一步从两因素分析法开始一直到五因素分析法，举直观的例子循序渐进地来说明。

7.6.5 两因素、三因素和四因素比较分析法

1. 两因素比较

先看一个最简单的成本分析法——差额法。差额法，就是两因素分析，即单耗和价格的分析。

生产产品的时候，凡是谈得上有单耗的，基本上是消耗类的东西。例如，领用原材料，因为消耗的材料会出现材料单耗。只有消耗类的东西，才谈得上单耗。

人工费、维修费、折旧费、协力费是没有单耗的。

【例7-19】先举一个简单的例子，见表7-6。

表 7-6　两因素分析

产品：A 型不锈钢保温杯　　　　去年产量：1 只　　　　今年产量：1 只

成本构成	去年实际			今年实际			差异		
	单耗	单价	单位成本	单耗	单价	单位成本	单耗影响	价格影响	差异合计
A 材料	2	9	18	1	12	12	−9	3	−6
单位成本合计			18			12			−6

假设某工厂生产不锈钢保温杯，预算产量和实际产量都是 1 只。耗用 A 材料生产。

先看去年实际。假设：去年实际单耗是 2，意思是去年实际生产 1 只不锈钢保温杯，要消耗 2 个单位的 A 材料。A 材料去年实际单价是 9 元/单位。这样可以算出不锈钢保温杯的去年实际单位成本是 2×9=18（元/只）。

再看今年实际情况。今年实际单耗是 1，意思是今年实际生产 1 只不锈钢保温杯消耗了 1 个单位的 A 材料。今年实际单位成本是 1×12=12（元/只）。

差异是 12−18=−6（元/只），今年实际成本比去年实际成本下降了 6 元/只。这个 −6 元/只，一定是两个原因综合影响的结果，一个是单耗的影响，另一个是价格的影响。现在开始分析。

先看单耗对单位成本变化的影响。计算单耗的影响需要记住以下这个雷打不动的公式：

单耗影响 =（今年实际核算单耗 − 去年实际核算单耗）× 去年实际单价
　　　　 =（1−2）×9=−9（元/只）

由于消耗下降，材料成本下降了 9 元/只。

再看价格对单位成本变化的影响。计算价格的影响需要记住以下这个雷打不动的公式：

价格影响 =（今年实际单价 − 去年实际单价）× 今年实际核算单耗
　　　　 =（12−9）×1=3（元/只）

由于材料价格上升，材料成本上升了 3 元/只。

综合以上两因素的影响，某产品材料成本总体下降 6(=−9+3) 元/只。

材料消耗数量今年实际比去年实际相比有所下降，分析其原因，是材料尺寸比去年实际合理，对材料浪费进行了严格控制，减少了材料的损害浪费，成本优化节约了。对于价格上升，分析其原因，是市场价格上涨导致的，需要密切跟踪市场变化。

上面计算的是两因素对单位成本核算结果的影响，最终报告里面汇报的是总成本核算影响，因此还要说明对总成本的影响。本例为理解方便，将去年实际和今年实际的产量均设定为1，因此，总成本影响见表7-7。

表7-7 两因素成本分析（A型不锈钢保温杯） （单位：元）

差额	去年实际	今年实际	差异
总成本差异	18	12	-6（=12-18）
其中：材料影响总差异	/	/	-6（=-6×1）

2. 三因素比较

在例7-19中，单耗的影响和价格的影响合并起来就是原材料的影响，只不过把原材料影响拆分成单耗和价格两因素。

【例7-20】表7-8为三因素影响的计算底稿表格，三因素分别为材料影响、费用影响和规模影响。

表7-8 三因素分析

产品：A型不锈钢保温杯　　　　去年产量：5只　　　　今年产量：3只

成本构成	去年实际			今年实际			差异		
	单耗	单价	单位成本	单耗	单价	单位成本	单耗影响	价格影响	差异合计
A材料	2	9	18	1	12	12	-9	3	-6
固定费用（人工费/修理费等）			30			31			1
单位成本合计			48			43			-5

材料的影响，就是单耗影响和价格影响的合体。而分析费用因素和规模因素的影响就要用到产量了，假设去年实际产量是5只，今年实际产量是3只。

费用的影响好理解，也最好比较，用今年实际总额减去年实际总额就可以得出了。这种方法正因为是最简单且最好理解的，因此有些中小企业的成本分析，简单到总额减总额这一步就结束了，即今年实际减去年实际就算完成比较了。

规模影响是什么意思呢？上文举过例子：卖奶茶，每天1 000杯需要4个人来做，每天1 500杯也是4个人来做。但是，如果每天2 000杯就需要5个人来做才行。增加1个人的工资就是规模影响。

材料单位成本差异=-9+3=-6（元/只）。

表7-8显示，今年实际单位固定费用是31元/只，去年是30元/只，差额是1元/只，即单位固定费用增加了1元/只。合计单位成本差异=-6+1=-5（元/只）。

上面计算的是对单位成本核算结果的影响，这只是单位成本的影响，最终报告里面汇报的是总成本核算影响，因此还要说明对总成本的影响。对总成本的影响见表7-9。

考虑产量，总成本影响为：

$$总成本差异 = 总单位成本差异 \times 今年实际产量$$
$$= -5 元/只 \times 3 只 = -18（元）。$$

为什么是乘以今年实际产量？因为分析的是今年实际情况。

计算总成本差异影响时，才会出现另外两个因素——固定费用和规模因素的影响，因为它们跟产量有关。

计算固定费用因素影响，也是使用以下固定公式：

固定费用影响=今年实际总费用－去年实际总费用=93-150=-57（元）

意思是费用减少，总费用下降57元。

计算规模因素的影响，也是使用以下固定公式：

规模影响=去年实际产量下的去年实际固定费用－今年实际产量下的去年实际固定费用=150-90=60（元）

有一个技巧就是看方向，今年实际产量如果少了，当然会对成本产生不利影响，是影响成本增加的，所以是150-90，而不是90-150，差额为60元。

这时，规模影响总成本增加60元，费用影响总成本减少57元，材料影响总成本下降18元。三者综合影响总成本刚好是刚才算出的总差异-15元。

表7-9 三因素成本分析（A型不锈钢保温杯） （单位：元）

三因素	去年实际	今年实际	差异
总成本差异	144（=48×3）	129（=43×3）	-15（=-5×3）
其中：材料影响总差异	/	/	-18（=-6×3）
固定费用影响总差异	150（=30×5）	93（=31×3）	-57（=93-150）
规模影响总差异	150（=30×5）	90（=30×3）	60（=150-90）

3. 四因素比较

四因素就是把上文中的材料差异拆分成单耗影响和价格影响，分别影响总成本-27元和9元，两者合计影响-18元，和三因素的材料差异影响是一样的，只是在这里做了一个细分。

【例7-21】表7-10是四因素影响的计算底稿表格，和三因素的表格基本一样。不同的就是，在计算因素的时候，把材料的影响又细分为了单耗影响和价格影响。所以四因素影响就是指单耗因素的影响、价格因素的影响、费用因素的影响、规模因素的影响。

表7-10 四因素分析

产品：A型不锈钢保温杯　　　去年产量：5只　　　今年产量：3只

成本构成	去年实际			今年实际			差异		
	单耗	单价	单位成本	单耗	单价	单位成本	单耗影响	价格影响	差异合计
A材料	2	9	18	1	12	12	-9	3	-6
固定费用（人工/修理等）			30			31			1
单位成本合计			48			43			-5

单耗影响=（今年实际核算单耗－去年实际核算单耗）×去年实际单价=（1-2）×9=-9（元/只）。由于消耗下降，材料单位成本下降了9元/只。

价格影响=（今年实际单价－去年实际单价）×今年实际核算单耗=（12-9）×1=3（元/只）。由于材料价格上升，材料单位成本上升了3元/只。

由于两因素综合影响，某产品材料单位成本总体下降了6(=-9+3)元/只。

刚才算的是对单位成本的影响，因为最终报告里面汇报的是总成本核算影响，因此还要说明对总成本的影响。对总成本的影响见表7-11。

表7-11 四因素成本分析 （单位：元）

四因素	去年实际	今年实际	差异
总成本差异	144（=48×3）	129（=43×3）	-15（=-5×3）
其中：单耗影响总差异	/	/	-27（=-9×3）
价格影响总差异	/	/	9（=3×3）
固定费用影响总差异	150（=30×5）	93（=31×3）	-57（=93-150）
规模影响总差异	150（=30×5）	90（=30×3）	60（=150-90）

单耗因素影响总成本=单耗因素影响单位成本×今年实际产量=-9×3=-27（元）。

价格因素影响总成本=价格因素影响单位成本×今年实际产量=3×3=9（元）。

固定费用因素影响总成本=今年实际总费用－去年实际总费用=93-150=-57（元），意思是费用减少，总费用下降了57元。

规模因素影响总成本=去年实际产量下的去年实际固定费用－今年实际产量下的去年实际固定费用=150-90=60元。理解的技巧为：今年实际产量少了，一定会对成本产生不利影响，是影响成本增加的。所以是150-90，而不是90-150，差额为60元。

这时，规模影响总成本增加60元，费用影响总成本减少57元，消耗影响总成本下降27元，价格影响总成本上升9元。四因素综合影响总成本刚好是刚才算出的总差异-15元。

7.6.6 趣谈：结构因素影响

五因素就是比四因素多了一个结构因素的影响。为了便于理解什么是结构影响，这里举一个"太太买包"的案例来"戏说"结构因素的影响。虽然案例可能不贴切，但不影响理解主旨。

【例7-22】假设一位太太去年实际只买了两个包——A款女包1个，B款女包1个，单价分别是700元、900元。去年实际买包总成本为1 600元（见表7-12）。我们这样理解这张表：假设投入女包这个原材料，可以增进感情。去年实际买了两个包，共1 600元。

表7-12 趣谈结构

核算对象：1位太太去年实际　　　　　　　　　核算对象：1位太太今年实际

成本构成	去年实际			今年实际			差异			结构影响
	单耗	单价	单位成本	单耗	单价	单位成本	单耗影响	价格影响	差异合计	
A款女包	1	700	700	1	700	700	0	0	0	0
B款女包	1	900	900	1	20 000	20 000	0	19 100	19 100	0
女包费用小计	2	800	1 600	2	10 350	20 700	0	19 100	19 100	0

这位太太今年买了和去年同样的A款女包。当这位太太打算再买一个和去年一样的B款女包的时候，机缘巧合，看到一款LV名包，爱不释手，跟丈夫老王说不要B款女包了，要换成这款LV包。

所谓"单耗"可以理解为：1单位的太太，一年消耗的女包。

本年实际买了2个女包，一个是A款女包，一个是LV包。LV包的单价是20 000元。

那么，看一下差异分析。这时候没有结构影响，只有价格影响。因为单耗没变：去年实际买了2个女包，今年实际还是买了2个女包。

还有一种情况：去年实际还是买了两个女包，共1 600元。但是机缘巧合，今年太太看到一款LV的名包非常漂亮，就跟丈夫老王说今年不打算再买两个和去年一样的包了，她只要这个LV包。于是，今年实际只买了1个LV包，单价是20 000元。丈夫老王也同意只买一个LV包。

结构影响见表7-13。

表7-13 趣谈结构

核算对象：1位太太去年实际　　　　　　　　　核算对象：1位太太今年实际

成本构成	去年实际			今年实际			差异			结构影响
	单耗	单价	单位成本	单耗	单价	单位成本	单耗影响	价格影响	差异合计	
A款女包	1	700	700	0	700	0	−700	0	−700	−350
B款女包	1	900	900	1	20 000	20 000	0	19 100	19 100	450
女包费用小计	2	800	1600	1	20 000	20 000	−800	19 100	18 400	100

先看一看单耗、价格影响是怎么算出来的：

单耗影响 =（实际单耗－预算单耗）× 预算单价 =（0−1）× 700= −700（元/个）。

总单耗影响 =（实际总单耗－预算总单耗）× 预算总单价 =（1−2）× 800=−800（元/个）。

再看价格影响怎么算的：

价格影响 =（实际单价－预算单价）× 实际单耗 =（20 000−900）× 1=19 100（元/个）。

结构影响就是：去年实际买了2个包的结构变成了今年实际只买了1个包，去年实际的结构发生了变化。结构影响就是去年实际买的包是价格高的那只不要了，还是价格低的不要了？价格高低不同就产生了结构差异。如果去年实际买的2个包的价格是一样的，就不会有结构影响。

今年实际买了1个LV包，不考虑LV包的价格，只看包的数量变化，是去年实际买的价格高的那个包少了，还是去年实际买的价格低的那个包少了。这就是结构变化。

下面介绍一个计算结构因素影响成本具体金额的窍门。

结构影响就是：去年实际2个的结构，变成了今年实际1个。先不管到底是由哪个包换成LV包，也不看LV包的价格——只要少1个，则少了去年实际加权平均价格 800 元。再看少了去年实际买的哪个包，用剩下那个包的价格去减加权平均价格。

少了去年实际买的价格低的 700 元的包，结构影响导致成本增加（不利影响）：去年实际价格高的价格（900）- 去年实际加权平均价格（800）= 100 元/个。

少了去年实际买的价格高的 900 元的包，结构影响造成成本减少（有利影响）：去年实际价格低的价格（700）- 去年实际加权平均价格（800）= -100 元/个。结构影响见表 7-14。

表 7-14　趣谈结构

核算对象：1 位太太去年实际　　　　　　　　　　　核算对象：1 位太太今年实际

成本构成	去年实际			今年实际			差异			结构影响
	单耗	单价	单位成本	单耗	单价	单位成本	单耗影响	价格影响	差异合计	
A 款女包	1	700	700	1	20 000	20 000	0	19 300	19 300	350
B 款女包	1	900	900	0		900	0	-900	0	-900	-450
女包费用小计	2	800	1 600	1	20 000	20 000	-800	19 300	18 400	-100

不难看出来，产生结构影响需要两个条件：一个是前后两年买包的数量发生了变化，另一个是去年实际购买的包存在价格差异。

总结一下：结构影响就是去年实际买 2 个包的结构，变成了今年实际只买 1 个包，去年实际买包的数量结构发生了变化，去年实际买包的高低价格产生了结构差异。

结构影响就是去年实际要买的包，是价格高的不要了还是价格低的不要了，高低价格产生结构差异。如果去年实际买 2 个包的价格一样，就不会有结构影响（见表 7-15）。

大家如果还不理解，实际上也不用理解，就直接按给定的公式计算，只要知道结构因素是怎么产生的就可以了。

换句话说，对于这个结构因素，其实只要掌握预算买几个，实际买几个（不用管实际价格），是预算价格高的少了还是预算价格低的少了。这就是结构变化。

表 7-15 趣谈结构

核算对象：1 位太太去年实际　　　　　　　　　　　　　核算对象：1 位太太今年实际

成本构成	去年实际			今年实际			差异			结构影响
	单耗	单价	单位成本	单耗	单价	单位成本	单耗影响	价格影响	差异合计	
A 款女包	1	700	700	1	700	700	0	0	0	0
B 款女包	1	900	900	1	20 000	20 000	0	19 100	19 100	0
女包费用小计	2	800	1 600	2	10 350	20 700	0	19 100	19 100	0

7.6.7 五因素比较

【例 7-23】回到不锈钢保温杯生产案例。看看用五因素来比较前后两年实际成本核算数据的计算过程。在三因素比较中讲到的材料因素影响，被细分为三个因素影响：单耗因素的影响、单价因素的影响、结构因素的影响。这些可以理解为对变动成本的分析，见表 7-16。

表 7-16 五因素分析

产品：A 型不锈钢保温杯　　　　　　去年产量：5 只　　　　　　今年产量：3 只

成本构成	去年实际			今年实际			差异			结构影响
	单耗	单价	单位成本	单耗	单价	单位成本	单耗影响	价格影响	差异合计	
A 材料	2	9.0	18	1	12	12	−9.0	3	−6	−1.8
B 材料	3	11	33	2	8	16	−11.0	−6	−17	2.2
直接材料小计	5	10.2	51	3	9.33	28	−20.4	−3	−23	0.4
固定费用（人工费/修理费等）			30			31			1	
单位成本合计			81			59			−22	

单耗 A 影响 =（今年实际单耗 − 去年实际单耗）× 去年实际单价 =（1−2）×9=−9（元/只）。

价格 A 影响 =（今年实际单价 − 去年实际单价）× 今年实际单耗 =（12−9）×1=3（元/只）。

单耗 B 影响 =（今年实际单耗－去年实际单耗）× 去年实际单价 =（2-3）×11=-11（元/只）。

价格 B 影响 =（今年实际单价－去年实际单价）× 今年实际单耗 =（8-11）×2=-6（元/只）。

总单耗影响 =（今年实际总单耗－去年实际总单耗）× 去年实际总单价 =（3-5）×10.2=-20.4（元/只）。

结构 A 影响 =（A 今年实际单耗－今年实际总单耗 ×A 去年实际单耗在去年实际总单耗的占比）× 去年实际单价 =（1-3×2/5）×9=-1.8（元/只）。

结构 B 影响 =（B 今年实际单耗－今年实际总单耗 ×B 去年实际单耗在去年实际总单耗的占比）× 去年实际单价 =（2-3×3/5）×11=2.2（元/只）。

上面计算的是对单位成本核算结果的影响，最终报告中汇报的是总成本核算影响，因此还要说明对总成本的影响。对总成本的影响见表 7-17。

表 7-17　五因素成本分析　　　　　　　　　　（单位：元）

五因素	去年实际	今年实际	差异
总成本差异	243（=81×3）	177（=59×3）	-66（=-22×3）
其中：单耗影响总差异	/	/	-61.2（=-20.4×3）
价格影响总差异	/	/	-9（=-3×3）
结构影响总差异	/	/	1.2（=0.4×3）
费用影响总差异	150（=30×5）	93（=31×3）	-57（=93-150）
规模影响总差异	150（=30×5）	90（=30×3）	60（=150-90）

单耗因素影响总成本 = 单耗因素影响单位成本 × 今年实际产量 = -20.4×3=-61.2（元）。

结构因素影响总成本 = 结构因素影响单位成本 × 今年实际产量 = -0.4×3=-1.2（元）。

价格因素影响总成本 = 价格因素影响单位成本 × 今年实际产量 = -3×3=-9（元）。

固定费用因素影响总成本 = 今年实际总费用 − 去年实际总费用 =93−150=−57（元），意思是费用减少，导致总费用下降 57 元。

规模因素影响总成本 = 去年实际产量下的去年实际固定费用 − 今年实际产量下的去年实际固定费用 =150−90=60（元）。技巧是看方向，今年实际产量少了，一定会对成本产生不利影响，因此，是影响成本增加的。所以是 150−90，而不是 90−150，差额为 60 元。

这时，规模影响总成本增加 60 元，费用影响总成本减少 57 元，单耗影响总成本下降 61.2 元，结构影响总成本下降 −1.2 元，价格影响总成本下降 9 元。五因素综合影响总成本刚好是算出的总差异 −66 元。

7.7 成本的波动释放修正信号

成本目标或者成本标准制定好以后，就要执行。执行完了，就要检查和反馈，然后就是修正。这个一般叫成本的闭环管理。

分析成本指标就是比较目标与实际之间的差异。形象点儿比喻，有点儿类似于心电图的波动图，我称之为成本的波动。波动幅度的大小，即为"是否需要修正的信号"。

通过对实际数据与静态目标或标准数据进行比较并分析，从而实现制订计划、控制执行、检查反馈、纠偏修正的预算和成本管理功能。

成本分析经常被称为"成本体检"，其中一个重点就是需要分析标准或者目标是否需要修正。成本指标实际落点分布与标准额之间的偏差如图 7-19 所示。

信号就出现在成本的目标或标准与成本实际发生之间的偏差上。为便于直观理解，我们把图 7-19 中每个月的实际额连接起来，即为成本的波动图。

根据这些落点分布的命中范围（借鉴了 6σ 品质管理方法进行成本 6σ 分析），分解后，大致有以下几种情况。

波动情况一：成本指标命中率高，偏差精度高（正负偏差波动小，基本处于合理波动范围）。——不用修正目标，如图7-20所示。

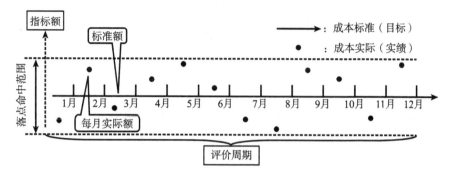

图7-19　成本指标实际分布与标准的偏差

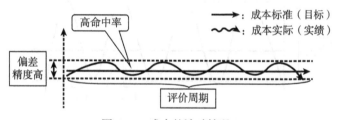

图7-20　成本的波动情况一

波动情况二：成本指标命中率低，偏差精度低（出现正负偏差）。——需要分析原因，审视实际生产参数，或适当修正标准，如图7-21所示。

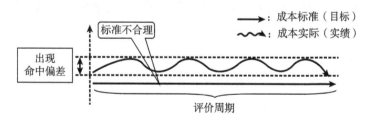

图7-21　成本的波动情况二

波动情况三：成本指标实际波动大，偏差精度差（出现大正负偏差）。——需要分析原因，审视实际生产参数，或需要修正标准，如图7-22所示。

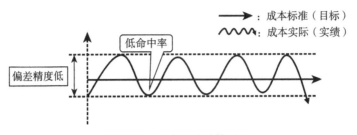

图 7-22　成本的波动情况三

波动情况四：成本指标命中偏差错位。——分析审视产生实绩的原因，并修正生产参数，或适当修正标准，如图 7-23 所示。

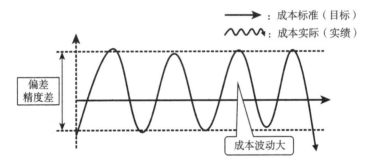

图 7-23　成本的波动情况四

在成本评价方面，造成异常波动的原因：可能是成本目标或标准本身制定得不合理；也可能是外部环境发生了变化而需要纠偏；还可能是对应的责任部门缺少目标或预算的实现手段，即缺少有效的工具或方法；抑或是缺少有效的资源去保证。

以上是分解动作。

下面我们要将上述分解动作放到复杂的生产工序中去看：如果最终产品成本的结果与目标相比，出现异常，就需要打开各工序环节成本构成以追根寻源、追溯还原。

如何找到导致最终结果的异常源头呢？这就需要评价构成最终产品成本的各工序环节成本发生中的成本指标波动性，这是闭环管理的重要手段。

因为有了目标或标准后，可以靶向定位，监控窥视各环节的成本波动，以发现异常环节。发现异常环节后，就需要进一步分析并找出原因。追根寻源的成本波动鱼骨直观图，如图 7-24 所示。

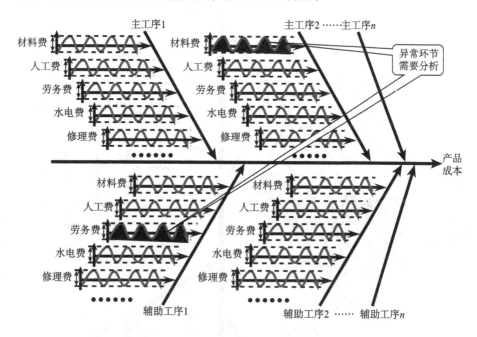

图 7-24　某多工序生产的产品成本波动鱼骨图

因此，成本目标或标准的评价重点在于"窥视"成本构成指标的异常，把脉成本的波动。

放到企业总成本的维度，总成本由以上所示单个产品成本、各单元成本等构成。企业总成本的异常波动，也可以利用成本的波动，做到追根溯源，找到企业总成本异常波动的源头点，如图 7-25 所示。

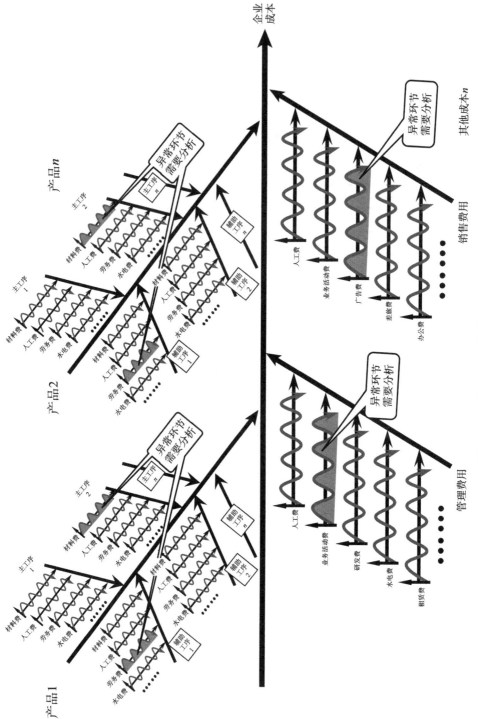

图 7-25 企业总成本异常波动的源头点

第 8 章

解密 500 强企业的专项成本核算

在 500 强企业成本控制的诸多环节中，主生产流程控制是基本且最重要的一环，与此同时，也形成了诸如安全生产费用、质量成本、研发成本、环境成本、人工成本等专项成本管理。成本核算也是如此，除了针对主工序成本中心和主产品的成本核算以外，还派生出安全生产费用、研发费、环境成本、质量成本核算等专项成本核算业务。

8.1 安全生产费用成本核算

财政部、安全监管总局 2012 年 2 月 14 日联合发文《企业安全生产费用提取和使用管理办法》（财企〔2012〕16 号），要求涉及公司安全生产的费用须年初先计提，后通过专项储备列支。

我在 2012 年年底曾主持制定 500 强企业《安全生产费用提取和使用管理办法》，感到安全生产费用核算的**本质**就是从原有的"生产成本""制造费用""管理费用"科目中，把涉及安全生产的投入成本单独剥离出来进行专项成本核算。

安全生产费用是指企业按照规定标准提取的在成本中列支，专门用于完善和改进企业或项目安全生产条件的资金。安全生产费用的成本核算内容包括安全生产费用的计提和使用。

8.1.1 计提

安全生产费用无论实际会不会发生，都要先以企业上年度实际营业收入为基数，采用超额累退方式计算，乘以规定比例，在月初计提企业本年"安全生产费用"。

财务部门以上年度实际营业收入为计提依据，采取超额累退方式按照以下标准平均逐月提取"安全生产费用"：

（1）营业收入不超过 1 000 万元的，按照 3% 提取。

（2）营业收入超过 1 000 万元至 1 亿元的部分，按照 1.5% 提取。

（3）营业收入超过 1 亿元至 10 亿元的部分，按照 0.5% 提取。

（4）营业收入超过 10 亿元至 50 亿元的部分，按照 0.2% 提取。

（5）营业收入超过 50 亿元至 100 亿元的部分，按照 0.1% 提取。

（6）营业收入超过 100 亿元的部分，按照 0.05% 提取。

企业提取安全生产费用时，记入"安全生产费用"科目进行归集过渡，并根据受益原则，最终列支各单元（成本中心）生产成本、制造费用或销管费用，同时记入"专项储备——计提"科目。"专项储备——计提"科目用于专户核算安全生产费用的计提。安全生产费用采用平均逐月计提。

各单元（成本中心）分摊比例按上年度"各单元的安全生产费用实际发生金额占安全生产费用总额比例"，作为本年度各单元安全生产费用分摊比例并列支生产成本。分录为：

借：安全生产费用——各单元（成本中心）
　　贷：专项储备——计提

8.1.2 使用

"专项储备——使用"科目用于专户核算安全生产费用的使用情况。

安全生产费用使用包括费用类和资本类安全费用使用。使用安全生产费用时，属于费用性支出的，直接冲减"专项储备"。形成固定资产的，按照形成固定资产的成本冲减"专项储备"，并确认相同金额的累计折旧。该资产在以后年度不再计提折旧。属于费用类的，核算内容包括保安警卫服务费、部队经费(消防、武警)、消防器材费、消防设施年检费、交通设施费、防暑降温费、劳防用品费、安全标志牌费、抗震加固费等。至此，原涉及安全生产费用的报销均由上述科目变为"专项储备——使用"科目。主要的安全生产费用核算科目及核算内容见表 8-1。

表 8-1　主要的安全生产费用核算科目及核算内容

成本核算科目及核算内容
专项储备——使用——保安警卫服务费
专项储备——使用——部队经费（消防、武警）
专项储备——使用——消防器材费、消防设施年检费
专项储备——使用——交通设施费
专项储备——使用——防暑降温费
专项储备——使用——劳防用品费
专项储备——使用——安全标志牌费
专项储备——使用——安全类咨询评价费
专项储备——使用——安全类教育培训费
专项储备——使用——抗震加固费
……

使用时（即各业务归口管理部门报支时），分录为：

借：专项储备——使用——各科目
　　贷：应付账款——各供应商等

8.1.3　调整

安全生产费用可以考虑按以下方式调整：季度末（年度末）安全生产费用计提额大于实际发生额时，结余资金留下季度（下年度）使用。季度末安全生产费用计提额小于实际发生额时，差额部分需补提安全生产费用，分摊方式及核算分录同"安全生产费用的计提"。

年度末根据各单元安全生产费用实际发生额，调整各单元"安全生产费用"科目至实际发生额；期末"专项储备——使用"科目的借方余额为各单元安全生产生产费用实际发生额，可以用于评价各单元安全生产费用的使用情况。年末"专项储备"科目不允许出现借方余额。

8.1.4 还原

管理精细的企业需要了解产品生产成本中到底包含多少安全生产费用时，则需要安全生产费用还原。

这个还原主要是指"安全生产费用"从各个单元分摊给各个产品的成本核算。因为企业提取安全生产费用时，已经记入了"安全生产费用"科目，进行归集、过渡并留下痕迹，并根据受益原则，最终列支各单元（成本中心）生产成本、制造费用、研发费用或销管费用。实践当中是将结转计入"生产成本""制造费用"的那部分"安全生产费用"科目余额（每一期的平均计提数），通过成本动因（分摊规则或依据）分摊至各个产品。

安全生产费用的特性是不管实际有没有发生，都预先按照收入乘以相应百分比，计提好成本，也就是成本假设已经发生。类似于福利费的计提，并以计提数为依据分摊至各个产品，从而完成产品生产成本中包含多少安全生产费用的还原操作。当实际发生额大于预先计提时，则补提"安全生产费用"并分摊至产品；当实际发生额小于预先计提时，则不做还原操作。

8.1.5 某 500 强企业安全生产费用核算实操

该企业设置"安全生产费用"一级科目，并在一体化财务信息系统网页录入界面建立了自动批量导入及抛账的接口。之后根据网页版的一体化财务信息系统后台设置的自动做账（抛账）规则，结合设置的"专用字段"，后台程序从"普通会计系统"向"成本核算系统"自动做账，形成成本中心（工序）对应成本科目的成本核算分配分录。

在年初根据上年收入和对应计提百分比确定计提安全生产费用总额，并以各成本中心（工序）上年度安全生产费用实际发生额占比作为分摊计提总额的依据，分摊到各个成本中心（工序）。

此外，通过在"安全生产费用"科目代码后面添加"专用字段归属码"的方式，区分出"安全生产费用——制造费用""安全生产费用——管理费用""安全生产费用——销售费用""安全生产费用——研发费用"，其中添加"安全生产费用——研发费用"的"专用字段归属码"以备留其他口径如"研发费用口径"的核算成本需求。

在该企业网页版的一体化财务报支系统中，针对实际发生安全生产费，设计后台报销科目为"专项储备——使用——各个具体报销内容"。

在"专项储备——使用——各个具体报销内容"的网页输入画面，增加归口"成本中心（工序）"下拉菜单选择项（通过科目代码追加专用字段成本中心代码实现）。

在"专项储备——使用——各个具体报销内容"的网页输入画面，增加"生产成本""制造费用""管理费用""销售费用""研发费用"的下拉菜单选择项（通过科目代码追加专用字段归属码实现）。

在一体化财务信息系统网页录入界面建立自动批量导入及抛账的接口，作为需要批量导入的实际发生安全生产费用录入接口分摊到各个单元。之后根据网页一体化财务信息系统后台设置的取数逻辑程序，结合上述"专用字段归属码"，实现"成本核算系统"从"会计报支系统"自动取数，并在"成本核算系统"中自动生成定制的"各成本中心（工序）安全生产费明细报表"。

8.2 研发加计扣除费用核算

企业的研发费用可享受加计扣除政策。若做过研发费用加计扣除所得税优惠事项备案就会知道，企业里每一个研发项目的本质就是一个成本核算对象。把涉及研发内容的所有成本，以每一个研发项目号为成本对象单独归集，需要把共用性费用按照成本动因分摊给各个研发项目。这些成本原来没有剥离之前可能存在于生产成本、管理费用或销售费用之中。

我曾在企业里做了三年研发加计扣除备案和高新技术企业资质的复审工作，感到研发加计扣除费用核算的**本质**就是从原有的生产成本、制造费用、管理费用或销售费用中把涉及研发业务相关的投入成本单独剥离出来进行专项成本核算。

税务局所要求提供的《研发支出加计扣除多栏式明细账汇总表》，以及三年一次的高新技术企业评审需要提交的基础资料，都要求企业对研发费用要以研发项目号作为"成本核算对象"进行"成本核算"。因此，每个研发项目都要求有一张基础表《明细成本构成报表》，实质就是在运用成本核算的成本动因思路，将涉及研发的共用性费用，分摊到每个研发项目号并进行研发费用加计扣除的专项核算。

研发费用的核算内容包括费用化的研发费核算和资本化的研发费核算。

费用化的研发费核算路径如下。

第一种核算路径：有的企业是在"管理费用"下设置标志表示研发费用类别，直接归集在"管理费用"里的相应科目中。

第二种核算路径：有的企业先在"研发支出"科目及其明细科目中归集、过渡并留下痕迹，之后结转到"管理费用"中。

资本化的研发费核算路径如下。

第一种核算路径：有的企业是在"管理费用"下设置标志表示研发费用类别，先直接归集在"管理费用"里的相应科目中，之后结转到"研发支出"科目，再由"研发支出"科目结转到"无形资产——专利权等"科目。

第二种核算路径：有的企业是先在"研发支出"科目及其明细科目中归集、过渡并留下痕迹，之后结转到"无形资产——专利权等"科目。

8.2.1 费用化的研发费专项核算

费用化的研发费核算内容包括研发项目用的材料及辅助材料费、职工薪酬、检修费、水电费、折旧费、无形资产摊销、协力费、公共关系费、办公费、差旅及通勤费、保险费、咨询费、试验检验费、警卫消防费、环境保护费、劳动保护费等涉及研发活动的费用。其中，如房屋折旧等可列支研发费，但不允许加计扣除，具体范围参照财政部相关规定执行。

费用化的研发费核算科目可考虑继"生产成本""制造费用"科目之后，在同级别设置"研发支出"一级科目，并需要从"生产成本""制造费用""管理费用"中剥离出一部分涉及研发活动的费用，"搬迁"到"研发支出"科目中反映。具体研发项目用的成本核算科目及核算内容见表8-2。

表8-2 具体研发项目用的成本核算科目及核算内容

研发项目用的成本核算科目及核算内容	研发项目用的成本核算科目及核算内容
研发支出——材料费——各研发项目号	研发支出——公共关系费——各研发项目号
研发支出——职工薪酬——各研发项目号	研发支出——办公费——各研发项目号
研发支出——检修费——各研发项目号	研发支出——差旅及通勤费——各研发项目号
研发支出——水电费——各研发项目号	研发支出——保险费——各研发项目号
研发支出——折旧费——各研发项目号	研发支出——咨询费——各研发项目号
研发支出——无形资产摊销——各研发项目号	研发支出——试验检验费——各研发项目号
研发支出——协力费——各研发项目号	……

1. 研发费用发生时

研究费用发生时的分录如下：

借：研发支出——材料费——各研发项目号
　　贷：应付账款——各供应商等
借：研发支出——职工薪酬——各研发项目号
　　贷：应付职工薪酬——各科目明细（或贷：制造费用⊖）

⊖ 共用性费用先归集再结转，以下同。

借：研发支出——检修费——各研发项目号
　　贷：应付账款——各供应商等（或贷：制造费用）
借：研发支出——水电费——各研发项目号
　　贷：银行存款——各银行名称（或贷：制造费用）
借：研发支出——折旧费——各研发项目号
　　贷：累计折旧（或贷：制造费用）
借：研发支出——无形资产摊销——各研发项目号
　　贷：累计摊销（或贷：制造费用）
借：研发支出——协力费——各研发项目号
　　贷：应付账款——各供应商等
借：研发支出——公共关系费——各研发项目号
　　贷：银行存款及现金等
借：研发支出——办公费——各研发项目号
　　贷：应付账款——各供应商等
借：研发支出——差旅及通勤费——各研发项目号
　　贷：银行存款及库存现金等
借：研发支出——保险费——各研发项目号
　　贷：银行存款——各银行名称等
借：研发支出——咨询费——各研发项目号
　　贷：银行存款——各银行名称等
借：研发支出——试验检验费——各研发项目号
　　贷：应付账款——各供应商等

2. 期末研发费用结转时

根据财政部有关规定，期末将研发费用结转记入"管理费用"下的二级科目，即可以考虑先将"研发支出"下发生的各费用结转到"研发支出——结转"科目，再从"研发支出——结转"科目结转到"管理费用——研发支出"。

期末研发费用结转步骤及相应分录如下。

（1）先通过"研发支出——结转"科目过渡，分录为：

借：研发支出——结转

　　贷：研发支出——材料费——各研发项目号

　　　　研发支出——职工薪酬——各研发项目号

　　　　研发支出——检修费——各研发项目号

　　　　研发支出——水电费——各研发项目号

　　　　研发支出——折旧费——各研发项目号

　　　　研发支出——无形资产摊销——各研发项目号

　　　　研发支出——协力费——各研发项目号

　　　　研发支出——公共关系费——各研发项目号

　　　　研发支出——办公费——各研发项目号

　　　　研发支出——差旅及通勤费——各研发项目号

　　　　研发支出——保险费——各研发项目号

　　　　研发支出——咨询费——各研发项目号

　　　　研发支出——试验检验费——各研发项目号

（2）再结转到管理费用（假设暂不考虑产品的研发费），分录为：

借：管理费用——研发支出

　　贷：研发支出——结转

期末结转以后，除跨年度的研发项目外，"研发支出"科目期末余额应为0。

8.2.2 资本化的研发费专项核算

1. 研发费用发生时

资本化的研发费发生时的分录与"费用化的研发费专项核算"计提分录是一致的。

2. 期末研发费用结转时

根据财政部有关规定，期末涉及资本化的研发费投入在项目结转时，对于形成无形资产的，先将"研发支出"下各费用结转到"研发支出——结转"科目，再从"研发支出——结转"科目结转到"无形资产——专利权（非专利技术等）"科目。

（1）先通过"研发支出——结转"科目过渡，分录为：

借：研发支出——结转
  贷：研发支出——材料费——各研发项目号
    研发支出——职工薪酬——各研发项目号
    研发支出——检修费——各研发项目号
    研发支出——水电费——各研发项目号
    研发支出——折旧费——各研发项目号
    研发支出——无形资产摊销——各研发项目号
    研发支出——协力费——各研发项目号
    研发支出——公共关系费——各研发项目号
    研发支出——办公费——各研发项目号
    研发支出——差旅及通勤费——各研发项目号
    研发支出——保险费——各研发项目号
    研发支出——咨询费——各研发项目号
    研发支出——试验检验费——各研发项目号

（2）再结转到无形资产，分录为：

借：无形资产——专利权（非专利技术等）
  贷：研发支出——结转

对于未形成无形资产的，分录同"费用化的研发费专项核算"中期末研发费用结转时的计提分录是一致的。

期末结转以后，除跨年度的研发项目外，"研发支出"科目期末余额应为0。

8.2.3 研发费专项核算举例

研发费加计扣除费用核算的**本质**就是从原有的生产成本、制造费用、管理费用或销售费用中，把涉及研发业务相关的投入成本单独剥离出来进行专项成本核算。以下以研发折旧费为例说明。

【例8-1】假设生产车间的一台机器（固定资产编号：SB006）是专门用于生产研发产品的，每月折旧为2万元。此外，管理部的一台电脑服务器（固定资产编号：DZ003）是专门用于研发人员的研发设计的，假设每月折旧为500元。假设这两个固定资产专门用于两个研发项目号——科研项目X01、科研项目X02。

假设两个科研项目号的费用分摊为平均分摊，且为费用化的研发支出，见表8-3。

表8-3 研发折旧费来源还原表 （单位：元）

研发项目号	制造费用	管理费用	合计
	机器设备 SB006 折旧	电子设备 DZ003 折旧	
科研项目 X01	10 000	250	10 250
科研项目 X02	10 000	250	10 250
小计	20 000	500	20 500

1. 研发折旧费用发生时

生产车间里SB006机器设备的折旧费2万元，本来是在制造费用里核算的，因为研发费加计扣除的需要，就从制造费用里拉出来，平均分摊给两个研发项目号，在研发支出里核算。分录为：

借：研发支出——折旧费——科研项目X01　　10 000
　　研发支出——折旧费——科研项目X02　　10 000
　贷：累计折旧　　　　　　　　　　　　　　20 000

此外，管理部的DZ003电子设备的折旧费为500元，本来是在管理费用里核算的，因为研发费加计扣除的需要，就从管理费用里拉出来，平均分摊给两个研发项目号，在研发支出里核算。分录为：

借：研发支出——折旧费——科研项目X01　　　250
　　　研发支出——折旧费——科研项目X02　　　250
　　贷：累计折旧　　　　　　　　　　　　　　　500

2. 期末研发费用结转时

根据财政部有关规定，期末将费用化的研发支出结转计入管理费用。

（1）先通过"研发支出——结转"科目过渡，分录为：

借：研发支出——结转　　　　　　　　　　　20 500
　　贷：研发支出——折旧费——科研项目X01　　10 000
　　　　研发支出——折旧费——科研项目X02　　10 000
　　　　研发支出——折旧费——科研项目X01　　　 250
　　　　研发支出——折旧费——科研项目X02　　　 250

（2）再结转到管理费用，分录为：

借：管理费用——研发支出　　　　　　　　　20 500
　　贷：研发支出——结转　　　　　　　　　　20 500

8.2.4　研发费专项核算的还原

研发费用的还原涉及两个还原：一个是研发费用内容和来源的还原，另一个是产品生产成本中到底包含多少研发费用的还原。

1. 研发费用内容和来源的还原

当"研发支出"在期末最终结转计入管理费用后，光看最终结转后的结果（即"管理费用——研发支出"科目）是看不出研发费用的具体费用内容的，也不知道哪些是从制造费用中来的，哪些本来就是属于管理费用的，因此需要还原。

【例8-2】接例8-1，还是以研发折旧费为例，表8-3即反映了折旧费中哪些是从制造费用里来的，哪些是从管理费用里来的，清清楚楚。

手工编制研发费内容和来源还原报表会增加工作量，所以有信息化财务系统软件辅助的 500 强企业一般是通过定制功能自动生成研发费用的还原报表。

2. 产品生产成本中到底包含多少研发费用的还原

当需要说清楚产品生产成本中所包含研发费的内容和成本到底是多少时，就涉及研发费的还原问题。研发费用最终结转计入管理费用以后，实际上就与产品的生产成本没有关系了，而是留在了期间费用里。实践当中多数企业是以研发支出（最终留在管理费用里）作为计算对象，每月将研发支出所发生的费用按照研发费内容分别进行汇总，计算全企业的研发支出，并未计算出各种产品的研发成本。但是管理精细的企业，需要了解产品成本中的研发支出到底是多少时，则需要还原。

【例 8-3】承接例 8-1，为了说清楚研发费在产品中的还原，还是以研发折旧费为例，看一下折旧费是如何还原到产品生产成本里的。假设包含 SB006 的生产车间剔除 SB006[⊖] 的折旧费后为 15 万元，共生产两种产品，产品代码分别为 CP001、CP002，按产量占比分摊（假设为 50%∶50%）。那么，两种产品的折旧费需要还原并加上 SB006 的研发折旧费。还原结果见表 8-4。

表 8-4　产品生产成本涉及研发折旧费的还原表　　　　　（单位：元）

产品	生产车间的折旧费		管理费用	合计
	剔除 SB006	SB006 研发设备	DZ003	
产品 CP001	75 000	10 000	不参与	85 000
产品 CP002	75 000	10 000	不参与	85 000
小计	150 000	20 000	500	170 000

未还原前，产品 CP001、CP002 的折旧费均为 75 000 元；还原后，产品 CP001、CP002 包含了研发折旧的折旧费 85 000 元。

⊖ 为专门购置供研发的专用设备。

当然，研发费用投入会对应相应的研发产品。表 8-4 仅为举例说明研发费用的还原问题。实操中，很多企业不做上述产品生产成本的还原处理，也就是说，产品的生产成本中实际上是漏掉了一块研发成本的。

8.2.5　某 500 强企业研发费加计扣除费用核算实操

上述研发费加计扣除费用专项核算方式为某 500 强企业的核算实操案例简介。下面再介绍另一家 500 强企业的研发加计扣除专项核算案例。

该 500 强企业只以"管理费用"科目归集核算费用化的研发费。

区分"管理费用"中属于研发费标志的方法，就是在"管理费用"科目代码的后面添加"附加识别字段归属码"作为"研发费"的标识加以区分，并添加"附加专用字段"作为"研发项目号"的标识。

此外，对于共用性无法列支到具体项目号的研发费，如研发项目人员的职工薪酬等，以虚拟项目号进行归集。

手工输入：在某 500 强企业网页版的一体化财务信息系统中，针对实际发生的研发费用，设计在"管理费用——各二级明细费用科目——各具体报销内容"的网页输入画面增加"研发费用"的勾选项和"研发费用项目号"输入单元格（通过"科目代码＋附加识别字段归属码"实现）。

批量导入：在一体化财务信息系统网页版录入界面，建立自动批量研发费用导入及抛账的接口。

之后根据网页版的一体化财务信息系统后台设置的自动做账（抛账）规则和取数逻辑程序，读取上述"附加识别字段归属码"后，从"普通会计系统"向"成本核算系统"自动做账，分摊到各个研发项目号，并生成工序成本中心对应成本科目的核算分配分录。

与此同时，在"成本核算系统"中自动生成定制的"各研发项目费用明细报表"。

对于资本化的研发费核算，先通过"管理费用＋附加识别字段归属码"归集好研发费用之后，对于结转的资本化项目，系统在月末自动将归集在

"管理费用（+附加识别字段归属码）"下的各明细科目结转至"研发支出"科目，并按研发项目号来归集项目费用，之后再通过"研发支出"结转到"无形资产——专利权（非专利技术等）"。

8.3 环境成本核算

在 500 强企业里做了七年环境成本统计工作后，我体会到环境成本核算的**本质**与"安全生产费用""研发费用"相类似，其实就是从原有的生产成本、制造费用、管理费用中把涉及环境活动的投入成本单独剥离出来进行专项成本核算。

工业企业在生产经营过程中总会面临环保监管问题。例如，造船企业根据地方环保部门要求提供表 8-5 所示的报表，填报内容如下。

表 8-5 节能减排投入报表

序号	项目	对应部门	费用分类明细
1	节能技改措施投入		1. 能耗设备减耗技术改造：空压机改造等 2. 能源再利用技改：涂装车间余热回收，废稀释剂回收设备，船用废油再生设备 3. 淘汰高耗能电机、变压器……
2	为履行 MARPOL 公约及附则要求导致的管理成本增加、新增设备以及国家有关排放方面的法律法规要求增加的费用		
3	为保护全球海洋生物投入的设备、项目、措施、活动等费用		
4	用于减少废气排放的资金总投入		1. 减少排放的净化装置改造：产品预处理线增设有机溶剂净化装置，涂装车间有机溶剂净化装置改造 2. 减少气体使用：车间 CO_2 降压使用
5	用于处理废弃物保护环境的费用开支		废弃物处理：对废涂料、废溶剂、工业垃圾等进行处置
6	用于处理排放物保护环境的费用开支		1. 废气排污费 2. 废水排放费
7	用于购买和使用排放许可证的费用		

(续)

序号	项目	对应部门	费用分类明细
8	用于环境保护的设备折旧、维护、材料、服务及人事费用		1. 环保设备维护：预处理线环保设备、涂装环保设备滤桶、滤袋、漆雾过滤器、活性炭、废水处置设备维护 2. 环保设备运行费用
9	用于环境责任的保险费		1. 船舶油污损害民事责任保险 2. 排污保险
10	发生环境污染后所付出的清理等补救费用		
11	环境主管部门为进行环境教育与培训而聘用的人员开支		外部能源、环境培训：能源管理师培训，HSE体系SGS培训、DNV能源体系培训（能源评审、能源内审员培训）
12	为进行环境管理而使用的外部服务开支		1. 能源、环境体系认证费 2. 球罐车间环评、能评、监测、验收费用 3. HSE审核费……
13	用于环保产品采购的额外费用支出		
14	除以上明确定义之外的用于环境管理费用的成本开支		
15	环境管理成本开支，包括用于环保预防的开支		1. 环境管理人员费用 2. 标示牌 3. 应急材料（木屑、回丝布、吸油毡、围油栏等） 4. 环境监测（委托监测费用废水、废气、噪声、X射线）
16	电子注油器、研磨机、燃油均质器、航行优化控制及船体减阻技术等技术改造的投入费用		
17	油水分离器、粪便柜、生活污水、污油水处理及工业废水处理装置等投入费用		给排水投入
18	消除厂区、周边社区空气污染的设备、设施投入费用		绿化投入

目前很多中小型工业企业尚停留在手工加总统计填列表8-5的有关内容的阶段，数据精确性不高。如果环境成本压力倒逼企业完整、准确地完成表8-5的填列，就需要企业进行相应的环境成本核算。此外，环境成本核算也可为计算缴纳环境保护税提供有关数据佐证。

环境成本的核算内容包括费用化的环境成本核算和资本化的环境成本核算。

费用化的环境成本核算路径如下。

第一种核算路径：有的企业是在"生产成本""制造费用""管理费用"下设置标志表示环境成本类别，直接归集在"生产成本""制造费用""管理费用"里的相应科目中。

第二种核算路径：有的企业先在"环境支出"科目及其明细科目中归集、过渡并留下痕迹，之后结转到"生产成本""制造费用""管理费用"中。

资本化的环境成本核算路径如下。

第一种核算路径：有的企业是在"生产成本""制造费用""管理费用"下设置标志表示环境成本类别，先直接归集在"生产成本""制造费用""管理费用"里的相应科目中，之后结转到"环境支出"科目，再由"环境支出"科目结转到"固定资产"或"无形资产"等科目。

第二种核算路径：有的企业是先在"环境支出"科目及其明细科目中归集、过渡并留下痕迹，之后结转到"固定资产"或"无形资产"等科目。

本节主要介绍费用化和资本化的第二种环境成本核算路径。

8.3.1 环境成本管理是被倒逼的结果

1. 环境成本的定义

1998年联合国《环境会计和报告的立场公告》将环境成本定义为：本着对环境负责的原则，为管理企业活动对环境造成的影响而投入或被要求投入的成本，以及因企业执行环境目标和要求所付出的其他成本。环境成本包括内部环境成本和外部环境成本。

内部环境成本可理解为企业的环保成本，指企业直接或间接用于污染预防、环境保护的投入，包括人力、物力和财力。内部环境成本具体构成如图 8-1 所示。

内部环境成本	积极主动投入	环境支出成本
		环境管理成本
	补救被动投入	资源耗用成本
		环境破坏成本

图 8-1　内部环境成本构成简图

外部环境成本包括公司对环境和社会的影响，目前在财务上还无法计量。

2. 环境成本的分类

（1）企业资源使用费和排污费。

（2）环境管理费用（包括环境体系审核费用）。

（3）环境保护有关的研发费用（环境成本过渡、留下痕迹后最终转入"研发支出"核算）。

（4）环境监测费用。

（5）环保设施的运行费用。

（6）与环保有关的人力成本。

（7）采购、生产、销售、服务中与环保有关的其他费用。

环境成本又称"绿色成本"。国际标准化组织颁布了 ISO 14000 系列环境管理体系标准，使得企业建立环境成本制度的紧迫感越来越强烈。由于企业发生的各种环境损害活动与其经营成果紧密相关，故确认和核算环境成本显得十分紧迫和必要。环境成本的内外压力倒逼企业不得不进行环境成本核算，不得不开始重视环境成本管理。

【例 8-4】企业为满足内部管理需要，通过环境成本专项成本核算，可以统计诸如表 8-6、表 8-7 等专项统计报表作为环境成本管理的基础资料，为管理者的环境管理、绿色生产决策提供依据。

表 8-6　内部环保设备概况表　　　　　（单位：万元）

序号	设备类型	原值	累计折旧	月折旧
1	环保房屋			
2	建（构）筑物			
3	动力设备			
4	传导设备			
5	机械设备			
	其中：环保检测设备			
6	工具仪器与试验设备			
7	起重运输设备			
8	管理用具			
9	其他			
	合计			

表 8-7　内部环境成本统计表　　　　　（单位：万元）

序号	项目	各成本中心	序号	项目	各成本中心
1	人工费		8	排污费	
2	折旧费		9	资源使用费	
3	维修费		10	固体废弃物处置费	
4	能耗费		11	污泥焚烧处置费	
5	药剂费		12	熏蒸费	
6	运输费		13	废旧资源回收劳务	
7	绿化环卫费			合计	

8.3.2　费用化的环境成本专项核算

费用化的环境成本核算内容包括环境活动（环境项目号）相关的人工费、折旧费、维修费、能耗费、药剂费、运输费、绿化环卫费、排污费、资源使用费、固体废弃物处置费、污泥焚烧处置费、熏蒸费、废旧资源回收劳务等费用。

费用化的环境成本核算科目，可考虑继"生产成本""制造费用""研发支出"科目之后，在同级别设置"环境支出"这个一级科目，并需要从"生产成本""制造费用""管理费用"中剥离出一部分涉及环境活动（有环境项目号）的费用，"搬迁"到"环境支出"科目中反映。具体环境支出的成本核算科目及核算内容见表8-8。

表8-8 具体环境支出的成本核算科目及核算内容

列支范围	成本核算科目及核算内容
环境支出报支项目表	环境支出——人工费——环境项目号
	环境支出——折旧费——环境项目号
	环境支出——维修费——环境项目号
	环境支出——能耗费——环境项目号
	环境支出——药剂费——环境项目号
	环境支出——运输费——环境项目号
	环境支出——绿化环卫费——环境项目号
	环境支出——排污费——环境项目号
	环境支出——资源使用费——环境项目号
	环境支出——固体废弃物处置费——环境项目号
	环境支出——污泥焚烧处置费——环境项目号
	环境支出——熏蒸费——环境项目号
	环境支出——废旧资源回收劳务——环境项目号
	……

1. 环境成本发生时

环境成本发生时的分录为：

借：环境支出——人工费——环境项目号

　　贷：应付职工薪酬——各二级科目明细（或贷：制造费用）

借：环境支出——折旧费——环境项目号

　　贷：累计折旧（或贷：制造费用）

借：环境支出——维修费——环境项目号

　　贷：应付账款——各供应商等（或贷：制造费用）

借：环境支出——能耗费——环境项目号

　　贷：银行存款——各银行名称（或贷：制造费用）

借：环境支出——药剂费——环境项目号

　　贷：应付账款——各供应商等

借：环境支出——运输费——环境项目号

贷：应付账款——各供应商等
　借：环境支出——绿化环卫费——环境项目号
　　贷：应付账款——各供应商等
　借：环境支出——排污费——环境项目号
　　贷：银行存款——各银行名称
　借：环境支出——资源使用费——环境项目号
　　贷：银行存款——各银行名称
　借：环境支出——固体废弃物处置费——环境项目号
　　贷：应付账款——各处置资质单位等
　借：环境支出——污泥焚烧处置费——环境项目号
　　贷：应付账款——各处置资质单位等
　借：环境支出——熏蒸费——环境项目号
　　贷：应付账款——各处置资质单位等
　借：环境支出——废旧资源回收劳务——环境项目号
　　贷：应付账款——各处置资质单位等

2. 期末环境成本结转时

期末将"环境支出"科目下各费用发生结转到各个单元的"生产成本""制造费用""管理费用"中，其中：

（1）与生产相关的直接成本结转记入"生产成本"科目。

（2）与生产相关的间接费用结转记入"制造费用"科目并进一步根据成本动因进行分摊。

（3）与管理费用相关的环境成本记入"管理费用"科目。

期末环境成本结转时的分录为：

　借：生产成本、制造费用、管理费用（二级明细科目略）
　　贷：环境支出——人工费——环境项目号
　　　　环境支出——折旧费——环境项目号

环境支出——维修费——环境项目号
　　环境支出——能耗费——环境项目号
　　环境支出——药剂费——环境项目号
　　环境支出——运输费——环境项目号
　　环境支出——绿化环卫费——环境项目号
　　环境支出——排污费——环境项目号
　　环境支出——资源使用费——环境项目号
　　环境支出——固体废弃物处置费——环境项目号
　　环境支出——污泥焚烧处置费——环境项目号
　　环境支出——熏蒸费——环境项目号
　　环境支出——废旧资源回收劳务——环境项目号

8.3.3 资本化的环境成本专项核算

1. 环境成本发生时

环境成本发生时的分录与"费用化的环境成本专项核算"中环境成本发生时的计提分录一致。

2. 期末环境成本结转时

期末涉及资本化的环境成本投入，在环境项目结转时，对于形成固定资产或者无形资产的，将发生的环境成本投入科目结转到相应的资产科目。

期末环境成本结转时的分录为：

借：固定资产、无形资产等
　　贷：环境支出——人工费——环境项目号
　　　　环境支出——折旧费——环境项目号
　　　　环境支出——维修费——环境项目号
　　　　环境支出——能耗费——环境项目号
　　　　环境支出——药剂费——环境项目号

环境支出——运输费——环境项目号

环境支出——绿化环卫费——环境项目号

环境支出——排污费——环境项目号

环境支出——资源使用费——环境项目号

环境支出——固体废弃物处置费——环境项目号

环境支出——污泥焚烧处置费——环境项目号

环境支出——熏蒸费——环境项目号

环境支出——废旧资源回收劳务——环境项目号

8.3.4 环境成本专项核算的还原

环境成本的还原也涉及两个还原：一个是环境成本的具体费用内容和项目来源的还原，另一个是产品的生产成本中到底包含多少环境成本的还原。

1. 环境成本的具体费用内容和项目来源的还原

当"环境支出"在期末最终结转记入各个单元的"生产成本""制造费用""管理费用"科目以后，虽然在财务成本账里都留下了具体来源、内容、金额的痕迹，但光看"环境支出"最终结转后的"生产成本""制造费用""管理费用"科目结果，是看不出环境成本具体费用内容的，因此就需要看"结转分录"的贷方科目，并根据贷方科目编制还原报表。手工编制环境成本内容和来源还原报表会增加工作量，有信息化财务系统软件辅助的企业，一般可通过定制功能自动生成环境成本的还原报表。

2. 产品的生产成本中到底包含多少环境成本的还原

当需要说清楚产品的生产成本中包含了多少环境成本时，就涉及环境成本的还原问题。实践当中多数企业是以最终留在各个单元里的环境成本作为计算对象，每月将环境成本所发生的费用按照环境成本内容分别进行汇总，计算全企业的环境成本，并未计算出各种产品的质量成本。但是当精细化管理的企业需要了解产品成本中的研发支出到底是多少时,则需要还原。具体是将结转计入"生产成本""制造费用"的那部分"环境成本",通过成本动因(分摊规则或依据)分摊至各个产品。

最后需要说明的是,环境成本核算分为以统计为主的环境成本核算法和以会计核算为主的环境成本核算法;前者要求较简单,后者要求较高。

本节主要介绍的是以会计核算为主的环境成本核算法。

8.4 质量成本核算

管理相对超前的企业在做好传统产品成本核算的同时,还开展质量成本核算,目的是通过产品质量成本管理来提高产品质量,降低产品成本。质量成本包括事前的质量控制与管理发生的成本和事后的补偿发生的成本。这两者本质上都是从原有的"生产成本""制造费用""管理费用"乃至"营业外支出"科目中,把事前、事后涉及质量活动发生的成本投入、补救及赔偿单独剥离出来进行专项成本核算。

8.4.1 纠结的质量成本

作为财务人员,我曾在500强企业的营销中心做了两年的一线技术服务工作,处理并解决了多起用户质量异议事件,并到用户的生产车间进行产品技术服务工作。

亲历了一线的产品退货、产品返修和更换、赔偿、新产品试生产、试用环节等质量成本的具体入账操作后,我产生了"贯通"的感觉。我对于异议产品或不合格产品的事后成本核算有了业务实操层面的认识。

质量成本包括事前的质量成本和事后的质量成本,两者到底是什么关系,举个例子就可以更好地理解。

【例8-5】这是本田汽车厂使用中国某钢厂钢材产品的案例。本田是一家日本汽车制造商。本田汽车厂的经理到中国某钢厂现场参观"钢材产品"的生产,在操作间里看见墙上贴着这样一条标语:"少剪一刀降低成本××××。"

看到这条标语以后,本田的经理说:"你们的工厂并没有以用户为中心,并没有为用户着想!"

钢厂生产经理问:"为什么这么说?"

本田的经理说:"因为钢厂的产品切头切尾是将缺陷部位切掉,留给用户质量好的产品。而钢厂'少剪一刀',成本是降了,但把缺陷留给了用户。用户其实并不傻,早晚会发现,早晚要来找你,甚至会退货,到时候损害的是钢厂的利益,反而得不偿失。"

本田的经理来参观钢厂,其实在看钢厂是怎么要求自己的员工的。新日本制铁公司的生产车间里也贴标语,但贴的标语是鼓励员工好好干活的。国内钢厂贴的标语却是要求员工"降成本"的,这样的"降成本"反而可能增加企业的"质量成本"。说得直白些,这就是降成本降到"钻牛角尖"了。

所谓"质量成本",就是东西卖掉了,出现了质量缺陷、质量异议,用户用不了,于是就要退货或理赔,这就增加了企业的"质量成本"。同样,生产的时候如果失败率高、次品率高、成材率低,也会增加企业的"质量成本"。

从理论上讲,质量成本主要是企业内部运行而发生的质量成本,其可进一步分为两类:第一类是为保证满意的质量而发生的各种投入性成本,如预防成本和质量保证成本。第二类是因没有获得满意的质量而导致的各种损失,如内部故障成本和外部故障成本。

1. 质量成本的内容

质量成本是指企业在生产经营过程中,为确保和保证满足用户的要求(产品质量和服务质量)而发生的费用以及未能满足用户的要求而造成的损失。质量成本是企业经营成本的重要组成部分,是产品质量经济性的重要体现，它从经济的角度反映了质量体系运作的有效性。它的具体构成如图 8-2 所示。

质量成本
- **内部故障成本**：废品损失、次品损失、产品降级损失、返修损失等
- **外部故障成本**：赔偿损失、退换货损失、产品降价损失及诉讼费用等
- **质量保证成本**：试验检验费，质量检验部门办公费，检验及质检部门人工费，检测设备维修、校验、折旧费
- **预防成本**：质量活动管理费、质量改进措施费、质量审核及评审费等

图 8-2　质量成本的具体构成

2. 质量成本关系分析——纠结的质量成本

进行质量成本各构成部分之间的关系分析，目的是为"进行质量成本规划，采取有效的质量保障措施和降低质量成本"提供依据。

通过"本田汽车厂使用国内某钢厂钢材产品的案例"可以看出：预防成本、质量保证成本，与内部故障成本、外部故障成本之间存在一定的反向变动关系。

预防成本和质量保证成本的增加，有可能使内部故障成本和外部故障成本降低。

此外，预防成本与质量保证成本之间、内部故障成本与外部故障成本之间也存在一定的依存关系。

预防成本的增加有可能使质量保证成本适当减少，得力的预防控制措施有可能使质量故障大为减少，从而适当减少检验鉴定业务，进而减少质量保证成本。

内部故障成本与外部故障成本之间也存在一定的关系，对有可能存在质量隐患的产品在产品出厂前进行返修或者报废，虽然会计记录上的内部故障成本增加了，但可以减少产品出厂后的故障，从而减少相关的外部故障成本。

进行质量成本控制,要对质量与成本之间、质量成本各构成部分之间的关系有比较清楚的认识,以便在对各种质量控制措施和成本支出进行抉择时做出正确的判断。

8.4.2 某500强企业质量成本核算实操

某500强企业成本管理总牵头部门组织制造管理部和各生产厂来共同推进质量成本管理,首先统一质量成本统计口径,明确质量成本管理受控内容。

某500强企业质量成本统计口径及计算公式如下。

1. 内部故障成本

(1) 产品内部报废损失费用。

计算公式:

$$产品内部报废损失费用 = (正品销售价格 - 废钢采购价格) \times 产品内部报废数量$$

计算说明:

1)"产品内部报废数量"范围是因产品质量问题或故障造成的报废数量。

2)本公式中的正品销售价格按年度预算销售价格,废钢采购价格按标准价格。

3)需与产品进行对应。

(2) 产品内部报次损失费用。

计算公式:

$$产品内部报次损失费用 = (正品销售价格 - 次品销售价格) \times 产品内部报次数量$$

计算说明:

1)"产品内部报次数量"由质检部门或技术系统负责统计填列。

2）本公式中的正品销售价格与次品销售价格按公司年度预算的正品或次品销售价格。

3）需与产品进行对应。

（3）产品内部降级损失费用。

产品经最后生产工序产出后判为降级，则采用下面的第一个计算公式；中间产品判为降级，则采用第二个计算公式。

计算公式一：

产品内部降级损失费用 =（原产品销售价格 − 降级后产品销售价格）× 产品内部降级数量

计算公式二：

产品内部降级损失费用 =（原产品销售毛利 − 降级后产品销售毛利）× 产品内部降级数量

计算说明：

1）"产品内部降级数量"由质检部门或技术系统负责统计填列。

2）需与产品进行对应。

（4）产品内部返修费用。

计算公式：

产品内部返修费用 = 产品内部返修量 × 预计返修单位变动成本

计算说明：

1）"产品内部返修量"由各厂质检部门或技术系统负责统计填列。

2）需与产品进行对应。

2. 外部故障成本

（1）赔偿损失（质量异议赔偿费用）。

计算公式：

质量异议赔偿费用 = 用户索赔费用 + 退货损失 + 降价损失

计算说明：需与产品进行对应。

（2）质量保修费用。

计算公式：

质量保修费用 = 保修人员工资、差旅费 + 保修材料费用 + 其他保修费用

3. 质量保证成本

（1）质检站费用。

（2）制造部检测中心费用。

（3）取样、试验等费用。

计算公式一：

质量实验室费用 = 质量实验室人员人工费 + 质量实验室折旧费 + 质量实验室物料费用 + 质量实验室其他费用

计算公式二：

取样检测费 = 辅助材料中使用探头的费用

4. 预防成本

（1）质量管理活动费用。

计算公式：

质量管理活动费用 = 公司各种质量管理活动发生的费用之和

（2）质量改进措施费用。

计算公式：

质量改进措施费用 = 为提高产品质量所发生的各种技术改造措施费用 + 为提高产品质量所发生的改善性维修费用

（3）质量审核及评审费用。

计算公式：

质量审核及评审费用 = 各种质量认证费用和复审费用

5. 质量成本信息揭示

某500强企业各级各类质量成本报表作为质量成本管理的基础资料，

为管理者的质量成本管理、生产决策提供依据。质量成本报表举例如下。

（1）各单元、各部门质量成本报表，见表8-9。

表8-9 各单元、各部门质量成本报表

序号	项目名称	数量（吨）	单位损失（元/吨）	金额（元）
一	内部故障成本			
1	产品内部报废损失费用			
2	产品内部报次损失费用			
3	产品内部降级损失费用			
4	产品内部返修费用			
	小计			
二	外部故障成本			
1	质量异议赔偿费用			
2	质量保修费用			
	小计			
三	质量保证成本			
1	质检站费用			
2	制造部检测中心费用			
3	取样、试验等费用			
	小计			
四	预防成本			
1	质量管理活动费用			
2	质量改进措施费用			
3	质量审核及评审费用			
	小计			
五	质量成本合计			
	其中：外部原因造成损失			

（2）质量成本汇总报表，见表8-10。

表8-10 质量成本汇总报表　　　　　　（金额单位：万元）

序号	项目名称	各成本中心（工序）	费用总额	比例（%）	占销售额比率（%）
一	内部故障成本				
1	产品内部报废损失费用				
2	产品内部报次损失费用				
3	产品内部降级损失费用				
4	产品内部返修费用				
	小计				

(续)

序号	项目名称	各成本中心（工序）	费用总额	比例（%）	占销售额比率（%）
二	外部故障成本				
1	质量异议赔偿费用				
2	质量保修费用				
	小计				
三	质量保证成本				
1	质检站费用				
2	制造部检测中心费用				
3	取样、试验等费用				
	小计				
四	预防成本				
1	质量管理活动费用				
2	质量改进措施费用				
3	质量审核及评审费用				
	小计				
五	质量成本合计				
	其中：外部原因造成损失				

8.4.3 质量成本专项核算

1. 核算要点

（1）划清质量成本中显性成本与隐性成本的界限。

为了评价企业质量管理的有效性，必须全面核算有关产品质量的一切费用和损失，其中大部分质量成本已经实际发生，这一部分属于显性成本，根据现行会计制度的规定，可以在账户中得到反映。此外，还有一部分质量成本，如因质量事故造成的停工损失、减产损失和降价损失等，这部分费用并没有实际支付，属于隐性成本，按照现行会计制度的规定不能在会计核算中反映，需要单独核算并进行必要的调整。

（2）划清质量成本中应计入产品成本和不应计入产品成本的界限。

企业不同的费用开支有着不同的资金来源，只有用于产品生产和销售的费用才能计入产品成本，如果把不属于产品成本范围内的质量费用计入产品成本，会混淆费用与补偿的界限。

（3）划清各种产品质量成本之间的费用界限，划清完工产品与月末半成品质量成本之间的费用界限。

（4）划清产品质量成本中可控制成本与结果成本的界限。

2. 核算内容

质量成本核算内容包括内部废品损失、内部次品损失、内部产品降级损失、内部返修损失、外部赔偿损失、外部退换货损失、外部产品降价损失、外部诉讼费用、试验检验费、质量检验部门办公费、检验及质检部门人工费、检测设备维修校验费、安全设备折旧费、质量活动培训费、质量改进措施费、质量审核及评审费等。

质量成本核算可考虑继"生产成本""制造费用"科目之后，在同级别设置"质量成本"这个一级科目，并需要从"生产成本""制造费用""管理费用"中剥离出一部分涉及质量成本活动的费用，"搬迁"到"质量成本"科目中反映。具体质量成本用的成本核算科目及核算内容见表8-11。

表8-11 具体质量成本用的成本核算科目及核算内容

成本核算科目及核算内容	成本核算科目及核算内容
质量成本——内部废品损失	质量成本——质量检验部门办公费
质量成本——内部次品损失	质量成本——检验及质检部门人工费
质量成本——内部产品降级损失	质量成本——检测设备维修校验费
质量成本——内部返修损失	质量成本——安全设备折旧费
质量成本——外部赔偿损失	质量成本——质量活动培训费
质量成本——外部退换货损失	质量成本——质量改进措施费
质量成本——外部产品降价损失	质量成本——质量审核及评审费
质量成本——外部诉讼费用	……
质量成本——试验检验费	

3. 质量成本发生时

质量成本核算程序如图8-3所示。

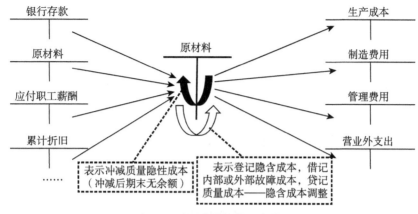

图 8-3　质量成本核算程序简图

发生质量活动时，先通过"质量成本——各质量活动内容"科目来归集质量成本，并做费用报支处理，分录如下：

借：质量成本——内部废品损失
　　贷：原材料或质量成本——隐含成本调整等
借：质量成本——内部次品损失
　　贷：原材料或质量成本——隐含成本调整等
借：质量成本——内部产品降级损失
　　贷：原材料或质量成本——隐含成本调整等
借：质量成本——内部返修损失
　　贷：应付职工薪酬——各二级科目明细
借：质量成本——外部赔偿损失
　　贷：银行存款——各银行名称等（或贷：制造费用⊖）
借：质量成本——外部退换货损失
　　贷：应收账款等
借：质量成本——外部产品降价损失
　　贷：应收账款等

⊖ 共用性费用先归集再结转，以下同。

借：质量成本——外部诉讼费用

  贷：银行存款——各银行名称等

借：质量成本——试验检验费

  贷：银行存款（外部检验）或 应付职工薪酬（内部检验）等

借：质量成本——质量检验部门办公费

  贷：银行存款——各银行名称等

借：质量成本——检验及质检部门人工费

  贷：应付职工薪酬——各二级科目明细（或贷：制造费用）

借：质量成本——检测设备维修校验费

  贷：银行存款——各银行名称等（或贷：制造费用）

借：质量成本——安全设备折旧费

  贷：累计折旧（或贷：制造费用）

借：质量成本——质量活动培训费

  贷：应付职工薪酬——职工教育经费（或贷：制造费用）

借：质量成本——质量改进措施费

  贷：银行存款——各银行名称等

借：质量成本——质量审核及评审费

  贷：银行存款——各银行名称等

4. 质量成本期末结转还原时

通过"质量成本——各质量活动内容"科目来归集好质量成本后，在成本核算期末需要再对质量成本进行分配、还原，转入有关成本科目，如生产成本、制造费用、管理费用、营业外支出等，分录如下：

借：生产成本——对应科目——某产品名称

  或质量成本——隐含成本调整等

  贷：质量成本——内部废品损失

借：生产成本——对应科目——某产品名称
　　或质量成本——隐含成本调整等
　贷：质量成本——内部次品损失
借：生产成本——对应科目——某产品名称
　　或质量成本——隐含成本调整等
　贷：质量成本——内部产品降级损失
借：管理费用——人工费等
　贷：质量成本——内部返修损失
借：营业外支出
　贷：质量成本——外部赔偿损失
借：销售费用等
　贷：质量成本——外部退换货损失
借：销售费用等
　贷：质量成本——外部产品降价损失
借：管理费用——诉讼费等
　贷：质量成本——外部诉讼费用
借：生产成本——试验检验费等——某产品名称
　贷：质量成本——试验检验费
借：管理费用——办公费等
　贷：质量成本——质量检验部门办公费
借：管理费用——人工费等
　贷：质量成本——检验及质检部门人工费
借：制造费用——检修费等
　贷：质量成本——检测设备维修校验费
借：制造费用——折旧费
　贷：质量成本——安全设备折旧费

借：管理费用——职教费等

　　贷：质量成本——质量活动培训费

借：生产成本或管理费用等

　　贷：质量成本——质量改进措施费

借：管理费用等

　　贷：质量成本——质量审核及评审费

最后需要说明的是，质量成本核算分为以统计为主的质量成本核算法和以会计核算为主的质量成本核算法；前者要求较简单，后者要求较高。本节主要介绍的是以会计核算为主的质量成本核算法。

第 9 章

解密 500 强企业信息化的成本核算

我在多年前曾根据公司领导指示，配合并指导公司的软件开发子公司（A 股上市公司），参与开发 500 强企业一体化财务信息系统（包含成本核算系统模块）。开发过程中，我感觉最大的系统开发难题是：

（1）系统用户的需求识别问题。

（2）各单元接口如何强制性统一的问题。

（3）如何运用"附加识别字段＋对照表"的手段实现不同系统间的数据自动做账（抛账）、自动生成系统成本核算凭证、自动生成定制报表的问题。

9.1 成本核算信息化的"减人效应"

9.1.1 不用见面的费用报销案例

费用报销的数据实际上就是成本核算的数据源头之一，这里就以不用见面的费用报销为例。

财务人员能够少做简单重复劳动，腾出手来更多、更好地去支持决策，靠的是什么？很多企业靠财务信息系统，如靠一体化报支系统实现不用见面的费用报销，推进全员报支。这样做的优势就是实现了业务和财务的一体化，提升了成本核算和管理水平，减少了手工劳动等。

这么说可能不直观，下面尝试以报销这一最基础的财务业务的信息化为突破口，结合案例，以小见大，侧面介绍一下财务一体化信息系统带来的益处。

费用报销和成本管理的关系如下：成本管理是财务管理的核心，而一体化成本核算信息系统能提升成本集中管理水平，支持决策。虽然费用报销和成本管理是两回事（一个是基础财务业务，一个是支持决策的业务），但费用报销数据实际上就是成本核算的数据源。

1. 现状

【例9-1】目前很多企业对会计信息化的重视度仍然不够。现在有些中小企业没有信息化系统，费用报销时要人盯人。

业务人员报销要跑上跑下、来回反复，找三四位领导签字；财务人员也不胜其烦，超过报销规定标准了要来找他，报销发票没了要来找他，报销的钱没收到也要来找他；有的企业财务人员对于报销规矩要反复说明解释给业务人员听，要"言传身教"，各部门负责报销的业务人员被调走或者离职后，财务人员又需要重新解释，重复劳动，费时、费力且效率低。

【例9-2】合同没有了，业务人员要来找财务人员翻查凭证附件；合同价格是否含税要来问财务人员；材料采购要靠财务人员手工做账；生产成本要靠财务人员手工结转；销售收入要靠财务人员手工确认；业务部门少了历史资料会来问财务人员……财务部门成了"上面千条线，下面一根针"的"救急"部门。

现在很多中小企业财务人员主要干什么呢？一是算账，二是管钱。而且现在有的企业很落后，并不跟银行链接起来。我有一次还看到一家企业建了一个"报销大厅"，专门用于报销，这真的有必要吗？

对比一下"管理先进"的企业，财务既不算账，也不管钱。费用报销都是各自在网上申请，申请好以后审核，审核完，报销的钱直接打到卡里，面都不用见。凭证全部电子扫描到凭证库里，业务人员要看的话，在网上调出凭证图片自己看即可。这就是"不用见面"的报销和现金流量管理。

2. 某500强制造型A企业的案例

【例9-3】以前A企业上百家子公司财务均各自有出纳、报销、资金收付岗位。A企业花重金历时多年，在全公司范围内投建了一个"财务一体化信息系统"。2008年该系统上线试运行基本成熟后，在2008年年末，A企业将上百家子公司的出纳、报销、资金收付等标准化、同质化、简单重复劳动的财务岗位人员，全部集中到一个新成立的单位——财务服务中心（财务共享中心）。这样，各子公司减少了普通财务人员（即那些长期在一线从事简单重复的财务基础工作并在原始单据、会计记账、凭证录入、交易结算、资金收付方面积累了丰富的实战经验的人员）的大量分流，从而精减了子公司的管理费用。

有了这个信息系统，计算机把会计人员的工作干完了。各子公司基础财务岗位的普通财务人员就多出来了，然后就剩如何安置这些人的问题了。于是就有了一个新单位——"财务服务中心"作为过渡。这就叫信息系统带来组织机构的重组与精简。

"财务服务中心"再依托财务信息系统，结合信息技术再造业务流程，为集团内不同单位提供专业化的基础财务服务，甚至未来可以接集团外的活儿，成为独立核算的利润中心。这就是所谓中国特色的财务"内包"模式。例如，中国平安、中兴通讯等均采用类似的财务模式。

A企业在全公司范围内强制推行"财务一体化信息系统",里面有一个叫作"全员报支系统"的子系统,即业务人员全部经过培训实现报销全员DIY。也就是说,报销人员自己上网,将报销信息填列、录入电子报支单后打印出来,再将发票、合同、各凭据附件等连同打印出来的报支单贴好,放入本单位"报支单回收箱"。业务人员把原来所谓"财务的活儿"干了,财务人员干什么呢?就是审核。

"报支单回收箱"定期由财务服务中心的人员来收件。收集后,财务服务中心分配专人负责电子扫描所有的原始单据及发票等,并上传至报支系统网络数据库当中。系统后台建立完善的审核审批流程,短信通知,催促相关领导及经办人员进行审核。

走完一个流程没有问题并在网上确认后,钱就会自动打到报销人员的卡里。在整个过程中,业务报销人员与财务人员根本不用见面。

如果费用超标会直接按标准支付并驳回超支部分;如果缺附件会驳回让报销人员补附件;如果缺少审核审批则不会流转到付款阶段;如果需要查阅原始发票、单据等,会直接上网调阅;如果出现异议需要申诉则网上联系财务服务中心客服人员。

有些中小企业可能没有意识到国内某些先进制造型企业已经这样做了。

3. 美国某500强跨国汽车公司B的案例

【例9-4】B汽车公司把算账外包给"会计师事务所",把管钱外包给"银行"。企业里就留下来一个"资金预算"岗,把资金的日常活动、现金流量的日常活动及管理活动,全部交给了"银行"。

像投资、融资的管理:股权投资找投行,债权融资找银行。国外公司是跟银行链接起来解决资金管理问题的,也就是委托银行来完成一系列资金业务。

像B公司的报销也好、发工资也好,往来款也罢,干什么活儿都是在银行里实现,而不是在企业里。这就是海外公司的财务业务"外包"模式。

4. 某500强金融公司C的案例

【例9-5】C公司在上海的张江高科技园区，其管理信息系统做得可圈可点，有近5 000人在C公司的信息中心工作。无论是银行业态、保险业态还是证券业态，公司旗下每个子公司均没有会计，全部集中在张江高科技园区C公司的信息中心核算，放了5 000人专门做信息化工作。当然不光是财务人员，信息化体系的人员也在这里工作。

由C公司的案例可知，一个集团只有一个核算中心，在共享中心集中办公。报销全部在网上自主提交，网上审核，网上打卡。报销、发工资、往来款全部在网上通过企业ERP信息系统实现无人化。

5. 启示

以"不用见面"的报销为突破口，以小见大，我们可以直观地了解财务一体化信息系统的作用和益处，即：

可以解放劳动力，提高效率；可以腾出手去做更多的支持决策分析；可以有效防止舞弊；可以明晰责任归属；可以减少"折腾成本"和人工费用等。

财务管理应从烦琐的会计基础工作中解放出来，去担负更多支持决策的责任。没有一体化财务信息系统的话，财务往往无法快速高效地抓到业务数据，容易游离于运营信息之外，无法对企业进行准确有效的财务分析。

只有通过实现业务和财务一体化信息共享，才能避免部门间的"信息孤岛"现象，才能"数出一门"，才能支持决策，才能对企业内部的各种资源进行高度集中的管控和配置。

9.1.2 从成本池到数据仓库

如图9-1所示，该企业有两大涉及财务的信息系统：一体化财务信息系统和成本数据仓库（我称之为"企业内参家底库"）系统。其中：

一体化财务信息系统包括"成本核算系统模块""费用报支系统模块"等子模块（成本池）；核算成本对象为工序成本中心，最终生成"工序成本中心成本明细报表"，目的主要是满足外部信息披露的需求。

在成本数据仓库系统（SAS系统）中，基础成本数据引入了一体化财务信息系统"成本核算系统模块"的成本数据，并进一步计算、细化到明细产品成本，最终生成以明细产品为成本核算对象的"成本报表"，目的主要是满足内部成本管理的需求。

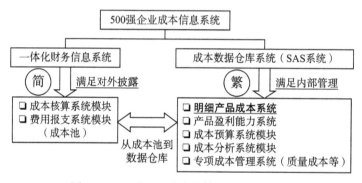

图 9-1　500 强企业成本核算的"内外有别"

9.1.3　成本数据仓库

1. 成本数据仓库的概念和作用

成本数据仓库和数据挖掘技术是当今国际上流行的成本数据集成管理和分析技术。所谓成本数据仓库，是一个面向历史、面向主题的数据结构，具有集成性、归纳性、稳定性、时变性特点，目的是为支持成本管理决策分析提供基础数据依据。建立成本数据仓库，可以把专业技术分析从在线的事务处理系统中剥离出去，从而大大减轻在线系统的负荷。

成本数据仓库主要有三方面的作用：

第一，成本数据仓库提供了标准的报表和图表功能，其中的成本数据来源于不同的多个事务处理系统，因此，成本数据仓库的报表和图表是关于整个企业集成信息的报表和图表。

第二，成本数据仓库支持多维分析，让用户能方便地汇总数据集，简化了成本数据的分析处理逻辑，并能对不同维度值的数据进行不同阶段的成本数据纵向或横向比较，维度表示了对信息的不同理解角度，这在决策过程中非常有用。

第三，成本数据仓库是成本数据挖掘技术的关键基础，在成本数据仓库的基础上进行成本数据挖掘，就可以针对整个企业的状况和未来发展做出较完整、合理、准确的分析和预测。

2. 投建成本数据仓库系统（SAS 系统）的缘起

【例 9-6】某 500 强企业在 20 世纪末成功投运了整体产销信息系统后，财会成本系统实现了 95% 以上数据自动采集，经过不断的数据推进和系统完善，外围系统相继投入运行，进一步提高了财会成本系统的运作效能。

市场竞争的加剧，对财会成本系统提出了更高层次的要求。利用在财会成本等系统中积累的丰富数据为公司经营管理服务，进入信息技术的最新"数据挖掘"阶段就显得迫在眉睫。

某 500 强企业成本数据仓库系统（SAS 系统）的主要数据来源是其整体产销信息系统。数据仓库的处理结果，采用 Web 技术通过公司主干网和工作流（网站）系统可以传递到公司的各级管理人员和科研人员。数据仓库系统与企业 ERP 系统、企业工作流系统一起构成了公司的三大主流信息系统，如图 9-2 所示。

财务成本数据仓库作为数据仓库的一个子系统，是以企业内部完备的基础自动化和整体产销信息系统为基础，服从于企业的经营管理决策，促成企业内部大数据向企业管理有用的信息和知识转化，从而提高企业的经营管理水平，提升核心竞争能力。

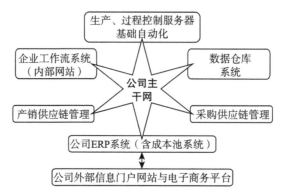

图 9-2　某 500 强企业信息化系统构成简图

3. 成本数据仓库助力局部工序实现目标成本管理

某 500 强企业成本数据仓库系统具有动态实时的数据处理、分析、监控和反馈功能，动态预警机制反馈给作业单元进行调整和指导生产的作用。

【例 9-7】如图 9-3 所示，除了标准成本管理以外，某 500 强企业内部分工序也实现了目标成本管理：通过成本数据仓库系统的动态实时数据处理、分析、监控和反馈，实现了局部工序产品目标成本管理。

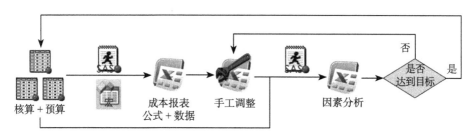

图 9-3　成本数据仓库系统实现 500 强企业局部目标成本管理

先从一体化财务信息系统的"成本核算系统模块"，将成本中心（工序）单元的成本数据导入成本数据仓库系统（SAS 系统），形成明细产品的成本报表，再通成本数据仓库的预算系统模块，对产品成本差异因素进行分析，找到差异产生的根本原因，及时反馈给作业单元，作为生产调整的参数依据，从而可以更精确地控制实际生产、更好地实现目标。

9.1.4 在数据仓库导入预算标准

数据仓库能够实现分析功能，是因为它实现了"成本预算数据的事先布局"导入系统的功能，再结合成本核算系统数据的导入，设计自动分析后台程序后，就实现了成本差异的分析功能。

预算数据包括预算单耗、预算单价、预算产量、预算单位成本、预算费用总额等，是根据比较稳定的历史数据预测出来的。

【例9-8】如果上年12月份就要求完成本年度预算编制，除非有比较明确的本年预算标准，一般用的就是上年1～11月份成本核算实际，除以11再乘以12得出本年预算数据。

某500强企业的成本数据仓库系统中，"成本预算系统模块"开发为网页版数据录入界面，它有两种功能：一种是提供手工录入和修改预算数据的功能，另一种是提供批量导入或自动引入预算数据的功能。

"成本预算系统模块"的这些成本预算数据是根据公司最终成本分析的要求，结合成本对象、成本动因、成本核算的同口径可收集接口，事先布局在成本数据仓库系统的各成本对象"成本预算布局数据网"中，变成可视化的直观表格，如表9-1所示。

表9-1 各成本中心（工序）与各产品事先成本预算表　　预算产量：××吨

成本构成	预算			
	单耗	单价	总成本	单位成本
原材料				
人工费	/	/		
水电费				
修理费	/	/		
折旧费	/	/		
外协费	/	/		
……	……	……	……	……

9.2 企业自动核算"天网"雏形

在某 500 强企业数据仓库系统中的"成本预算系统模块"里事先将"成本预算布局数据网"布局完毕后,就开始进行实际的生产操作,发生实际成本。实际数据的输入接口就是在一体化财务信息系统中的"成本核算系统模块"实现的。

如图 9-4 所示,某 500 强企业的成本系统数据实现了由其他系统的无人化自动做账,自动生成系统成本核算凭证的功能,包括财务总账系统(包含了费用报支系统数据)向成本核算系统自动做账、分厂会计系统和产品线存货核算系统向成本核算系统无人化自动做账功能。

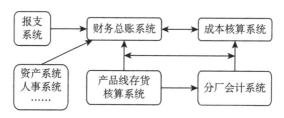

图 9-4　某 500 强企业自动抛账系统流转简图

9.2.1 "基因序列附带遗传信息"的成本核算

开发世界 500 强企业一体化财务信息系统时,我提出了一个取数原则要求——减少数据的多头收集环节。因此,在信息系统前端录入数据环节就要考虑后端的数据接口问题。从这个角度看,**会计系统附带成本信息**有点类似于"基因序列附带遗传信息"的意思。

【例 9-9】普通会计系统(含报支系统)做账环节要考虑成本数据接口。拿报支系统支付劳务公司的协力费来说,在网页版的报支输入界面就将收益成本中心代码、成本科目、专项成本类别归属选项等信息,甚至成本动因基础依据信息,整合在此报销录入界面中。

整合普通会计+附加成本信息的会计分录为:

借：委外协力费（会计科目）——成本中心及科目代码（后台附带）+ 专项成本类别归属选项（后台附带）等

贷：应付账款——协力供应商名称

这些附加成本信息，是以追加"附加识别字段"的形式在系统中实现成本信息存储的。当普通会计系统收集好成本数据后，后台通过"对照表"就可以一一对应地实现会计系统向成本系统的自动识别、自动做账、自动生成系统凭证的功能。

9.2.2 "附带信息附加识别字段 + 对照表"实现自动做账

财务总账系统包含了费用报支系统的数据。财务总账能够实现向成本核算系统的自动做账，核心思想就是利用了会计系统附带成本信息，并通过"附带信息附加识别字段 + 对照表"的手段实现"翻译器"功能。说得形象些，这就有点类似于"基因序列附带遗传信息"。原因很简单，系统与系统之间的关键科目代码设置规则是不一样的，互相不认识，就需要一个"翻译器"来对应解读。

根据之前埋下的伏笔，即财务总账系统的会计科目后面会跟着一串成本信息的"附加字段标识"，之后系统根据"附带信息附加识别字段 + 对照表"这个"翻译器"来实现会计系统和成本系统的对应识别。

1. "附带信息附加识别字段 + 对照表"例1

【例9-10】为了更好地理解，这里举一个从费用报支系统自动做账到成本核算系统的例子，即某生产厂工程师张某出差发生差旅费的例子。假设相关信息如下。

（1）人员：张某。

（2）职位：首席工程师。

（3）归属单位：某生产厂（假设主工序成本中心代码为CCAC）。

（4）出差事由：参加行业研讨会。

（5）会计科目：乘飞机机票费用发生的"市外差旅费"（假设会计科目代码为60011）。

（6）成本科目：乘飞机机票费用发生的"直接支用成本——市外差旅费"（假设成本科目代码为8088）。

（7）费用报销金额：2 000元。

张某出差回到办公室以后，打开办公电脑，并打开"一体化财务信息系统"的"员工费用报支系统"的网页版，开始把信息录入网页版的输入界面：

在"报支内容"下拉菜单中选择"市外差旅费60011"。

在"归属单位"下拉菜单中选择"某生产厂CCAC"。

在"金额栏"里填上"2 000元"。

在"是否为研发活动"选项里勾选"否"（为附加识别字段）复选框。

在"是否为质量活动"选项里勾选"否"（为附加识别字段）复选框。

在"是否为安全生产活动"选项里勾选"否"（为附加识别字段）复选框……

系统一看附加识别字段为"否"，就将此费用定义为工序生产成本。

填完以后，提交本单位领导电子审核网络签字，并进入下一步审核流程。

之后，张某在"员工费用报支系统"的网页版打印出A4纸大小的"报支单"并将机票、发票等原始单据贴在"报支单"背后，放入"报支单回收箱"等待"财务服务中心"人员定期回收并审核原始单据。

各项审批和审核流程都在系统里进行，全部通过后，系统打款2 000元至张某个人银行账户。

此时，普通会计系统自动生成的凭证分录为：

借：市外差旅费60011——CCAC主工序成本中心

——张某　　　　　　　　　　　　　　2 000

　贷：库存现金　　　　　　　　　　　　　　2 000

月末系统抛账开始：针对张某的这笔出差"市外差旅费"，普通会计系统里"市外差旅费60011"会计科目对应成本系统里的成本科目为"直接支用成本——市外差旅费（假设代码为8088）"。

系统后台对照表为CCAC 60011 ↔ CCAC 8088，并根据此对照表完成从费用报支系统自动做账到成本核算系统，即成本核算系统自动生成后台借方分录：

借：生产成本——市外差旅费 8088
　　——CCAC主工序成本中心——张某　　　　　2 000

2. "附带信息附加识别字段 + 对照表"例2

【例9-11】还是以某生产厂工程师张某出差发生差旅费为例。

（1）人员：张某。

（2）职位：首席工程师。

（3）归属单位：某生产厂（假设主工序成本中心代码CCAC）。

（4）出差事由：参加某研发项目的研发活动（假设研发项目号为YF1901）。

（5）费用项目：乘飞机机票费用发生的"市外差旅费"（假设会计科目代码为60011；对应"研发支出——市外差旅费"科目代码为YF-60011）。

（6）费用报销金额：2 000元。

张某出差回到办公室以后，打开办公电脑，并打开"一体化财务信息系统"的"员工费用报支系统"的网页版，开始把信息录入网页版的输入界面：

在"报支内容"下拉菜单中选择"市外差旅费60011"。

在"归属单位"下拉菜单中选择"某生产厂CCAC"。

在"金额栏"里填上"2 000元"。

在"是否为研发活动"选项里勾选"是"（为附加识别字段）复选框。

在"是否为质量活动"选项里勾选"否"（为附加识别字段）复选框……

系统一看"是否为研发活动"选项为"是"，跳出对话框提示必须填研发项目号。

填完以后，提交本单位领导电子审核网络签字，并进入审核流程。

之后，张某在"员工费用报支系统"的网页版打印出A4纸大小的"报支单"并将机票、发票等原始单据贴在"报支单"背后，放入"报支单回收箱"等待"财务服务中心"人员定期回收。

月末系统抛账开始：针对张某的这笔出差"市外差旅费"，会计系统里"市外差旅费60011"会计科目；当"是否为研发活动"选项作为"附加识别字段"，读取了结果"是"以后，对照表马上切换，即由普通会计系统里"市外差旅费60011"会计科目切换对应"研发支出——市外差旅费YF-60011"科目。

系统后台对照表为 CCAC 60011 ↔ CCAC YF-60011 YF1901，并根据此对照表完成从费用报支系统自动做账到研发专项核算系统。

上述会计系统向成本系统自动做账、完成数据搜集后，接下来就要在成本系统里进行成本核算工作，进入成本结转程序。

某500强企业成本中心成本结转程序如图9-5所示。

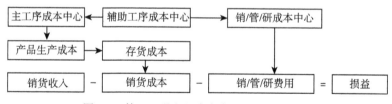

图9-5 某500强企业成本中心成本结转程序

9.2.3 二级账向一级账无人化自动做账

1. 产品线存货核算系统按照"标准成本＋差异分摊"模式对"差异"自动做账

某500强企业产品线存货核算系统向成本核算系统抛账示意图如图9-6所示。

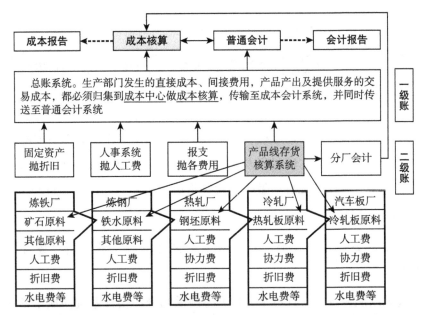

图 9-6 某 500 强企业产品线存货核算系统向成本核算系统抛账示意图

产品线存货核算系统的特点有以下两个。

（1）前道工序的产品是后道工序的原材料。前道工序产品的实际单位成本，即为结转到后道工序原材料的实际单价。是原材料就会涉及"单耗""单价"指标以及通过"单耗乘以单价算出单位成本"，而非通过"总成本÷产量"计算得出单位成本。上年年末已经布局好了预算标准，并通过实际单耗乘以预算单价得出弹性预算标准。产品线存货核算系统就是针对实际发生与弹性预算之间的差异进行成本核算。这个计算格式见表 9-2。

表 9-2 工序与产品成本比较表

预算产量：×× 吨　　　　实际产量：×× 吨　　　　单位：××

成本构成	预算				实际				差异	
	单耗	预算单价	总成本	单位成本	单耗	实际单价	总成本	单位成本	总成本	单位成本
原材料										

(续)

成本构成	预算				实际				差异	
	单耗	预算单价	总成本	单位成本	单耗	实际单价	总成本	单位成本	总成本	单位成本
人工费	/	/			/	/				
……	……	……	……	……	……	……	……	……	……	……

（2）需要成本动因还原报表，才能说清楚前道工序的成本明细构成。

具体结转"差异"的过程及步骤详见本书第 5 章。所谓产品线存货核算系统向成本核算系统自动做账，就是指后台程序自动取数和自动生成系统成本核算凭证的过程。

2. 分厂会计系统按照"标准成本＋差异分摊"模式对"差异"自动做账

这里以能源部门（自备水分厂）为例说明分厂会计系统向成本核算系统的自动做账过程，如图 9-7 所示。

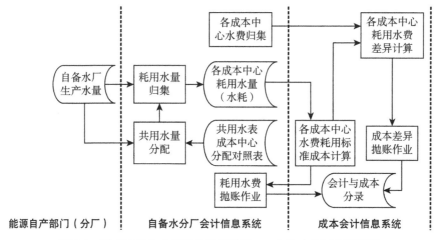

图 9-7 某 500 强企业信息化系统举例——自备水分厂分配流程

自备水分厂根据安装在各成本中心（工序）的水表，记录耗用水量；如果没有水表的共用水量，则通过人数占比或者产量占比作为工序动因分摊至未装水表的各成本中心（工序）。

各成本中心（工序）实际用水量均通过成本核算系统模块的输入界面批量导入或手工录入信息化系统。

在"成本预算系统模块"，以"各成本中心（工序）实际用水量 × 预算单价 = 弹性预算"作为后台数据，准备计算差异。

在"成本核算系统模块"，以"各成本中心（工序）实际用水量 × 实际单价 = 实际成本"作为后台数据，准备计算差异。

"成本核算系统模块"水费实际成本 –"成本核算系统模块"水费弹性预算 = 差异。后台程序针对"差异"，按照工序动因分摊，进行无人化自动做账作业，抛账至各个成本中心（工序）里的"水费"成本科目中，自动生成会计核算分录凭证和成本核算分录凭证。

附 录

企业产品成本核算制度 如何制定参考指导

实际上,早在2013年,财政部就发文,对企业产品成本核算制度进行了总体规范和制度约定。之后几年,财政部又陆续公布了石油石化、钢铁、煤炭、电网经营等行业的针对性产品成本核算指导文件。各个企业可结合自身特点,对应参照上述依据、范本和指导文件,编制本企业成本核算制度。现将财政部发文附上,以作参考。

企业产品成本核算制度(试行)

财政部 财会〔2013〕17号

第一章 总则

第一条 为了加强企业产品成本核算工作,保证产品成本信息真实、完整,促进企业和经济社会的可持续发展,根据《中华人民共和国会计法》、企业会计准则等国家有关规定制定本制度。

第二条 本制度适用于大中型企业,包括制造业、农业、批发零售业、建筑业、房地产业、采矿业、交通运输业、信息传输业、软件及信息技术服务业、文化业以及其他行业的企业。其他未明确规定的行业比照以上类似行业的规定执行。

本制度不适用于金融保险业的企业。

第三条　本制度所称的产品，是指企业日常生产经营活动中持有以备出售的产成品、商品、提供的劳务或服务。

本制度所称的产品成本，是指企业在生产产品过程中所发生的材料费用、职工薪酬等，以及不能直接计入而按一定的标准分配计入的各种间接费用。

第四条　企业应当充分利用现代信息技术，编制、执行企业产品成本预算，对执行情况进行分析、考核，落实成本管理责任制，加强对产品生产事前、事中、事后的全过程控制，加强产品成本核算与管理各项基础工作。

第五条　企业应当根据所发生的有关费用能否归属于使产品达到目前场所和状态的原则，正确区分产品成本和期间费用。

第六条　企业应当根据产品生产过程的特点、生产经营组织的类型、产品种类的繁简和成本管理的要求，确定产品成本核算的对象、项目、范围，及时对有关费用进行归集、分配和结转。

企业产品成本核算采用的会计政策和估计一经确定，不得随意变更。

第七条　企业一般应当按月编制产品成本报表，全面反映企业生产成本、成本计划执行情况、产品成本及其变动情况等。

第二章　产品成本核算对象

第八条　企业应当根据生产经营特点和管理要求，确定成本核算对象，归集成本费用，计算产品的生产成本。

第九条　制造企业一般按照产品品种、批次订单或生产步骤等确定产品成本核算对象。

（一）大量大批单步骤生产产品或管理上不要求提供有关生产步骤成本信息的，一般按照产品品种确定成本核算对象。

（二）小批单件生产产品的，一般按照每批或每件产品确定成本核算对象。

（三）多步骤连续加工产品且管理上要求提供有关生产步骤成本信息的，一般按照每种（批）产品及各生产步骤确定成本核算对象。

产品规格繁多的，可以将产品结构、耗用原材料和工艺过程基本相同的产品，适当合并作为成本核算对象。

第十条　农业企业一般按照生物资产的品种、成长期、批别（群别、批次）、与农业生产相关的劳务作业等确定成本核算对象。

第十一条　批发零售企业一般按照商品的品种、批次、订单、类别等确定成本核算对象。

第十二条　建筑企业一般按照订立的单项合同确定成本核算对象。单项合同包括建造多项资产的，企业应当按照企业会计准则规定的合同分立原则，确定建造合同的成本核算对象。为建造一项或数项资产而签订一组合同的，按合同合并的原则，确定建造合同的成本核算对象。

第十三条　房地产企业一般按照开发项目、综合开发期数并兼顾产品类型等确定成本核算对象。

第十四条　采矿企业一般按照所采掘的产品确定成本核算对象。

第十五条　交通运输企业以运输工具从事货物、旅客运输的，一般按照航线、航次、单船（机）、基层站段等确定成本核算对象；从事货物等装卸业务的，可以按照货物、成本责任部门、作业场所等确定成本核算对象；从事仓储、堆存、港务管理业务的，一般按照码头、仓库、堆场、油罐、筒仓、货棚或主要货物的种类、成本责任部门等确定成本核算对象。

第十六条　信息传输企业一般按照基础电信业务、电信增值业务和其他信息传输业务等确定成本核算对象。

第十七条　软件及信息技术服务企业的科研设计与软件开发等人工成本比重较高的，一般按照科研课题、承接的单项合同项目、开发项目、技术服务客户等确定成本核算对象。合同项目规模较大、开发期较长的，可以分段确定成本核算对象。

第十八条　文化企业一般按照制作产品的种类、批次、印次、刊次等确定成本核算对象。

第十九条　除本制度已明确规定的以外，其他行业企业应当比照以上类似行业的企业确定产品成本核算对象。

第二十条　企业应当按照第八条至第十九条规定确定产品成本核算对象，进行产品成本核算。企业内部管理有相关要求的，还可以按照现代企业多维度、多层次的管理需要，确定多元化的产品成本核算对象。

多维度，是指以产品的最小生产步骤或作业为基础，按照企业有关部门的生产流程及其相应的成本管理要求，利用现代信息技术，组合出产品维度、工序维度、车间班组维度、生产设备维度、客户订单维度、变动成本维度和固定成本维度等不同的成本核算对象。

多层次，是指根据企业成本管理需要，划分为企业管理部门、工厂、车间和班组等成本管控层次。

第三章　产品成本核算项目和范围

第二十一条　企业应当根据生产经营特点和管理要求，按照成本的经济用途和生产要素内容相结合的原则或者成本性态等设置成本项目。

第二十二条　制造企业一般设置直接材料、燃料和动力、直接人工和制造费用等成本项目。

直接材料，是指构成产品实体的原材料以及有助于产品形成的主要材料和辅助材料。

燃料和动力，是指直接用于产品生产的燃料和动力。

直接人工，是指直接从事产品生产的工人的职工薪酬。

制造费用，是指企业为生产产品和提供劳务而发生的各项间接费用，包括企业生产部门（如生产车间）发生的水电费、固定资产折旧、无形资产摊销、管理人员的职工薪酬、劳动保护费、国家规定的有关环保费用、季节性和修理期间的停工损失等。

第二十三条　农业企业一般设置直接材料、直接人工、机械作业费、其他直接费用、间接费用等成本项目。

直接材料，是指种植业生产中耗用的自产或外购的种子、种苗、饲料、肥料、农药、燃料和动力、修理用材料和零件、原材料以及其他材料等；养殖业生产中直接用于养殖生产的苗种、饲料、肥料、燃料、动力、畜禽医药费等。

直接人工，是指直接从事农业生产人员的职工薪酬。

机械作业费，是指种植业生产过程中农用机械进行耕耙、播种、施肥、除草、喷药、收割、脱粒等机械作业所发生的费用。

其他直接费用，是指除直接材料、直接人工和机械作业费以外的畜力作业费等直接费用。

间接费用，是指应摊销、分配计入成本核算对象的运输费、灌溉费、固定资产折旧、租赁费、保养费等费用。

第二十四条　批发零售企业一般设置进货成本、相关税费、采购费等成本项目。

进货成本，是指商品的采购价款。

相关税费，是指购买商品发生的进口关税、资源税和不能抵扣的增值税等。

采购费，是指运杂费、装卸费、保险费、仓储费、整理费、合理损耗以及其他可归属于商品采购成本的费用。采购费金额较小的，可以在发生时直接计入当期销售费用。

第二十五条　建筑企业一般设置直接人工、直接材料、机械使用费、其他直接费用和间接费用等成本项目。建筑企业将部分工程分包的，还可以设置分包成本项目。

直接人工，是指按照国家规定支付给施工过程中直接从事建筑安装工程施工的工人以及在施工现场直接为工程制作构件和运料、配料等工人的职工薪酬。

直接材料，是指在施工过程中所耗用的、构成工程实体的材料、结构件、机械配件和有助于工程形成的其他材料以及周转材料的租赁费和摊销等。

机械使用费，是指施工过程中使用自有施工机械所发生的机械使用费，使用外单位施工机械的租赁费，以及按照规定支付的施工机械进出场费等。

其他直接费用，是指施工过程中发生的材料搬运费、材料装卸保管费、燃料动力费、临时设施摊销、生产工具用具使用费、检验试验费、工程定位复测费、工程点交费、场地清理费，以及能够单独区分和可靠计量的为订立建造承包合同而发生的差旅费、投标费等费用。

间接费用，是指企业各施工单位为组织和管理工程施工所发生的费用。

分包成本，是指按照国家规定开展分包，支付给分包单位的工程价款。

第二十六条　房地产企业一般设置土地征用及拆迁补偿费、前期工程费、建筑安装工程费、基础设施建设费、公共配套设施费、开发间接费、借款费用等成本项目。

土地征用及拆迁补偿费，是指为取得土地开发使用权（或开发权）而发生的各项费用，包括土地买价或出让金、大市政配套费、契税、耕地占用税、土地使用费、土地闲置费、农作物补偿费、危房补偿费、土地变更用途和超面积补交的地价及相关税费、拆迁补偿费用、安置及动迁费用、回迁房建造费用等。

前期工程费，是指项目开发前期发生的政府许可规费、招标代理费、临时设施费以及水文地质勘察、测绘、规划、设计、可行性研究、咨询论证费、筹建、场地通平等前期费用。

建筑安装工程费，是指开发项目开发过程中发生的各项主体建筑的建筑工程费、安装工程费及精装修费等。

基础设施建设费，是指开发项目在开发过程中发生的道路、供水、供电、供气、供暖、排污、排洪、消防、通讯、照明、有线电视、宽带网络、智能化等社区管网工程费和环境卫生、园林绿化等园林、景观环境工程费用等。

公共配套设施费，是指开发项目内发生的、独立的、非营利性的且产权属于全体业主的，或无偿赠与地方政府、政府公共事业单位的公共配套设施费用等。

开发间接费，指企业为直接组织和管理开发项目所发生的，且不能将其直接归属于成本核算对象的工程监理费、造价审核费、结算审核费、工程保险费等。为业主代扣代缴的公共维修基金等不得计入产品成本。

借款费用，是指符合资本化条件的借款费用。

房地产企业自行进行基础设施、建筑安装等工程建设的，可以比照建筑企业设置有关成本项目。

第二十七条　采矿企业一般设置直接材料、燃料和动力、直接人工、间接费用等成本项目。

直接材料，是指采掘生产过程中直接耗用的添加剂、催化剂、引发剂、助剂、触媒以及净化材料、包装物等。

燃料和动力，是指采掘生产过程中直接耗用的各种固体、液体、气体燃料，以及水、电、汽、风、氮气、氧气等动力。

直接人工，是指直接从事采矿生产人员的职工薪酬。

间接费用，是指为组织和管理厂（矿）采掘生产所发生的职工薪酬、劳动保护费、固定资产折旧、无形资产摊销、保险费、办公费、环保费用、化（检）验计量费、设计制图费、停工损失、洗车费、转输费、科研试验费、信息系统维护费等。

第二十八条　交通运输企业一般设置营运费用、运输工具固定费用与非营运期间的费用等成本项目。

营运费用，是指企业在货物或旅客运输、装卸、堆存过程中发生的营运费用，包括货物费、港口费、起降及停机费、中转费、过桥过路费、燃料和动力、航次租船费、安全救生费、护航费、装卸整理费、堆存费等。铁路运输企业的营运费用还包括线路等相关设施的维护费等。

运输工具固定费用，是指运输工具的固定费用和共同费用等，包括检验检疫费、车船使用税、劳动保护费、固定资产折旧、租赁费、备件配件、保险费、驾驶及相关操作人员薪酬及其伙食费等。

非营运期间费用，是指受不可抗力制约或行业惯例等原因暂停营运期间发生的有关费用等。

第二十九条　信息传输企业一般设置直接人工、固定资产折旧、无形资产摊销、低值易耗品摊销、业务费、电路及网元租赁费等成本项目。

直接人工，是指直接从事信息传输服务的人员的职工薪酬。

业务费，是指支付通信生产的各种业务费用，包括频率占用费、卫星测控费、安全保卫费、码号资源费、设备耗用的外购电力费、自有电源设备耗用的燃料和润料费等。

电路及网元租赁费，是指支付给其他信息传输企业的电路及网元等传输系统及设备的租赁费等。

第三十条　软件及信息技术服务企业一般设置直接人工、外购软件与服务费、场地租赁费、固定资产折旧、无形资产摊销、差旅费、培训费、转包成本、水电费、办公费等成本项目。

直接人工，是指直接从事软件及信息技术服务的人员的职工薪酬。

外购软件与服务费，是指企业为开发特定项目而必须从外部购进的辅助软件或服务所发生的费用。

场地租赁费，是指企业为开发软件或提供信息技术服务租赁场地支付的费用等。

转包成本，是指企业将有关项目部分分包给其他单位支付的费用。

第三十一条　文化企业一般设置开发成本和制作成本等成本项目。

开发成本，是指从选题策划开始到正式生产制作所经历的一系列过程，包括信息收集、策划、市场调研、选题论证、立项等阶段所发生的信息搜集费、调研交通费、通信费、组稿费、专题会议费、参与开发的职工薪酬等。

制作成本，是指产品内容制作成本和物质形态的制作成本，包括稿费、审稿费、校对费、录入费、编辑加工费、直接材料费、印刷费、固定资产折旧、参与制作的职工薪酬等。电影企业的制作成本，是指企业在影片制片、译制、洗印等生产过程所发生的各项费用，包括剧本费、演职员的薪酬、胶片及磁片磁带费、化妆费、道具费、布景费、场租费、剪接费、洗印费等。

第三十二条　除本制度已明确规定的以外，其他行业企业应当比照以上类似行业的企业确定成本项目。

第三十三条　企业应当按照第二十一条至第三十二条规定确定产品成本核算项目，进行产品成本核算。企业内部管理有相关要求的，还可以按照现代企业多维度、多层次的成本管理要求，利用现代信息技术对有关成本项目进行组合，输出有关成本信息。

第四章　产品成本归集、分配和结转

第三十四条　企业所发生的费用，能确定由某一成本核算对象负担的，应当按照所对应的产品成本项目类别，直接计入产品成本核算对象的生产成本；由几个成本核算对象共同负担的，应当选择合理的分配标准分配计入。

企业应当根据生产经营特点，以正常生产能力水平为基础，按照资源耗费方式确定合理的分配标准。

企业应当按照权责发生制的原则，根据产品的生产特点和管理要求结转成本。

第三十五条　制造企业发生的直接材料和直接人工，能够直接计入成本核算对象的，应当直接计入成本核算对象的生产成本，否则应当按照合理的分配标准分配计入。

制造企业外购燃料和动力的，应当根据实际耗用数量或者合理的分配标准对燃料和动力费用进行归集分配。生产部门直接用于生产的燃料和动力，直接计入生产成本；生产部门间接用于生产（如照明、取暖）的燃料和动力，计入制造费用。制造企业内部自行提供燃料和动力的，参照本条第三款进行处理。

制造企业辅助生产部门为生产部门提供劳务和产品而发生的费用，应当参照生产成本项目归集，并按照合理的分配标准分配计入各成本核算对象的生产成本。辅助生产部门之间互相提供的劳务、作业成本，应当采用合理的方法，进行交互分配。互相提供劳务、作业不多的，可以不进行交互分配，直接分配给辅助生产部门以外的受益单位。

第三十六条 制造企业发生的制造费用，应当按照合理的分配标准按月分配计入各成本核算对象的生产成本。企业可以采取的分配标准包括机器工时、人工工时、计划分配率等。

季节性生产企业在停工期间发生的制造费用，应当在开工期间进行合理分摊，连同开工期间发生的制造费用，一并计入产品的生产成本。

制造企业可以根据自身经营管理特点和条件，利用现代信息技术，采用作业成本法对不能直接归属于成本核算对象的成本进行归集和分配。

第三十七条 制造企业应当根据生产经营特点和联产品、副产品的工艺要求，选择系数分配法、实物量分配法、相对销售价格分配法等合理的方法分配联合生产成本。

第三十八条 制造企业发出的材料成本，可以根据实物流转方式、管理要求、实物性质等实际情况，采用先进先出法、加权平均法、个别计价法等方法计算。

第三十九条 制造企业应当根据产品的生产特点和管理要求，按成本计算期结转成本。制造企业可以选择原材料消耗量、约当产量法、定额比例法、原材料扣除法、完工百分比法等方法，恰当地确定完工产品和在产品的实际成本，并将完工入库产品的产品成本结转至库存产品科目；在产品数量、金额不重要或在产品期初期末数量变动不大的，可以不计算在产品成本。

制造企业产成品和在产品的成本核算，除季节性生产企业等以外，应当以月为成本计算期。

第四十条　农业企业应当比照制造企业对产品成本进行归集、分配和结转。

第四十一条　批发零售企业发生的进货成本、相关税金直接计入成本核算对象成本；发生的采购费，可以结合经营管理特点，按照合理的方法分配计入成本核算对象成本。采购费金额较小的，可以在发生时直接计入当期销售费用。

批发零售企业可以根据实物流转方式、管理要求、实物性质等实际情况，采用先进先出法、加权平均法、个别计价法、毛利率法等方法结转产品成本。

第四十二条　建筑企业发生的有关费用，由某一成本核算对象负担的，应当直接计入成本核算对象成本；由几个成本核算对象共同负担的，应当选择直接费用比例、定额比例和职工薪酬比例等合理的分配标准，分配计入成本核算对象成本。

建筑企业应当按照《企业会计准则第15号——建造合同》的规定结转产品成本。合同结果能够可靠估计的，应当采用完工百分比法确定和结转当期提供服务的成本；合同结果不能可靠估计的，应当直接结转已经发生的成本。

第四十三条　房地产企业发生的有关费用，由某一成本核算对象负担的，应当直接计入成本核算对象成本；由几个成本核算对象共同负担的，应当选择占地面积比例、预算造价比例、建筑面积比例等合理的分配标准，分配计入成本核算对象成本。

第四十四条　采矿企业应当比照制造企业对产品成本进行归集、分配和结转。

第四十五条　交通运输企业发生的营运费用，应当按照成本核算对象归集。

交通运输企业发生的运输工具固定费用，能确定由某一成本核算对象负担的，应当直接计入成本核算对象的成本；由多个成本核算对象共同负担的，应当选择营运时间等符合经营特点的、科学合理的分配标准分配计入各成本核算对象的成本。

交通运输企业发生的非营运期间费用，比照制造业季节性生产企业处理。

第四十六条　信息传输、软件及信息技术服务等企业，可以根据经营特点和条件，利用现代信息技术，采用作业成本法等对产品成本进行归集和分配。

第四十七条　文化企业发生的有关成本项目费用，由某一成本核算对象负担的，应当直接计入成本核算对象成本；由几个成本核算对象共同负担的，应当选择人员比例、工时比例、材料耗用比例等合理的分配标准分配计入成本核算对象成本。

第四十八条　企业不得以计划成本、标准成本、定额成本等代替实际成本。企业采用计划成本、标准成本、定额成本等类似成本进行直接材料日常核算的，期末应当将耗用直接材料的计划成本或定额成本等类似成本调整为实际成本。

第四十九条　除本制度已明确规定的以外，其他行业企业应当比照以上类似行业的企业对产品成本进行归集、分配和结转。

第五十条　企业应当按照第三十四条至第四十九条规定对产品成本进行归集、分配和结转。企业内部管理有相关要求的，还可以利用现代信息技术，在确定多维度、多层次成本核算对象的基础上，对有关费用进行归集、分配和结转。

第五章　附则

第五十一条　小企业参照执行本制度。

第五十二条　本制度自 2014 年 1 月 1 日起施行。

第五十三条　执行本制度的企业不再执行《国营工业企业成本核算办法》。

参考文献

[1] 段化超.我国企业环境成本核算：研究方法综述[J].管理会计，2017(2):78-80.

[2] 任月君.质量成本核算探讨[J].东北财经大学学报，2008(4):25-28.

[3] 邹宁.刍议制造业企业成本核算与管理[J].经济师，2016(12):129-130.

[4] 赵华赛，滕奎秀.作业成本法在我国电信企业的应用分析[J].管理会计，2014(19):63-65.

会计极速入职晋级

书号	定价	书名	作者	特点
66560	49	一看就懂的会计入门书	钟小灵	非常简单的会计入门书；丰富的实际应用举例，贴心提示注意事项，大量图解，通俗易懂，一看就会
44258	49	世界上最简单的会计书	（美）穆利斯 等	被读者誉为最真材实料的易懂又有用的会计入门书
59148	49	管理会计实践	郭永清	总结调查了近1000家企业问卷，教你构建全面管理会计图景，在实务中融会贯通地去应用和实践
70444	69	手把手教你编制高质量现金流量表：从入门到精通（第2版）	徐峥	模拟实务工作真实场景，说透现金流量表的编制原理与操作的基本思路
69271	59	真账实操学成本核算（第2版）	鲁爱民 等	作者是财务总监和会计专家；基本核算要点，手把手讲解；重点账务处理，举例综合演示
57492	49	房地产税收面对面（第3版）	朱光磊 等	作者是房地产从业者，结合自身工作经验和培训学员常遇问题写成，丰富案例
69322	59	中小企业税务与会计实务（第2版）	张海涛	厘清常见经济事项的会计和税务处理，对日常工作中容易遇到重点和难点财税事项，结合案例详细阐释
62827	49	降低税负：企业涉税风险防范与节税技巧实战	马昌尧	深度分析隐藏在企业中的涉税风险，详细介绍金三环境下如何合理节税。5大经营环节，97个常见经济事项，107个实操案例，带你活学活用税收法规和政策
42845	30	财务是个真实的谎言（珍藏版）	钟文庆	被读者誉为最生动易懂的财务书；作者是沃尔沃原财务总监
64673	79	全面预算管理：案例与实务指引（第2版）	龚巧莉	权威预算专家，精心总结多年工作经验/基本理论、实用案例、执行要点，一册讲清/大量现成的制度、图形、表单等工具，即改即用
61153	65	轻松合并财务报表：原理、过程与Excel实战	宋明月	87张大型实战图表，手把手教你用EXCEL做好合并报表工作；书中表格和合并报表的编制方法可直接用于工作实务！
70990	89	合并财务报表落地实操	蔺龙文	深入讲解合并原理、逻辑和实操要点；14个全景式实操案例
54616	39	十年涨薪30倍	李燕翔	实录500强企业工作经验，透视职场江湖，分享财务技能，让涨薪，让升职，变为现实
69178	169	财务报告与分析：一种国际化视角	丁远	从财务信息使用者角度解读财务与会计，强调创业者和创新的重要作用
69738	79	我在摩根的收益预测法：用Excel高效建模和预测业务利润	（日）熊野整	来自投资银行摩根士丹利的工作经验；详细的建模、预测及分析步骤；大量的经营模拟案例
64686	69	500强企业成本核算实务	范晓东	详细的成本核算逻辑和方法，全景展示先进500强企业的成本核算做法
60448	45	左手外贸右手英语	朱子斌	22年外贸老手，实录外贸成交秘诀，提示你陷阱和套路，告诉你方法和策略，大量范本和实例
70696	69	第一次做生意	丹牛	中小创业者的实战心经；赚到钱、活下去、管好人、走对路；实现从0到亿元营收跨越
70625	69	聪明人的个人成长	（美）史蒂夫·帕弗利纳	全球上亿用户一致践行的成长七原则，护航人生中每一个重要转变

财务知识轻松学

书号	定价	书名	作者	特点
45115	39	IPO 财务透视：方法、重点和案例	叶金福	大华会计师事务所合伙人经验作品，书中最大的特点就是干货多
58925	49	从报表看舞弊：财务报表分析与风险识别	叶金福	从财务舞弊和盈余管理的角度，融合工作实务中的体会、总结和思考，提供全新的报表分析思维和方法，黄世忠、夏草、梁春、苗润生、徐珊推荐阅读
62368	79	一本书看透股权架构	李利威	126 张股权结构图，9 种可套用架构模型；挖出 38 个节税的点，避开 95 个法律的坑；蚂蚁金服、小米、华谊兄弟等 30 个真实案例
70557	89	一本书看透股权节税	李利威	零基础 50 个案例搞定股权税收
52074	39	财报粉饰面对面	夏草	夏草作品，带你识别财报风险
62606	79	财务诡计（原书第 4 版）	（美）施利特 等	畅销 25 年，告诉你如何通过财务报告发现会计造假和欺诈
58202	35	上市公司财务报表解读：从入门到精通（第 3 版）	景小勇	以万科公司财报为例，详细介绍分析财报必须了解的各项基本财务知识
67215	89	财务报表分析与股票估值（第 2 版）	郭永清	源自上海国家会计学院内部讲义，估值方法经过资本市场验证
58302	49	财务报表解读：教你快速学会分析一家公司	续芹	26 家国内外上市公司财报分析案例，17 家相关竞争对手、同行业分析，遍及教育、房地产等 20 个行业，通俗易懂，有趣有用
67559	79	500 强企业财务分析实务（第 2 版）	李燕翔	作者将其在外企工作期间积攒下的财务分析方法倾囊而授，被业界称为最实用的管理会计书
67063	89	财务报表阅读与信贷分析实务（第 2 版）	崔宏	重点介绍商业银行授信风险管理工作中如何使用和分析财务信息
58308	69	一本书看透信贷：信贷业务全流程深度剖析	何华平	作者长期从事信贷管理与风险模型开发，大量一手从业经验，结合法规、理论和实操融会贯通讲解
55845	68	内部审计工作法	谭丽丽 等	8 家知名企业内部审计部长联手分享，从思维到方法，一手经验，全面展现
62193	49	财务分析：挖掘数字背后的商业价值	吴坚	著名外企财务总监的工作日志和思考笔记，财务分析视角侧重于为管理决策提供支持；提供财务管理和分析决策工具
66825	69	利润的 12 个定律	史永翔	15 个行业冠军企业，亲身分享利润创造过程；带你重新理解客户、产品和销售方式
60011	79	一本书看透 IPO	沈春晖	全面解析 A 股上市的操作和流程；大量方法、步骤和案例
65858	79	投行十讲	沈春晖	20 年的投行老兵，带你透彻了解"投行是什么"和"怎么干投行"；权威讲解注册制、新证券法对投行的影响
68421	59	商学院学不到的 66 个财务真相	田茂永	萃取 100 多位财务总监经验
68080	79	中小企业融资：案例与实务指引	吴瑕	畅销 10 年，帮助了众多企业；有效融资的思路、方略和技巧；从实务层面，帮助中小企业解决融资难、融资贵问题
68640	79	规则：用规则的确定性应对结果的不确定性	龙波	华为 21 位前高管一手经验首次集中分享；从文化到组织，从流程到战略，让不确定变得可确定
69051	79	华为财经密码	杨爱国 等	揭示华为财经管理的核心思想和商业逻辑
68916	99	企业内部控制从懂到用	冯萌 等	完备的理论框架及丰富的现实案例，展示企业实操经验教训，提出切实解决方案
70094	129	李若山谈独立董事：对外懂事，对内独立	李若山	作者获评 2010 年度上市公司优秀独立董事；9 个案例深度复盘独董工作要领；既有怎样发挥独董价值的系统思考，还有独董如何自我保护的实践经验
70738	79	财务智慧：如何理解数字的真正含义（原书第 2 版）	（美）伯曼 等	畅销 15 年，经典名著；4 个维度，带你学会用财务术语交流，对财务数据提问，将财务信息用于工作